国家职业教育改革发展示范院校规划教材

汽车底盘维修实训项目教程

主　编　张志强

内 容 提 要

《汽车底盘维修实训项目教程》根据汽车专业实训课程需求，由骨干教师组成的编写团队，通过认真分析、领会汽车职业技能考核的最新要求，针对学校实训的现状，紧密结合汽车市场人才的需求。根据当前汽车服务企业在实际生产服务过程中需要用到的核心技能，采用项目教学法，体现“教学做”一体化。

本书适合中等职业学校汽车运用与维修专业学生。

图书在版编目（CIP）数据

汽车底盘维修实训项目教程 / 张志强主编. -- 北京：中国水利水电出版社，2015.8(2022.6重印)
国家职业教育改革发展示范院校规划教材
ISBN 978-7-5170-3485-8

Ⅰ. ①汽… Ⅱ. ①张… Ⅲ. ①汽车－底盘－车辆修理－高等职业教育－教材 Ⅳ. ①U472.41

中国版本图书馆CIP数据核字(2015)第185863号

书　　名	国家职业教育改革发展示范院校规划教材 **汽车底盘维修实训项目教程**
作　　者	主编　张志强
出版发行	中国水利水电出版社 （北京市海淀区玉渊潭南路1号D座　100038） 网址：www.waterpub.com.cn E-mail：sales@mwr.gov.cn 电话：(010) 68545888（营销中心）
经　　售	北京科水图书销售有限公司 电话：(010) 68545874、63202643 全国各地新华书店和相关出版物销售网点
排　　版	北京时代澄宇科技有限公司
印　　刷	北京中献拓方科技发展有限公司
规　　格	184mm×260mm　16开本　11.75印张　278千字
版　　次	2015年8月第1版　2022年6月第2次印刷
定　　价	**40.00**元

凡购买我社图书，如有缺页、倒页、脱页的，本社营销中心负责调换

编 委 会

主　　编：张志强　安阳市中等职业技术学校

副 主 编：闫　伟　安阳市中等职业技术学校

周志鹏　安阳市中等职业技术学校

骆瑞清　安阳市中等职业技术学校

侯爱民　安阳市中等职业技术学校

李　季　北京启迪时代科技有限公司

李东春　北京启迪时代科技有限公司

编　　委：元玉祥　王付军　袁长有　朱　强

程素瑜　袁　红　肖彦臣　马翊钧

王　巍

前　言

本教材具有以下特点：

一、在教材技能目标的选择上，根据当前汽车服务企业在实际生产服务过程中需要用到的核心技能，采用项目单或任务页的形式，配合项目教学法，学生在课堂上必须随时动手，完成项目单或任务页的填写，同时，教材中也约束了教师不能只讲不做，必须边讲边做，也规定学生必须边做边学，体现"教、学、做"一体化。

二、在教材知识目标的组织和表现形式上，多采用图表结合，力求直观明了。实物照片的插图，力求学生形象理解。

三、采用实训课工艺化模版将一个完整的汽车维修项目分解成一个个连续工艺步骤，由老师一步步地做，学生通过观看后一步步地跟着学，随时可以互动反馈，纠正动作。这就是实训技能工艺化教学的创新，强调突出"三分理论，七分实践"的教学理念。

本教材具体分工如下：项目一离合器的拆装与检修由侯爱民编写，项目二手动变速器的拆装与检修由骆瑞清编写，项目三万向传动装置的拆装与检修与项目六车轮和轮胎的拆卸与保养由周志鹏编写，项目四驱动桥的拆装与检修与项目五悬架的拆装与检修由闫伟编写，项目七转向机构的拆装与检修与项目八制动系统的拆装与检修由张志强编写。同时感谢北京启迪时代科技有限公司对本书编写过程的大力支持，特别感谢李季、李东春对本书进行了认真的审校建议。

编者

2015 年 5 月

目　录

前言

项目一　离合器的拆装与检修 …… 1

任务一　离合器踏板位置检查调整 …… 1

任务二　离合器液面检查和离合器液更换添加 …… 9

任务三　更换离合器分离轴承、压盘、摩擦片、离合器泵 …… 11

项目二　手动变速器的拆装与检修 …… 20

任务一　手动变速器油的检查与更换 …… 20

任务二　手动变速器的拆装与检修 …… 29

项目三　万向传动装置的拆装与检修 …… 36

任务　球笼万向节的检查与更换 …… 36

项目四　驱动桥的拆装与检修 …… 48

任务一　主减速器的检测与调整 …… 48

任务二　差速器的拆卸和安装 …… 52

任务三　更换半轴油封 …… 55

项目五　悬架的拆装与检修 …… 61

任务一　普通悬架系统的外观检查 …… 61

任务二　前悬架系统的拆卸及安装 …… 64

任务三　电控悬架系统的检修 …… 73

项目六　车轮和轮胎的拆卸与保养 …… 84

任务一　轮胎检查 …… 84

任务二　车轮换位和轮胎更换 …… 100

任务三　四轮定位测量与调整 …… 107

项目七　转向机构的拆装与检修 …… 123

任务一　转向机构间隙和固定螺栓紧固状况检查和转向横拉杆及球头检查与更换 …… 123

任务二　转向助力液检查与更换 …… 131

任务三　转向助力泵更换 …… 138

项目八　制动系统的拆装与检修 …… 145

任务一　制动踏板位置检查、调整 …… 145

任务二　制动液的检查、添加和更换 …… 149

任务三　驻车制动器的检查和调整 …… 155

任务四　制动蹄、制动鼓的检查和更换 …… 159

任务五　制动衬块、制动盘的检查和更换 …… 164

任务六　制动跑偏故障的检修 …… 167

任务七　对ABS轮速传感器的检查和更换 …… 172

项目一 离合器的拆装与检修

【情景导入】

一辆汽车怠速运转时，离合器踏板虽已踩到底，但挂挡困难，并且伴有变速齿轮撞击声。勉强挂上挡后，尚未放松离合器踏板，汽车就已行驶或熄火。

【项目学习目标】

1. 能在汽车上找到离合器位置，并识别离合器的主要部件。
2. 能对离合器踏板位置检查调整。
3. 能正确检查离合器液液面并更换添加离合器液，检查离合器管路。
4. 能正确更换离合器分离轴承、压盘、离合器泵。

1. 掌握离合器的作用。
2. 明确离合器的分类。
3. 理解离合器的工作原理。

任务一 离合器踏板位置检查调整

【任务分析】

离合器是发动机与变速器之间的传动器件，离合器摩擦盘与飞轮的结合情况决定了动力的传输状态，离合器踏板位置的调整，对提高车辆使用性能和减轻驾驶员的劳动强度有重要意义。

请按要求在 1 节课内完成以下任务。

（1）准确找到离合器在车辆上的位置。

（2）根据车辆离合器类型找到调节离合器踏板位置的器件。

（3）能正确调节离合器踏板位置。

【任务准备】

（1）实习车辆。

（2）常用维修工具、钢板尺、翼子板布及格栅布、车内清洁四件套。

【任务实施】

1. 在实习车辆上找到离合器安装位置

（1）安装车内清洁四件套，见图 1-1。

图 1-1 安装车内清洁四件套

（2）拉动引擎仓盖释放拉手，打开引擎仓锁，见图 1－2。

（3）打开引擎仓，有效支撑，安装翼子板、布、格栅板布，有效保护车身，并用高压空气清洁引擎仓，见图 1－3。

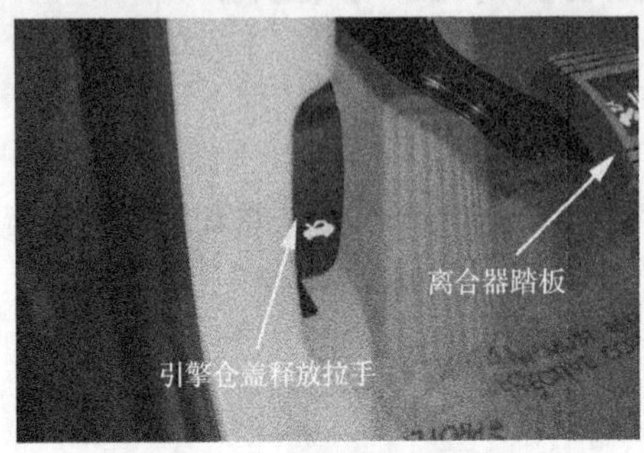

图 1－2　拉动引擎仓盖释放拉手

图 1－3　清洁引擎仓

（4）举升车辆，拆下底盘护板，找到离合器及离合器拨叉，见图 1－4 和图 1－5。

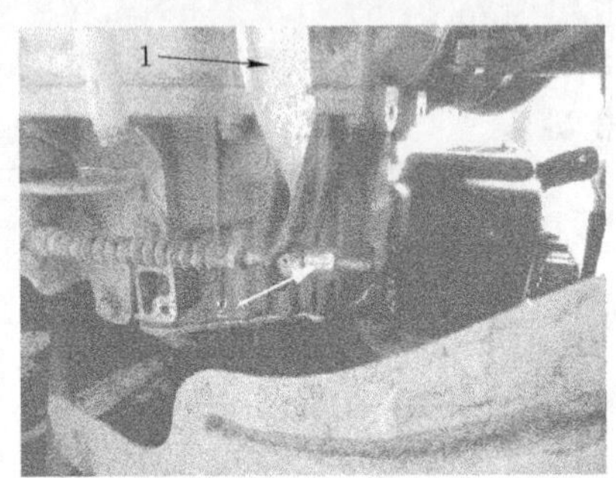

（a）发动机下侧

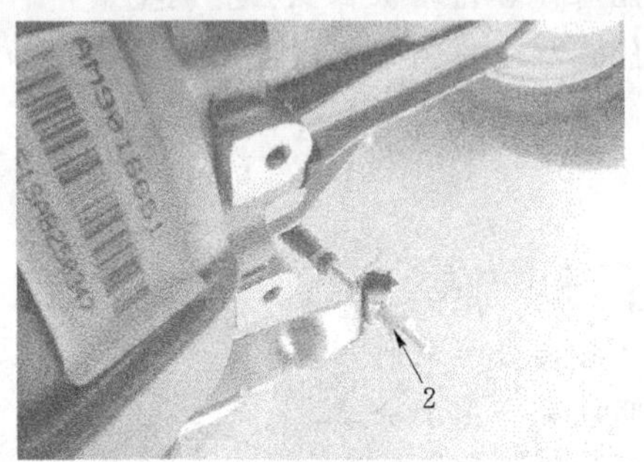

（b）发动机上侧

图 1－4　拉索操纵离合器的调节装置

1—分离臂；2—离合器操纵拉索调节螺母

（5）确认安全后，降下汽车，并整理工位及工具。

2. 测量离合器踏板的高度

（1）取下离合器踏板下方的地垫，见图 1－6。

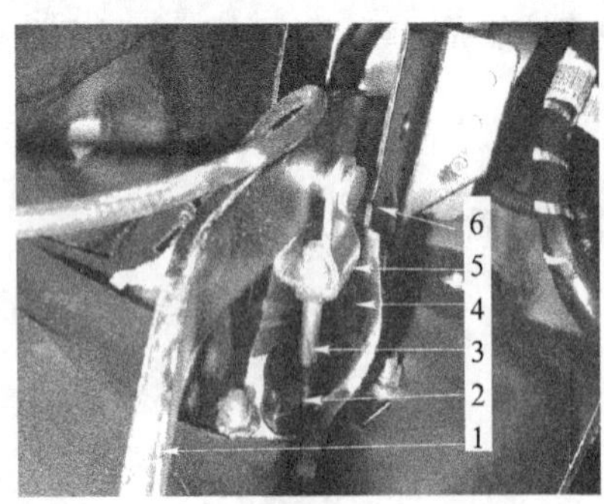

图 1－5　液压操纵式离合器的调整机构

1—离合器踏板臂；2—离合器主缸；3—离合器主打推杆；4—离合器推杆调节锁止螺母；5—离合器踏板 U 形固定座；6—离合器踏板转轴

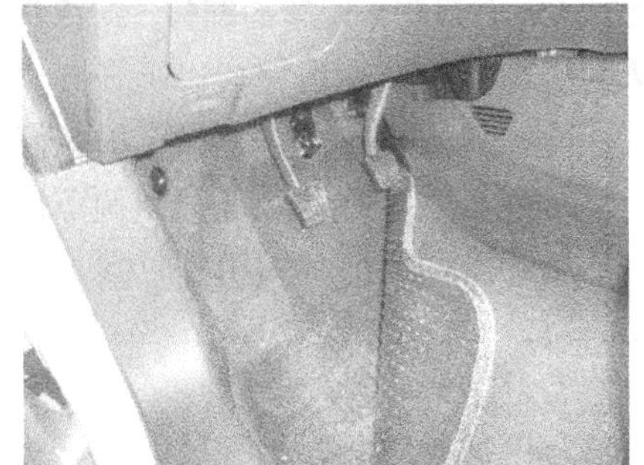

图 1－6　揭开地板垫

（2）使用钢板尺测量离合器踏板的高度（h1），并记录，此高度为离合器踏板高度，见图1－7。

（3）用手轻轻下压离合器踏板，感觉到阻力变大时停止并保持，测量出此时的高度（h2），见图1－8，并记录，此两者的差即为离合器踏板的自由行程（h1－h2）。解放CA1091、东风EQ1090汽车的自由行程为30～40mm，一汽奥迪上海桑塔纳、神龙富康轿车的自由行程为15～25mm。

图1－7　使用钢板尺测量离合器踏板的高度h1

图1－8　轻压测离合器踏板高度h2

（4）用力踩下离合器踏板到最低点再测量出此时离合器踏板的高度（h3），见图1－9，此时离合器踏板的行程（h2－h3）称之为有效行程。

3. 调整离合器踏板高度

（1）拉索式操纵机构的离合器的调整方法。用开口扳手调整调节螺母，使离合器踏板位置达到工作需要，见图1－10。

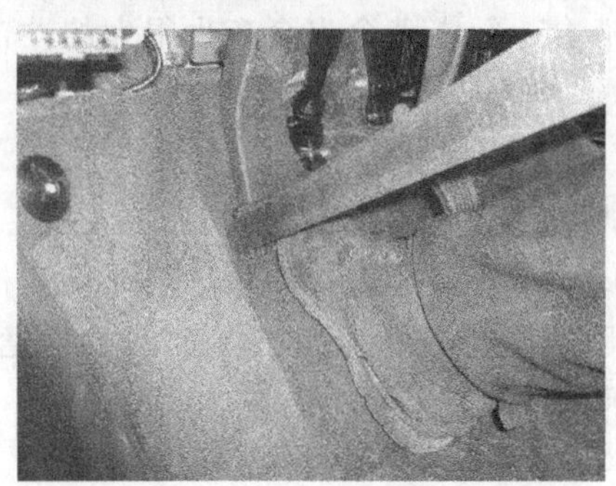

图1－9　用力踩测离合器踏板高度h3

图1－10　调节离合器踏板高度螺母

（2）液压操纵机构离合器踏板高度的调整

1）拔下离合器踏板转轴上的安全销，拔出转轴，取下离合器踏板，见图1－11。

2）松开离合总泵推杆上的锁止螺母，旋转离合器推杆上的U形支架，调整到踏板位置合适，再拧紧锁止螺母，见图1－12。

3）装回离合器踏板，安装转轴上的安全销。

4. 整理工位及工具，回收翼子板布及车内清洁四件套

注意

通用汽车公司对离合器踏板的自由行程定义为离合器踏板的初始高度与踩到底时两者

的高度差。厂家规定为130～140mm。

图1-11 取下离合器踏板

图1-12 U形支架

一、离合器的功用

1. 使发动机与传动系逐渐接合，保证汽车平稳起步

汽车起步时，驾驶员缓慢抬起离合器踏板，使离合器的主、从动部分逐渐接合，与此同时，逐渐踩下加速踏板，以增加发动机的输出转矩，这样发动机的转矩便可由小到大传给传动系。当牵引力足以克服汽车起步时的行驶阻力时，汽车便由静止开始缓慢逐渐加速，实现平稳起步。

2. 暂时切断发动机的动力传动，保证变速器换挡平顺

汽车在行驶过程中，由于行驶条件的变换，需要不断变换挡位。对于普通齿轮变速器，换挡时不同的齿轮副要退出啮合或进入啮合，这就要求换挡前踩下离合器踏板，中断发动机的动力传动，便于退出原有齿轮副的啮合、进入新齿轮副的啮合。如果没有离合器或离合器分离不彻底使动力不能完全中断，原有齿轮副之间会因压力大而难以脱开，而待啮合齿轮副之间因圆周速度不同而难以进入啮合，勉强啮合也会产生很大的冲击和噪声，甚至会打齿。

3. 限制所传递的转矩，防止传动系过载

汽车紧急制动时，如果发动机与传动系刚性连接，发动机转速将急剧下降，其所有零件将产生很大的惯性力矩，这一力矩作用于传动系，会造成传动系过载而使其机件损坏。有了离合器，当传动系承受载荷超过离合器所能传递的最大转矩时，离合器会通过主、从动部分之间的打滑来消除这一危险，从而起到过载保护的目的。

二、对离合器的要求

根据离合器的功用，它应满足下列主要要求：

（1）保证可靠地传递发动机的最大转矩又能防止传动系过载。

（2）接合时应平顺柔和，保证汽车平稳起步，减少冲击。

（3）分离时应迅速彻底，保证变速器换挡平顺和发动机启动顺利。

（4）旋转部分的平衡性好，且从动部分的转动惯量小。

（5）具有良好的通风散热能力，防止离合器温度过高。

（6）操纵轻便，以减轻驾驶员的疲劳。

三、离合器的分类

（1）按照动力传动方式分，汽车上应用的离合器主要有以下3种形式，见表1-1。

表 1-1　　按照动力传动方式进行分类

摩擦离合器		利用主动、从动部分的摩擦作用来传递转矩的离合器，多用于手动变速器
液力偶合器		利用液体作为传动介质的离合器。多用于自动变速器
电磁离合器		利用磁力传动的离合器，如在空调中应用的就是这种离合器

(2) 按照离合器操纵方式，汽车上的离合器分为拉索式和液压传动式两种，见表 1-2。

表 1-2　　按照离合器操纵方式进行分类

拉索式传动操纵机构	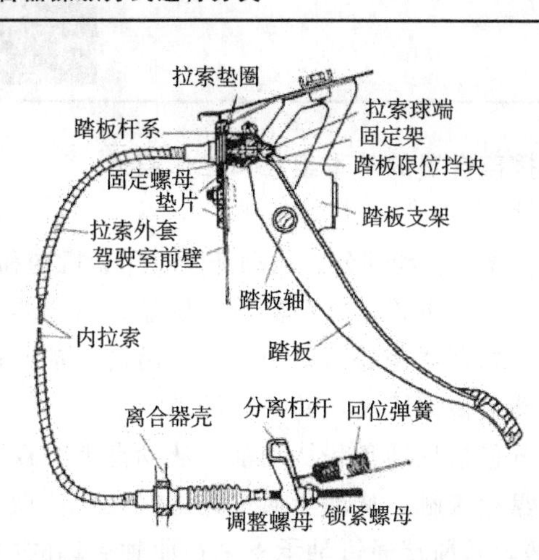

续表

液压式传动操纵机构	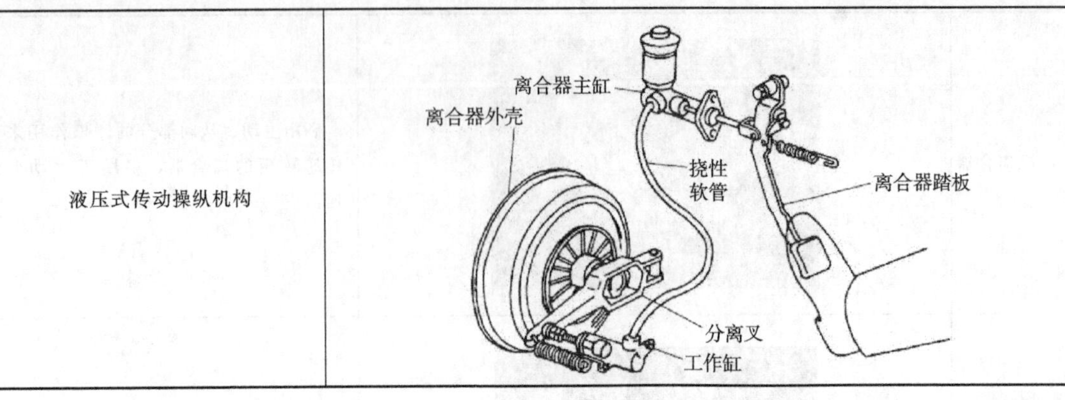

(3) 按照摩擦盘压紧方式，汽车上的离合器分为膜片弹簧离合器和周布弹簧离合器，见表1-3。

表1-3　　按照摩擦盘压紧方式进行分类

膜片弹簧离合器	
周布弹簧离合器	

四、摩擦离合器的基本组成和工作原理

1. 基本组成

摩擦离合器由主动部分、从动部分、压紧机构和操纵机构4部分组成，如图1-13所示。

主动部分包括飞轮、离合器盖和压盘。离合器盖用螺栓固定在飞轮上，压盘后端圆周上的凸台伸入离合器盖的窗口中，并可沿窗口轴向移动。这样，当发动机转动，动力便经飞轮、离合器盖传到压盘，并一起转动。

从动部分包括从动盘和从动轴。从动盘带有双面的摩擦衬片，离合器正常接合时分别与飞轮和压盘相接触；从动盘通过花键毂装在从动轴的花键上，从动轴是手动变速器的输入轴（一轴），其前端通过轴承支承在曲轴后端的中心孔中，后端支承在变速器壳体上。

压紧机构由若干根沿圆周均匀布置的压紧弹簧，它们装在压盘与离合器盖之间，用来将压盘和从动盘压向飞轮，使飞轮、从动盘和压盘三者压紧在一起。

操纵机构包括离合器踏板、分离拉杆、调节叉、分离叉、分离套筒、分离轴承、分离杠杆、回位弹簧等组成。

2. 工作原理

(1) 接合状态。

离合器在接合状态下，操纵机构各部件在回位弹簧的作用下回到图 1－14 所示的各自位置，分离杠杆内端与分离轴承之间保持有一定的间隙压紧弹簧将飞轮、从动盘和压盘三者压紧在一起，发动机的转矩经过飞轮及压盘通过从动盘两摩擦面的摩擦作用传给从动盘，再由从动轴输入变速器。

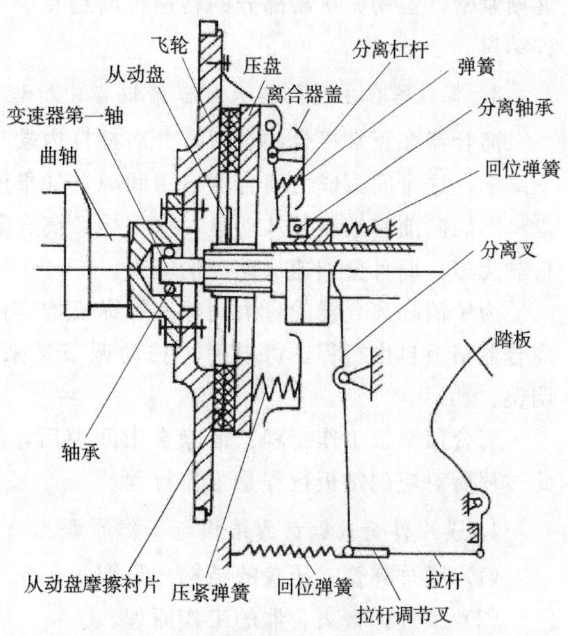

图 1－13　摩擦离合器的基本组成示意图

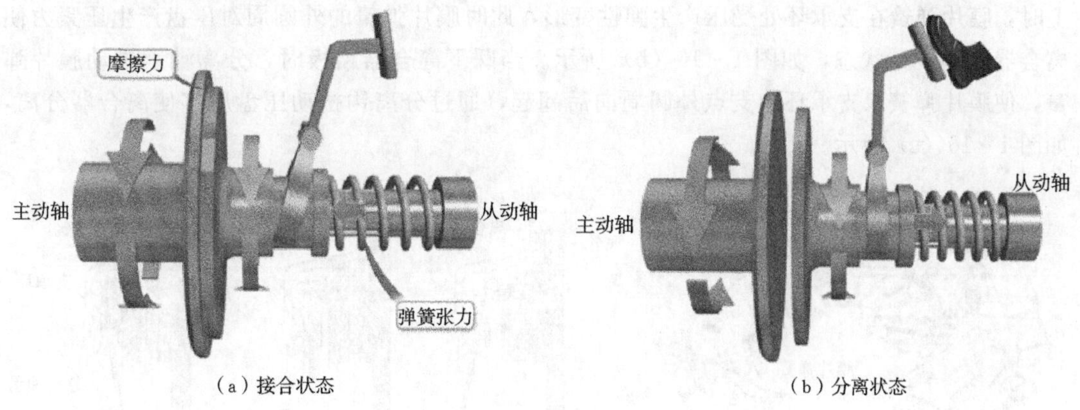

图 1－14　离合器的两种工作状态

(2) 分离过程。

分离离合器时，驾驶员踩下离合器踏板，分离套筒和分离轴承在分离叉的推动下，先消除分离轴承与分离杠杆内端之间的间隙，然后推动分离杠杆内端前移，使分离杠杆外端带动压盘克服压紧弹簧作用力后移，摩擦作用消失，离合器的主、从动部分分离，中断动力传动。

(3) 接合过程。

接合离合器时，驾驶员缓慢抬起离合器踏板，在压紧弹簧的作用下，压盘向前移动并逐渐压紧从动盘，使接触面间的压力逐渐增加，摩擦力矩也逐渐增加；当飞轮、压盘和从动盘之间接合还不紧密时，所能传动的摩擦力矩较小，离合器的主、从动部分有转速差，离合器处于打滑状态；随着离合器踏板的逐渐抬起，飞轮、压盘和从动盘之间的压紧程度逐渐紧密，主动、从动部分的转速也渐趋相等，直到离合器完全接合而停止打滑，接合过程结束。

3. 离合器自由间隙和离合器踏板自由行程

离合器在正常接合状态下，分离杠杆内端与分离轴承之间应留有一个间隙，一般为几个毫米，这个间隙成为离合器自由间隙。如果没有自由间隙，从动盘摩擦片磨损变薄后压盘将不能向前移动压紧从动盘，这将导致离合器打滑，使离合器所能传动转矩下降，车辆行驶无力，而且会加速从动盘的磨损。

为了消除离合器的自由间隙和操纵机构零件的弹性变形所需要的离合器踏板行程称为离合器踏板自由行程。可以通过拧动调节叉来改变分离拉杆的长度对踏板自由行程进行调整。

离合器踏板工作行程：消除自由间隙后，继续踩下离合器踏板，将会产生分离间隙，此过程所对应的踏板行程是工作行程。

4. 膜片弹簧式压盘的结构与工作原理

(1) 膜片弹簧式压盘的结构。见图 1-15。

(2) 膜片弹簧离合器的工作原理。

如图 1-16 所示，当离合器盖未安装到飞轮上时，膜片弹簧不受力而处于自由状态，此时离合器盖与飞轮之间有一距离 l，如图 1-16 (a) 所示。当离合器盖通过螺栓固定在飞轮上时，膜片弹簧在支承环处受压产生弹性变形，此时膜片弹簧的外圆周对压盘产生压紧力使离合器处于接合状态，如图 1-16 (b) 所示。当踩下离合器踏板时，分离轴承推动膜片弹簧，使膜片弹簧以支承环为支点外圆周向后翘起，通过分离钩拉动压盘后移使离合器分离，如图 1-16 (c) 所示。

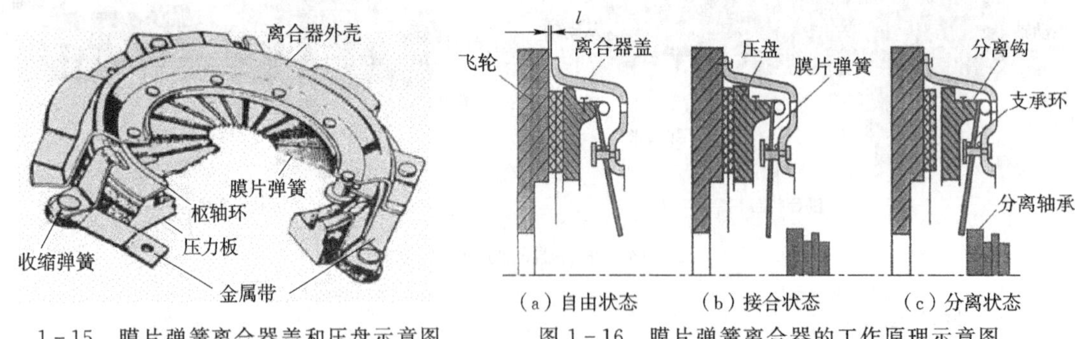

1-15 膜片弹簧离合器盖和压盘示意图

图 1-16 膜片弹簧离合器的工作原理示意图

从上面的介绍中可以看出，膜片弹簧既是压紧弹簧，又是分离杠杆，使结构简化。另外膜片弹簧的弹簧特性优于圆柱螺旋弹簧，所以膜片弹簧离合器的应用越来越广泛，在各种车型上都有应用。

五、摩擦盘的结构

从动部分包括从动盘和从动轴，从动盘一般都带有扭转减振器。发动机传到传动系的转速和转矩是周期性变化的，使传动系产生扭转振动，这将使传动系的零部件受到冲击性交变载荷，使寿命下降、零件损坏。采用扭转减振器可以有效地防止传动系的扭转振动。带扭转减振器的从动盘的结构和原理如图 1－17 所示。

从动盘钢片外圆周铆接有波浪形弹簧钢片，摩擦衬片分别铆接在弹簧钢片上，从动盘钢片与减振器盘铆接在一起，这两者之间夹有摩擦垫圈和从动盘毂。从动盘毂、从动盘钢片和减振器盘上都有 6 个圆周均布的窗孔，减振弹簧装在窗孔中。

当从动盘受到转矩时，转矩从摩擦衬片传到从动盘钢片，再经减振弹簧传给从动盘毂，此时弹簧将被压缩，吸收发动机传来的扭转振动。

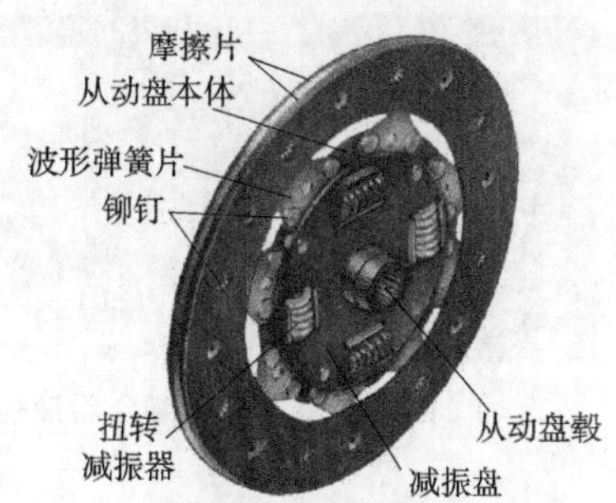

图 1－17　带扭转减振器的从动盘

任务二　离合器液面检查和离合器液更换添加

【任务分析】

液压操纵式离合器，是依靠液压油来传递离合器踏板的动能给离合器拨叉，拉动离合器压盘动作，实现切断以摩擦盘为中介，飞轮与变速器输入轴之间的动力传输的。如果液压油变质或严重缺少，将无法有效的传递动力拉动压盘，实现离合器的分离。

请按要求在 1～2 节课内完成以下任务。

(1) 正确检测离合器液面的高低，判断离合器液是否变质，是否缺失。

(2) 正确更换离合器液。

【任务准备】

(1) 准备实习用车。

(2) 准备工具、仪表与耗材：常用维修工具、制动液、翼子板布及格栅布、车内清洁四件套。

【任务实施】

(1) 安装车内清洁四件套、拉紧驻车制动器、安装翼子板布、格栅布，并用高压空气清洁引擎仓，如图 1－18 所示。

(2) 在引擎仓内找到离合器液储液罐（制动储液罐），如图 1－19 所示。

图 1－18　准备工作

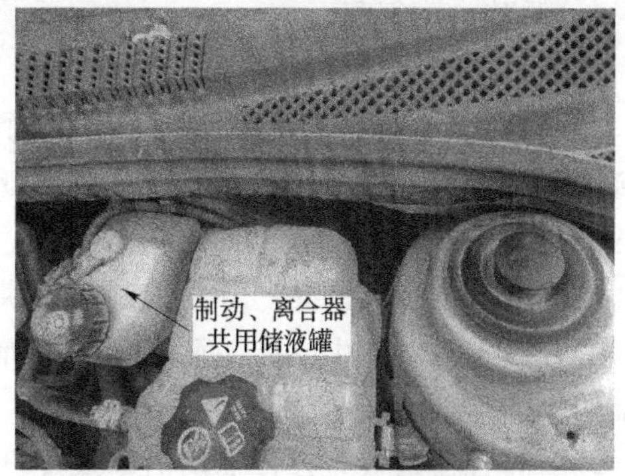

图 1－19　制动、离合器共用储液罐

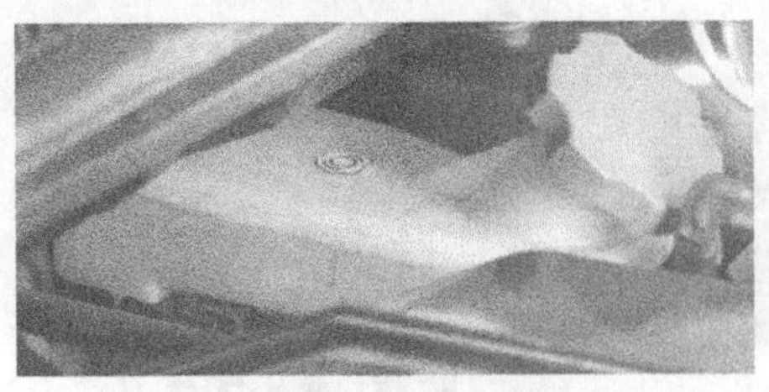

图 1－20　检查离合器液位

(3) 清洁储液罐表面，找到指示刻度线 (MIN、MAX)，用手轻轻摇动罐体，并可借用手电观察油液在罐体中的位置。液面应在靠近 MAX 线的位置，如果低于 MIN 线则必须添加制动液，如图 1－20 所示。

(4) 检查离合器液（制动液），清洁加注口周围的灰尘，打开加注盖，观察制动液油品是否清亮透明，必要时可以用检测仪检测制动液中的含水量。如图 1－21 所示。

(5) 添加离合器液（制动液），清洁加注口周围的灰尘打开加注盖，打开制动液加注盖，将正确规格的制动液缓慢倒入储液罐中，液面处在 MAX 刻度下侧为止，如图 1－22 所示。如果储液罐已变空，添加制动液后，应对制动系统进行排放空气作业。

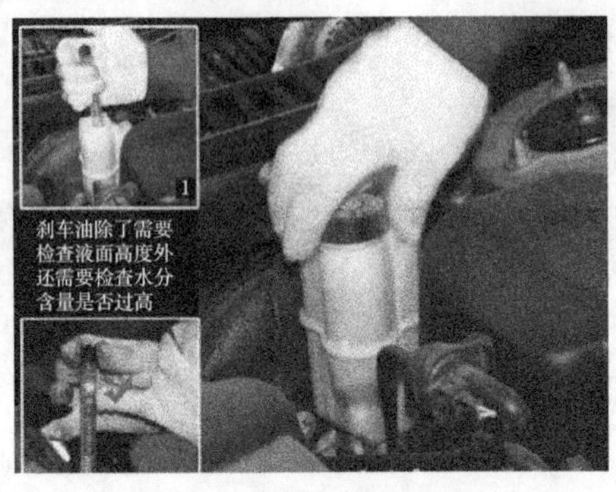

图 1－21　含水量检测

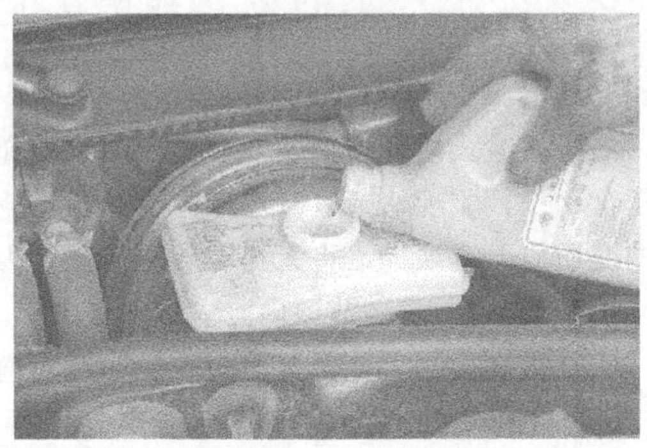

图 1－22　添加离合器液（制动液）

(6) 主缸泵油排气法。

1) 在储液罐中加注规定油液至上限。

2) 踏几下离合器踏板，使系统充满油液。

3) 在放气螺钉上接好导油管和接油容器。

4) 将离合器踏板踩下保持不变，松开工作放气螺钉，放出油和气的混合物，并立即拧紧放气螺钉，然后放开踏板。如此操作 3～5 次，直至没有气泡为止。

5) 排气过程中注意补充储液罐中的油液。

6) 调整自由行程。

(7) 整理工位。

液压式操纵机构的示意图如图 1－23 所示，主要由离合器踏板、储液罐、进油软管、离合器主缸、离合器工作缸、油管总成、分离叉、分离轴承等组成。目前液压式操纵机构在各类型车上应用广泛。

储液罐有两个出油孔，分别把制动液供给制动主缸和离合器主缸。

离合器主缸主要由缸体、活塞、回位弹簧、卡簧、推杆、防尘套等组成。离合器主缸的结构如图 1－24 所示。

踩下离合器踏板，推杆推动活塞及连杆移动，进油阀的锥形阀关闭进油孔。活塞继续向前移动，油缸内油压升高通过出油孔流向离合器分离泵。

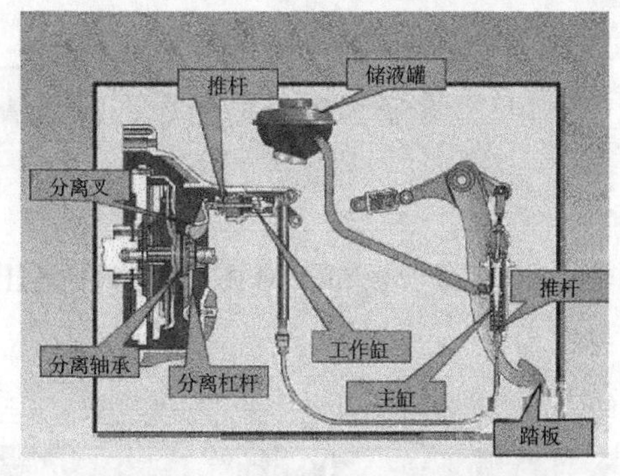

图 1-23 液压式操纵机构示意图

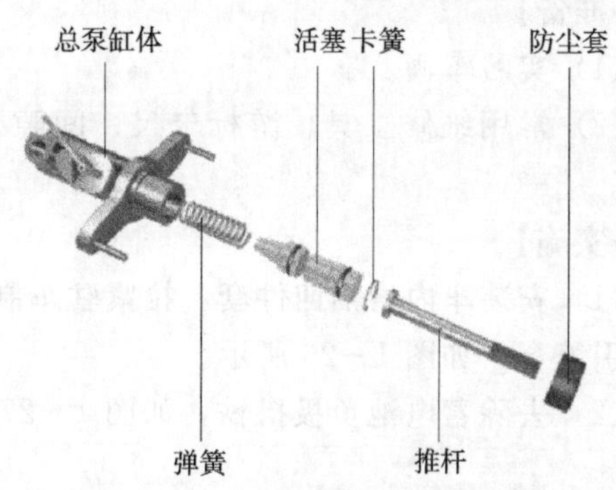

图 1-24 离合器主缸的结构

松开离合器踏板，活塞在回位弹簧作用下迅速回位，活塞左侧的油缸形成低压腔。储液罐内油液经进油阀流入油缸，弥补低压腔。离合器分泵中油液通过油阀流回储液罐。

离合器工作缸的结构如图 1-25 所示，离合器工作缸主要由工作缸缸体、回位弹簧、活塞、推杆、防尘罩、放气螺塞等组成。推杆除了带动离合器分离叉运动外，还可用来调整膜片弹簧分离指端与分离轴承之间的间隙。当管路里有空气存在而影响操纵时，可通过拧出放气螺塞进行放气。工作缸活塞直径略大于主缸活塞直径，故液压系统稍有增力作用，以补偿液流通道的压力损失。

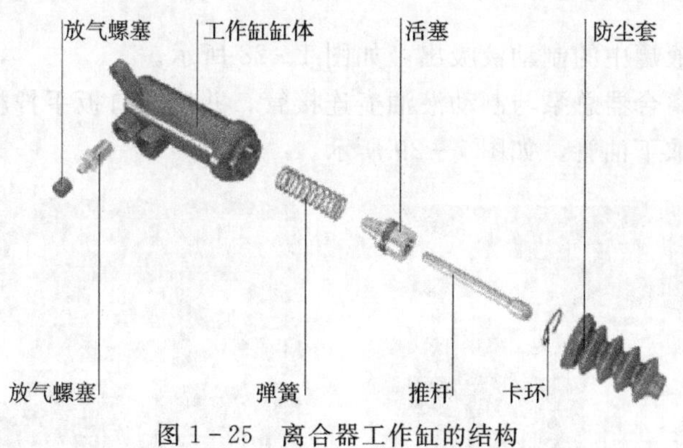

图 1-25 离合器工作缸的结构

任务三 更换离合器分离轴承、压盘、摩擦片、离合器泵

【任务分析】

离合器是发动机与变速器之间的传动器件，依靠离合器摩擦盘与飞轮的摩擦力来传输动力，而且两者还在不断地接合、分离转换，因此摩擦片、压盘等器件极易损坏，要及时加以更换。

请按要求在 2～4 节课内完成以下任务。

(1) 从汽车上拆取下离合器。

(2) 正确检查离合器摩擦片、压盘。

(3) 更换离合器的主要部件，并装复上车。

【任务准备】

(1) 实习车辆。

(2) 常用维修工具、游标卡尺、间隙规、平口尺、翼子板布及格栅布、车内清洁四件套。

【任务实施】

(1) 安装车内清洁四件套、拉紧驻车制动器、安装翼子板布、格栅布，并用高压空气清洁引擎仓，如图 1-26 所示。

(2) 去除蓄电池负极搭铁，如图 1-27 所示。

图 1-26　准备工作

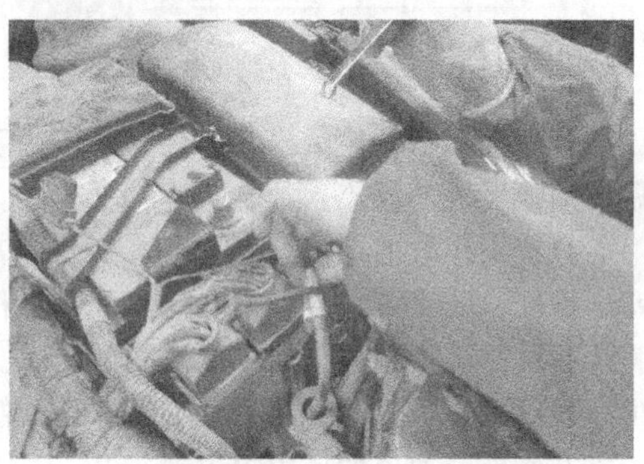

图 1-27　拆除负极搭铁线

(3) 将制动储液罐中的制动液吸出，如图 1-28 所示。

(4) 小心拔下离合器总泵与制动液油壶连接管，并用开口扳手拧松离合器总泵与分泵的油管接头螺丝并取下油管，如图 1-29 所示。

图 1-28　吸出制动液

图 1-29　拧松总泵与分泵油管螺丝，并取下油管

(5) 进入驾驶室，取下离合器踏板的转轴，分离踏板与推杆，取下总泵的固定螺栓，取出总泵，如图 1-30 所示。

(6) 使用棘轮扳手与直接杆、套筒头拆下离合器分泵的紧固螺丝，并取下分泵，如图 1-31 所示。

(7) 拆下两个前轮，如图 1-32 所示。

(8) 拆卸传动轴凸缘固定螺栓，利用专用工具，取出控制臂球头销，如图 1-33 所示。

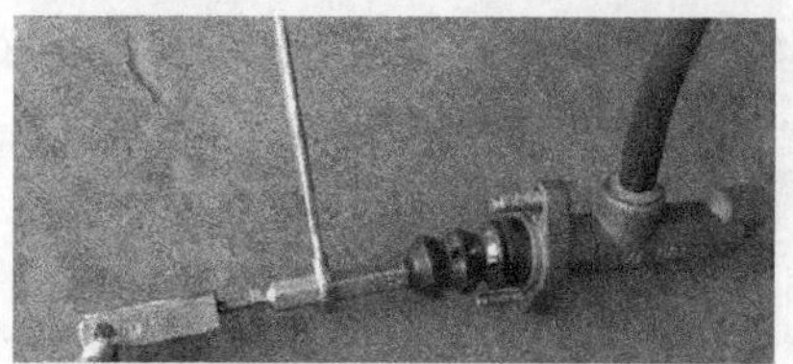

图 1-30　分离踏板与推杆，拧下固定螺栓，取出总泵

图 1-31　取下分泵

图 1-32　拆前轮

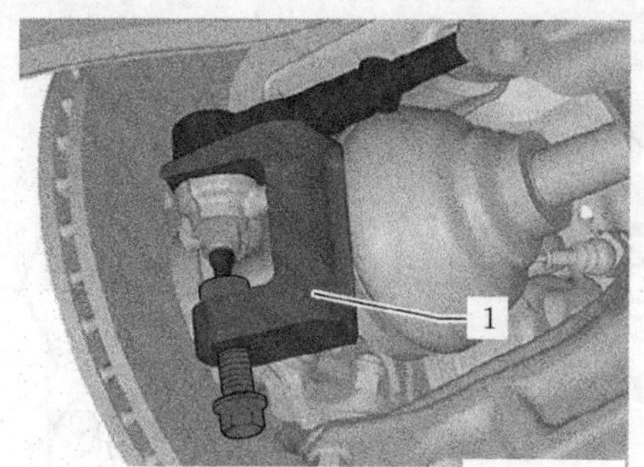

图 1-33　取出控制臂球头销

(9) 向外拉动刹车盘，分离传动轴与驱动桥的连接。

(10) 断开氧传感器、倒车灯开关等电器和线束。

(11) 使用变速器托举器，支撑变速器，如图 1-34 所示。

(12) 使用扳手拆下变速器换挡总成与拉索之间的螺栓，分离换挡总成。

(13) 拆卸变速器减震架、向后拉出变速器，如图 1-35 所示。

(14) 拆除变速器后，露出发动机的后端盖处的离合器总成，如图 1-36 所示。

用粉笔在离合器和飞轮上做好装配标记，将变速器第一轴（可用专用工具更好）穿入离合器中心孔中，拆下离合器盖螺栓，取下压盘总成，取下摩擦盘，如图 1-37 所示。

(15) 检查压盘膜片弹簧的高度是否一致，检测膜片弹簧是否有明显折损。

图 1-34　使用托运架支撑变速器

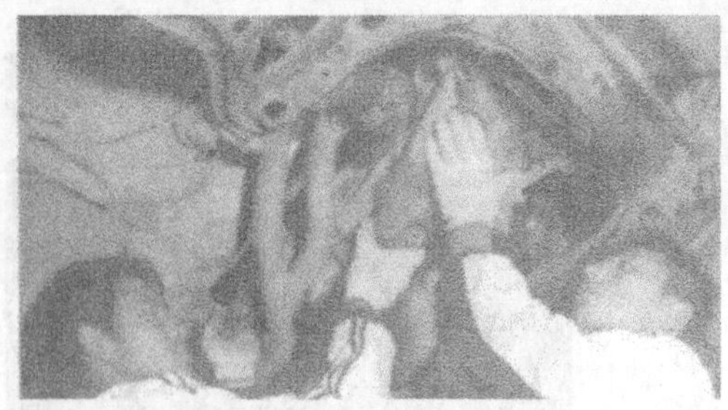

图 1-35　拆下变速器

图 1-36　离合器总成

图 1-37　拆下的离合器压盘与摩擦盘

（16）用游标卡尺检测膜片弹簧与分离轴承间接触部分的磨损情况，如图 1-38 所示，磨损深度应小于 0.6mm，宽度小于 5mm，否则应更换。

（17）目测压盘表面是否有破裂、过度磨损、腐蚀现象，并用刀口尺与塞尺配合测量压盘的平整度，如图 1-39 所示。

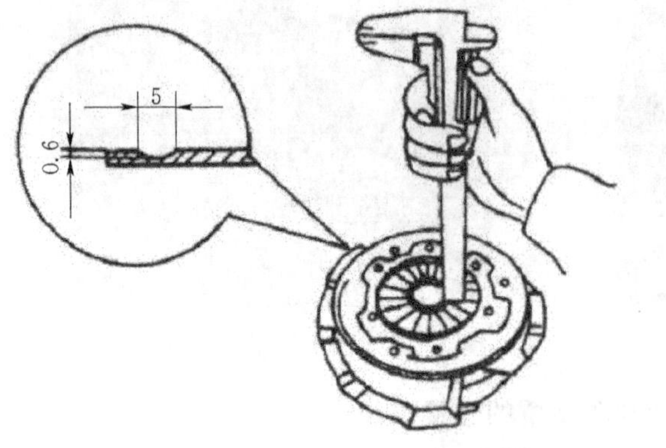

图 1-38　检测膜片弹簧分离端磨损情况

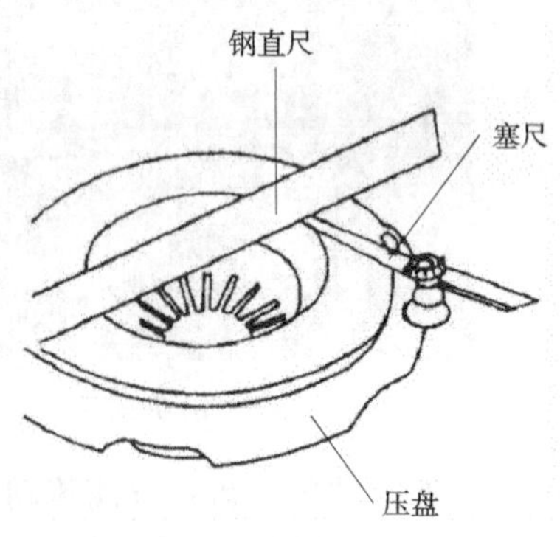

图 1-39　测量压盘接合面的平整度

（18）目测摩擦盘表面，有无表面烧焦、开裂现象、扭转减振器弹簧有无折断，花键是否磨损大，铆钉有无松动现象。损坏的膜片弹簧见图 1-40。

（19）用游标卡尺测量铆钉头的深度，如图 1-41 所示，最小值为 0.3mm，超过极限值要更换。

（20）安装离合器盘总成，将变速器输入轴（或专用工具）插入离合器盘总成，然后将它们一起插入飞轮分总成。将离合器盖总成上的装配标记和飞轮分总成上的装配标记对准。从位于顶部锁销附近的螺栓开始，按照对角多次的原则拧紧坚固螺栓，扭矩为 19N·m。

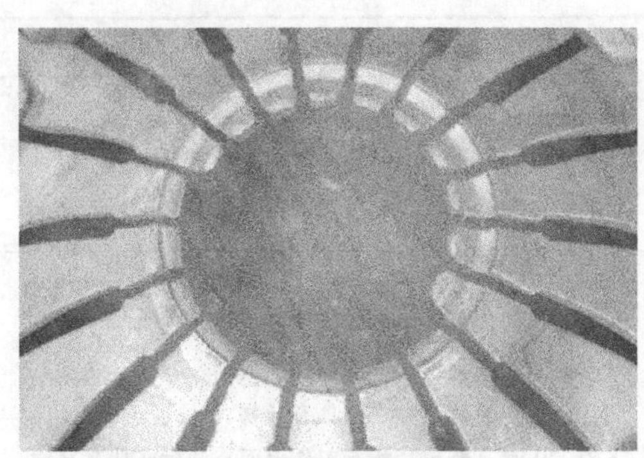

图 1-40 损坏的膜片弹簧

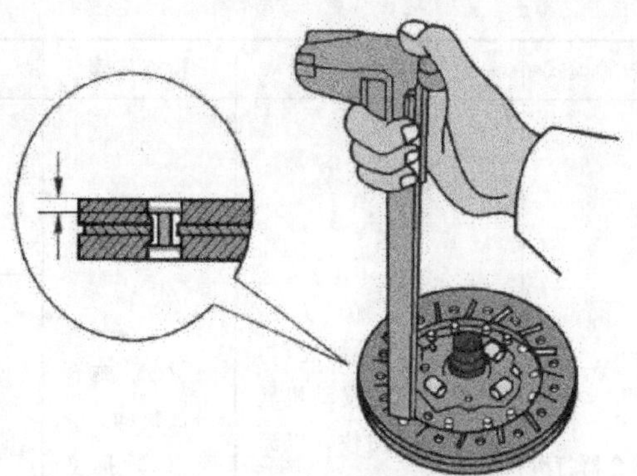

图 1-41 测量摩擦盘的磨损情况

(21) 从变速器前端取下分离轴承，用手固定分离轴承内圈，转动外圈，如图 1-42 所示，同时在轴向施加压力，如有阻滞或明显间隙感就应更换。

(22) 安装分离轴承与拨叉。润滑分离轴承与分拨叉，润滑变速器输入轴花键，安装拨叉并固定，安装分离轴承。安装后，前后移动分离叉，以检查分离轴承滑动平稳。

(23) 安装手动传动桥总成，把输入轴和离合器盘对齐，把变速驱动桥安装到发动机上，安装 7 个螺栓。

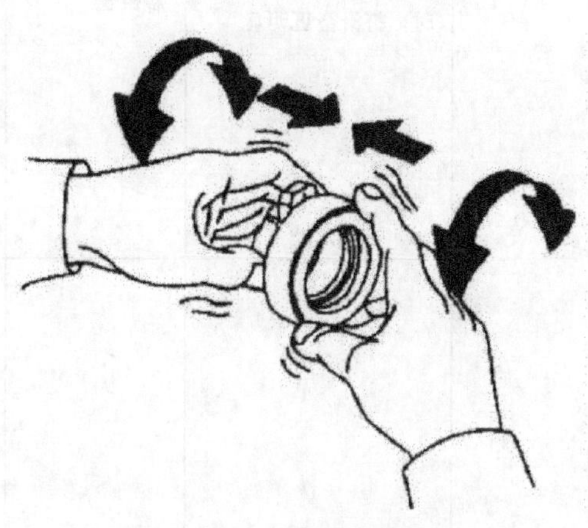

图 1-42 检测分离轴承

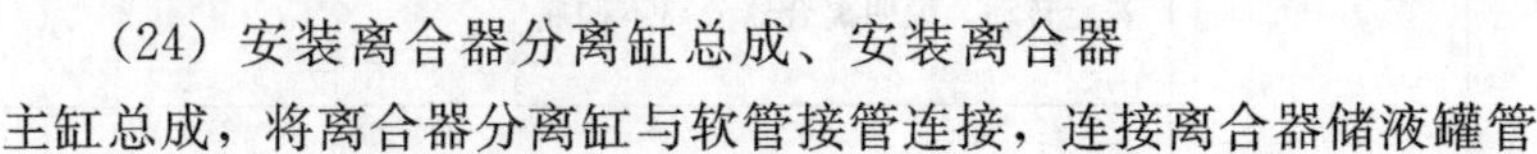

(24) 安装离合器分离缸总成、安装离合器主缸总成，将离合器分离缸与软管接管连接，连接离合器储液罐管。

(25) 安装离合器踏板支架分总成。

(26) 安装各电器连接线。

(27) 向离合器储液罐加注制动液，执行排气作业。

(28) 回放车辆，回收工具，整理工位，试车。

离合器故障判定准则

某厂家离合器故障判定准则（流程）见表 1-4。

表 1-4　　某厂家离合器故障判定准则

故障模式	故障现象	检查步骤	检查判定方法
离合器打滑	(1) 当汽车起步时，完全放松离合器踏板后，汽车提速慢，发动机的动力不能完全传至变速器主动轴，使汽车动力下降，油耗增加和起步困难。	(1) 试车确认故障。 (2) 离合踏板机构	拉紧手刹制动器，挂上低速挡，慢慢放松离合器踏板徐徐加大油门，若汽车不动，发动机仍继续运转而不熄火，说明离合器打滑；若发动机熄火，说明离合器不存在打滑故障
			(1) 踏板没自由行程。 (2) 检查踏板在回位时是否有卡滞现象

续表

故障模式	故障现象	检查步骤	检查判定方法
离合器打滑	（2）汽车加速时，车速不能随发动机转速提高而加快，以致行驶无力。 （3）当重载上坡时，打滑会更明显	（3）离合分离机构。 （4）拆变速箱、离合器检查	（1）用手拨动分泵推杆是否有间隙。 （2）总泵漏油、分泵漏油或漏气，引起操纵系统回油不良。 （3）分泵回位弹簧失效，或拨叉轴转动发卡
			（1）分离轴承回位卡滞或轴承回位弹簧失效。 （2）离合器安装不到位，或安装螺栓松动、断裂。 （3）离合器盖与膜片弹簧之间夹有异物。 （4）飞轮、压盘、摩擦片相互工作表面有油污或粘有异物。 （5）飞轮工作面高低差大于 0.4mm。 （6）离合器盖总成压盘面高低差大于 0.4mm。 （7）离合器盖总成压盘面全部烧蚀、断裂。 （8）离合器盖总成膜片弹簧断裂。 （9）离合器从动盘摩擦片磨损至铆钉头外露，造成飞轮面、压盘面磨伤
分离不清、挂挡困难	（1）将离合器踏到底仍挂挡困难；或强行挂入，但不抬踏板汽车就向前行驶或造成发动机熄火。 （2）变速器挂挡困难或挂不进挡，出现打齿现象	（1）试车确认故障。 （2）离合踏板机构。 （3）离合分离机构。 （4）拆变速箱、离合器检查	（1）发动机熄火时，挂空挡，踏下离合器踏板，打开离合器壳上观察窗口，用螺丝刀推动离合器从动盘。若能轻推动，说明离合器能分离开；若推不动说明离合器分离不彻底。 （2）将变速器输出轴后的传动轴拆下，拉上手制动，启动发动机，踩下离合器踏板，挂入 1 挡，不松离合器踏板，这时观察变速器输出轴是否转动，若不转动，说明离合器能分离开；若能转动，说明离合器分离不彻底
			检查踏板自由行程是否超过设计要求（常接触式的车不超过 20mm，非常接触式的车不超过 40mm）
			（1）总泵漏油、分泵漏油或漏气。 （2）油路中有空气
			（1）分离拨叉断裂。 （2）分离轴承座耳部与分离拨叉两工作点不在同一水平线。 （3）分离轴承运动发卡。 （4）在安装状态下离合器盖总成膜片弹簧分离指高低差大于 2mm。 （5）导向轴承转动不灵活或损坏。 （6）离合器安装不到位，或安装螺栓松动、断裂。 （7）从动盘粘连飞轮面或压盘面上。 （8）离合器盖总成膜片弹簧及支承环松动、断裂。 （9）离合器盖总成传动片铆钉松脱、断裂。 （10）离合器从动盘在一轴花键上滑动不畅

续表

故障模式	故障现象	检查步骤	检查判定方法
离合器起步发抖	汽车起步时，驾驶员按正常操作较平缓地放开离合器踏板，汽车不是平稳地起步加速，而是断断续续地加速，汽车轻微抖动，有行进振动感觉	（1）试车确认故障。 （2）传动系装置。 （3）离合踏板机构。 （4）离合分离机构。 （5）拆变速箱、离合器检查	发动机置于怠速，踩下离合器，变速器置于1挡，放开手制动、脚制动，轻踩油门（发动机转速800－1000r/min），缓慢的放开离合器踏板起步，此时确认车体是否有抖动现象
			（1）发动机动力总成悬置不牢。 （2）传动系中变速器、飞轮壳、传动轴各连接螺栓松动
			踏板回位发卡
			（1）总泵漏油、分泵漏油或漏气。 （2）拨叉轴转动发卡
			（1）分离轴承回位发卡。 （2）分离轴承座耳部与分离拨叉两工作点不在同一水平线。 （3）在安装状态下离合器盖总成膜片弹簧分离指高低差大于2mm。 （4）飞轮工作面高低差大于0.4mm。 （5）离合器盖总成压盘面高低差大于0.4mm。 （6）从动盘减振弹簧断
离合器起步发闯	汽车起步时，离合器踏板慢慢抬起，轻踏油门，汽车不是平稳加速，而是突然加速，向前窜动	（1）试车确认故障。 （2）离合踏板机构。 （3）离合分离机构。 （4）拆变速箱、离合器检查	发动机置于怠速，踩下离合器挂进1挡，放开手制动、脚制动，缓慢的放开离合器踏板起步，轻踩油门，汽车不是平稳前进，而是突然向前窜动，此时确认为整车发闯
			踏板回位发卡
			（1）总泵漏油、分泵漏油或漏气。 （2）拨叉轴转动发卡
			分离轴承回位发卡
离合器异响	在使用离合器时，有不正常的响声产生	（1）试车确认故障。 （2）拆变速箱、离合器检查	发动机怠速运转，拉紧手制动，变速器置于空挡，踩下和松开离合器踏板，有连续或间断的异响声音，确定为异响故障
			（1）离合器壳内有其他相关零件脱落及装机的遗留零件。 （2）分离拨叉、分离轴承及回位弹簧损坏、脱落。 （3）分离轴承损坏。 （4）离合器盖总成各零件松动、断裂。 （5）离合器从动盘各零件松动、断裂

续表

故障模式	故障现象	检查步骤	检查判定方法
离合踏板沉重	踩离合踏板感到沉重	(1) 试车确认故障。 (2) 离合踏板机构。 (3) 离合分离机构。 (4) 拆变速箱、离合器检查	发动机怠速运转，拉紧手制动，变速器置于空挡，踩下离合器踏板，乘用车离合器踏板力大于 150N，货车离合器踏板力大于 200N，则确定为踏板沉重
			(1) 踏板机构部件干涉。 (2) 踏板机构回位弹簧力过大
			(1) 总泵漏油、分泵漏油或漏气。 (2) 油路堵塞。 (3) 气压不稳定或不够。 (4) 拨叉轴转动发卡
			分离轴承移动发卡

【项目检测与评估】

项目检测	分值	评分标准	学生自评	教师评估
在车上找到离合器的相关部件，并说明其作用	10	能找到离合器相关部件并说明作用		
调节离合器踏板位置	20	测量离合器的自由行程，调节离合器踏板位置		
更换离合器液并排除空气	20	检查离合器液品质，正确更换离合器液		
拆装离合器总成	20	正确使用工具，拆装离合器总成		
检测离合器压盘、摩擦盘、分离轴承	20	正确检测三者，是否符合技术标准		
安全操作 5S 理念	10	正确使用工具，安全操作，及时清理工位		
合计	100			

【项目小结】

1. 离合器的组成

离合器是汽车传动系的组成部分，离合器总成安装于发动机与变速器之间。离合器由主动部分、从动部分、压紧机构和操纵机构 4 部分组成。

2. 离合器的作用

(1) 使发动机与传动系逐渐接合，保证汽车平稳起步。

(2) 暂时切断发动机的动力传动，保证变速器换挡平顺。

(3) 限制所传递的转矩，防止传动系过载。

3. 离合器的分类

根据传递转矩的方式不同，离合器可分为摩擦式离合器、液力式离合器、电磁式离合器。根据离合器的操纵方式不同可分为拉索式离合器和液压传动式离合器。根据摩擦盘压紧方式分为膜片弹簧离合器、周布弹簧离合器。

4. 离合器自由间隙

离合器在正常接合状态下，分离杠杆内端与分离轴承之间应留有一个间隙，一般为几个毫米。

5. 离合器踏板自由行程

离合器踏板自由行程也称为离合器踏板空行程，是指踩压踏板直到分离轴承紧压膜片弹簧的距离。可以通过拧动调节装置来改变分离拉杆的长度对踏板自由行程进行调整。

6. 离合器踏板工作行程

离合器踏板工作行程消除自由间隙后，继续踩下离合器踏板，将会产生分离间隙，此过程所对应的踏板行程是工作行程。

7. 膜片弹簧

压盘中的膜片弹簧既是压紧弹簧，又是分离杠杆，使结构简化。膜片弹簧离合器的应用越来越广泛，在各种车型上都有应用。

8. 液压操纵式离合器

液压操纵式离合器操作轻便，广泛应用于各种汽车中。离合器与制动系统共用一个储液装置。液压式离合器由主要由离合器踏板、储液罐、进油软管、离合器主缸、离合器工作缸、油管总成、分离叉、分离轴承等组成。制动液易吸收水分变质，要定期更换，更换后要及时排除系统中的空气。

思考与练习

一、选择题

1. 离合器的主动部分包括（　　）。

A. 飞轮　　B. 离合器盖　　C. 压盘　　D. 摩擦片

2. 离合器的从动部分包括（　　）。

A. 离合器盖　　B. 压盘　　C. 从动盘　　D. 压紧弹簧

3. 离合器分离轴承与分离杠杆之间的间隙是为了（　　）。

A. 实现离合器踏板的自由行程　　B. 减轻从动盘磨损

C. 防止热膨胀　　D. 保证摩擦片正常磨损后离合器不失效

4. 膜片弹簧离合器的膜片弹簧起到（　　）的作用。

A. 压紧弹簧　　B. 分离杠杆　　C. 从动盘　　D. 主动盘

二、简答题

1. 汽车传动系中为什么要装离合器？

2. 什么叫离合器踏板的自由行程？其过大或过小对离合器的性能有什么影响？

3. 膜片弹簧离合器的优点如何？

4. 离合器从动盘上的扭转减振器的作用是什么？

5. 离合器的操纵机构有哪几种？各有何特点？

6. 分析离合器打滑的原因及诊断排除方法。

项目二　手动变速器的拆装与检修

【项目学习目标】

1. 能在汽车上找到变速器位置，并能识别变速器的主要部件。
2. 能对变速器进行拆装。
3. 能正确检查变速器润滑油质量，更换变速器油。
4. 能正确拆装变速器操纵机构、与车架连接、解体和装复。

1. 掌握手动变速器的作用。
2. 了解手动变速器的构造和分类。
3. 理解手动变速器的变速原理。
4. 掌握手动变速器的拆装顺序。

任务一　手动变速器油的检查与更换

【任务分析】

手动变速器是离合器与传动轴之间的传动器件，是汽车传动系的重要部件。

手动变速器将离合器传来的驱动力矩按照驾驶员要求的转动比，改变输出轴的转速，再通过后方的传动轴驱动车轮转动，实现汽车不同条件下的行驶速度。对提高车辆使用性能和减轻驾驶员的劳动强度都有很重要的意义。

请按要求在 2 节课内完成以下任务。

（1）准确找到手动变速器放油螺栓在车辆上的位置。

（2）正确操作举升机对车辆进行安全举升。

（3）能识别变速器齿轮油的数量和质量。

（4）能按照车型的不同，更换手动变速器的齿轮油。

【任务准备】

（1）准备具有手动变速器实训车辆。

（2）准备举升机。

（3）准备常用维修工具、接废油器具、翼子板布及格栅布、车内清洁四件套。

（4）手动变速器用齿轮油、油揩布等。

【任务实施】

(1) 在实习车辆上找到手动变速器的安装位置。

(2) 举升车辆到适合换油操作的位置，可靠锁止，见图 2-1。

图 2-1　举升车辆，可靠锁止

(3) 拆卸手动变速器注油螺塞和衬垫。见图 2-2。

(4) 先用手指背面瞬间接触变速器外壳感受温度，防止烫伤。确认不发烫后用弯好的铁丝伸进注油螺塞孔中检查油面高低，油面不低于注油螺孔 5mm 又不外溢为油量合适。见图 2-3。

从注油口取出一些齿轮油进行外观检查，看看有无变质、变稀、腐败异味、含水变成乳白色、有金属渣滓。如有上述现象，应该进行化验检测齿轮油的各项指标是否合格。

图 2-2　注油口螺塞孔

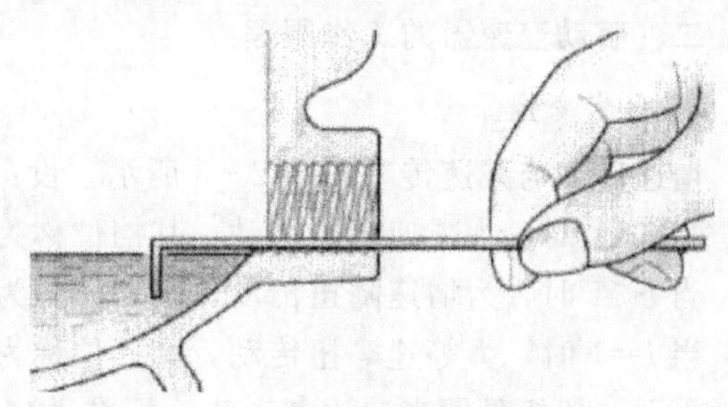
图 2-3　检查齿轮油油面高度

图 2-4　齿轮油

如果变速器齿轮油没有变质，发现齿轮油油液不足，应该检查变速器周围的漏油之处。常见的漏油处有：换挡杆油封；变速器壳体结合面；变速器前、后油封；放油螺孔周围。将漏油故障排除后再添加与原车相同牌号的齿轮油，达到规定的油面高度。如果确定应该换油，就要将原来的齿轮油排放干净，重新加入新齿轮油。如图 2-4 所示。

(5) 松开变速器放油螺塞，将废油收集器推到变速器下方，对准接油漏斗；快速卸下放油螺塞，防止烫伤；接好废油，做到“三不落地”。

(6) 待放油口不再滴油时，按规定转矩拧紧放油螺塞。

(7) 将齿轮油加注器小车推到变速器下方，按规定加入新齿轮油至规定的油面高度。如图 2-5 所示。

(8) 按照规定转矩拧紧注油口螺塞，注意垫好垫片，保证不漏油。

(9) 安全下降举升机，车辆归位。

知识链接

手动变速器是汽车传动系统的重要组成部件，它将离合器传来的驱动力矩按照转动比的变化改变输出轴的转速，再通过后方的传动轴带动车轮转动，来实现车辆不同的行驶速度。

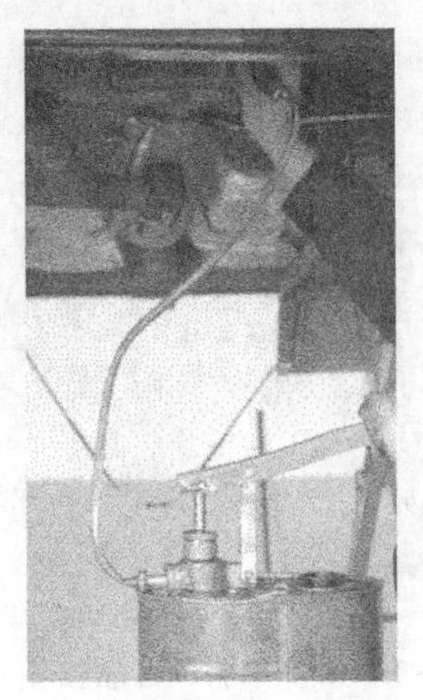

图 2-5　加注新齿轮油示意图

一、手动变速器的组成及分类

1. 手动变速器的组成

手动变速器主要由变速传动机构、变速操纵机构、同步器 3 部分组成。

2. 手动变速器的分类

(1) 按变速器轴的数量分类(不包括倒挡轴)。

三轴式：特点是传动比范围大，具有直接挡，传动效率提高。常用于发动机前置后轮驱动的车辆。

二轴式：特点是省去了中间轴，挡位传动效率要高一些。常用于发动机前置前轮驱动的车辆。

(2) 按传动比变化方式分类。手动变速器是属于有级变速器。

(3) 按操纵方式不同分类。手动变速器是属于强制操纵式变速器。

二、手动变速器的工作原理

1. 变速变矩原理

增速传动与减速传动如图 2-6 所示。设：变速比为 i，变速变扭的核心是：

当 $i>1$ 时，为减速增扭传动，其挡位称为低速挡；

当 $i<1$ 时，为增速降扭传动，其挡位称为超速挡；

当 $i=1$ 时，为等速等扭传动，其挡位称为直接挡。

提示：扭矩是原来口诀老说法，标准说法是转矩。

2. 换挡原理

变速器通常采用接合套、滑移齿轮或同步器等装置使齿轮或齿圈啮合或脱开来实现换挡。

3. 变向原理

输入轴传递动力时，通过惰轮传动，使得输出轴改变旋向。如图 2-7 所示。

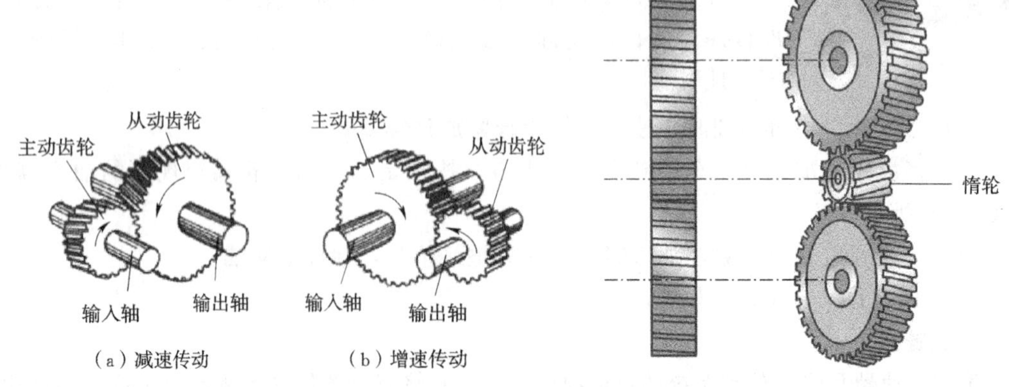

图 2-6　增速传动与减速传动

图 2-7　惰轮改变旋向示意图

三、三轴式手动变速器

三轴式手动变速器传动机构主要有 3 个齿轮轴（输入轴、输出轴、中间轴）、各挡位齿轮、轴承、壳体及油封组成。如图 2－8 所示为三轴式手动变速器。

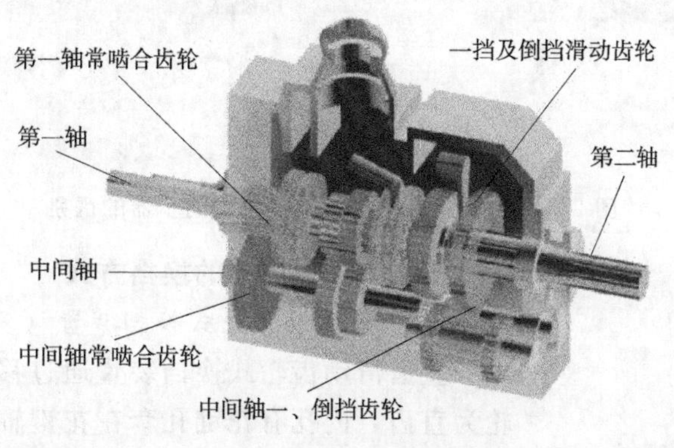

图 2－8 三轴式手动变速器

在发动机前置后轮驱动（FR 型）的汽车上，常采用三轴式变速器。变速器通过 4 个螺栓固定在飞轮壳后端面上，其传动部分主要由第一轴、第二轴、中间轴、倒挡轴和传动齿轮构成。

其特点是传动比范围较大，有直接挡，传动效率高。

手动变速器上常采用同步器。同步器主要作用是实现换挡时接合套与待啮合齿圈迅速同步，缩短换挡时间，防止在同步前啮合而产生的齿轮撞击声。

按其工作原理不同可分为锁环式同步器和锁销式同步器两类。

锁环式同步器主要有接合套、花键毂、两个同步锁环、滑块、压簧等组成。如图 2－9 所示。

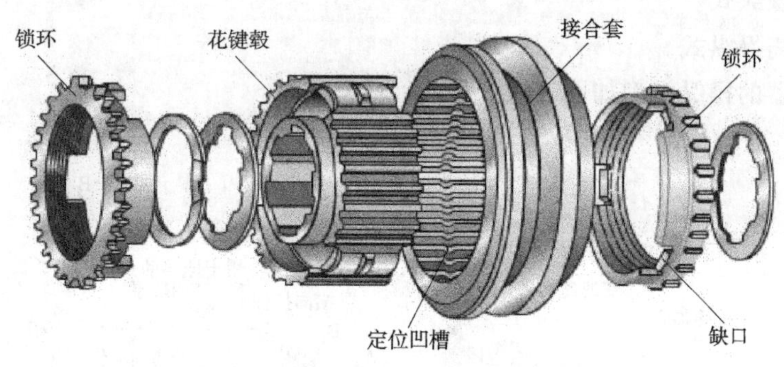

图 2－9 锁环式同步器

锁环式同步器和锁销式同步器的区别如图 2－10 所示。

四、二轴式手动变速器

其特点是只有输入轴和输出轴（不包括倒挡轴）两根轴，无中间轴，且输入轴与输出轴平行。如图 2－11 所示。

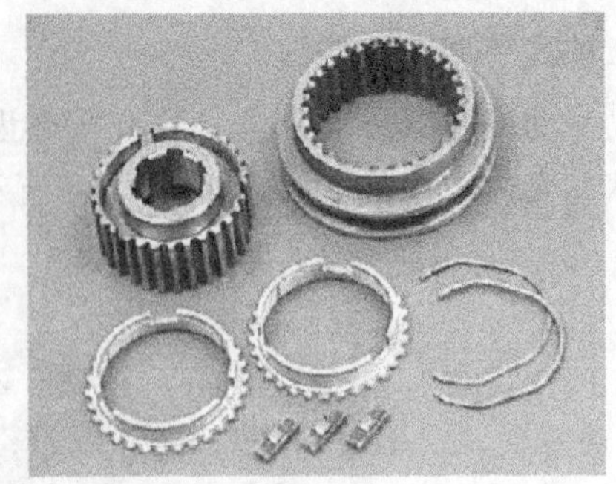

图 2-10　锁销式同步器与销环式同步器的区别

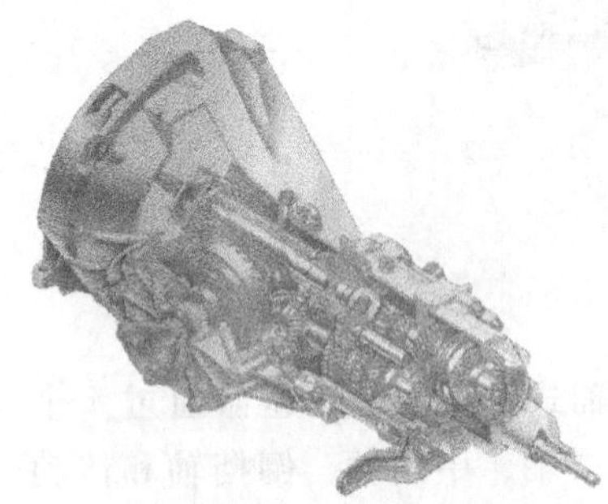

图 2-11　二轴式手动变速器

五、手动变速器的换挡方式

1. 直齿滑动齿轮式换挡装置（多用于倒挡）

直齿滑动齿轮式换挡装置通过移动齿轮直接换挡，齿轮为直齿，内孔有花键孔套在花键轴上，由拨叉移动齿轮与另一轴上的齿轮进入啮合或退出啮合。

2. 接合套式换挡装置

接合套式换挡装置用于常啮合斜齿轮传动的挡位，它利用移动套在花键毂上的接合套与传动齿轮上的接合齿圈相啮合或退出完成换挡。

六、变速器的操纵机构

1. 变速器操纵机构的功用

变速器操纵机构是保证驾驶员根据使用条件，准确、可靠地使变速器挂入所需要的挡位，并可随时使之退入空挡的一种机构。

2. 变速器操纵机构的类型

(1) 直接操纵式。

(2) 远距离操纵式。

手动变速器的操纵类型如图 2-12 所示。

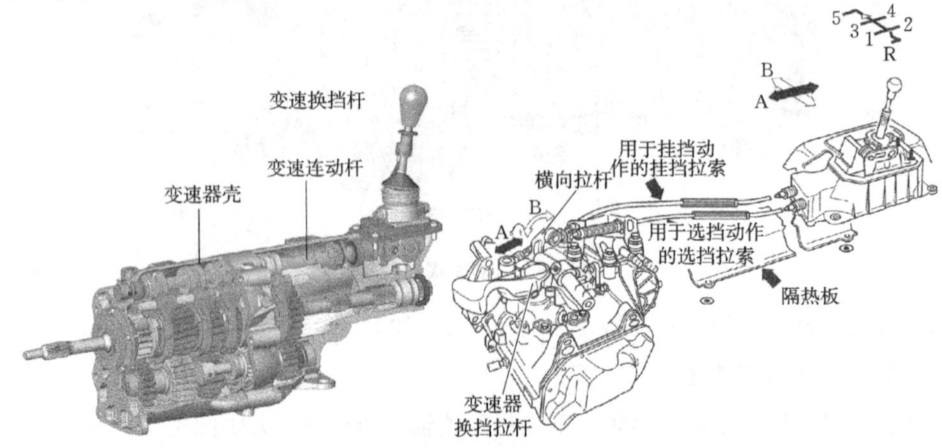

图 2-12　手动变速器的操纵类型

3. 换挡拨叉机构

换挡拨叉机构主要由变速杆、叉形拨杆、换挡轴、倒挡拨块、拨叉轴及拨叉等组成。如图 2-13 所示。

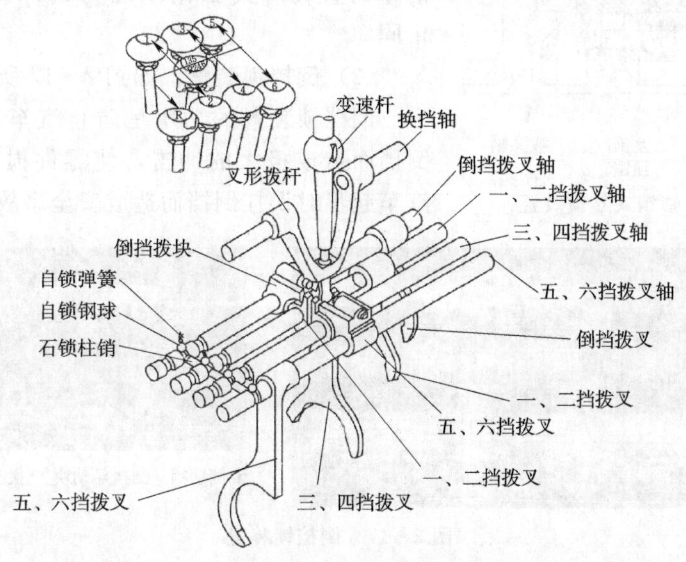

图 2-13　换挡拨叉机构

(1) 自锁装置。

自锁装置的功用是对各挡拨叉轴进行轴向定位锁止，以防止变速器自动产生轴向移动而造成自动挂挡或自动脱挡，并保证各挡传动齿轮以全齿长啮合。如图 2-14 所示。

(2) 互锁装置。

互锁装置的功用是阻止两个拨叉轴同时移动，防止同时挂入两个挡位。避免因同时啮合的两挡齿轮因传动比不同而互相卡住，造成运动干涉甚至是零件损坏。

互锁装置的结构型式较多，最常用的有锁球式和锁销式。

1) 锁球式装置如图 2-15 所示。锁球式装置由互锁钢球和互锁顶销组成。

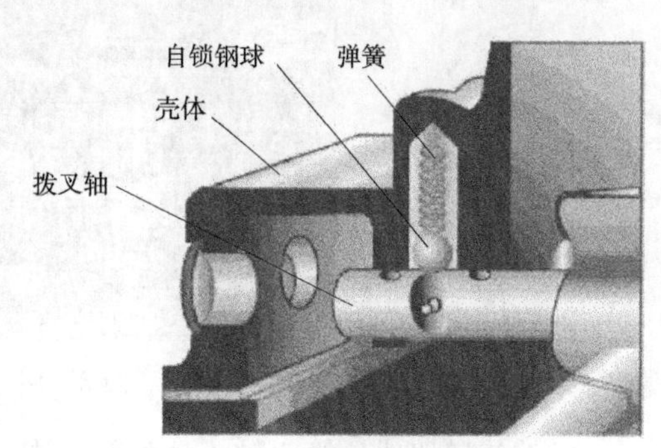

图 2-14　自锁装置

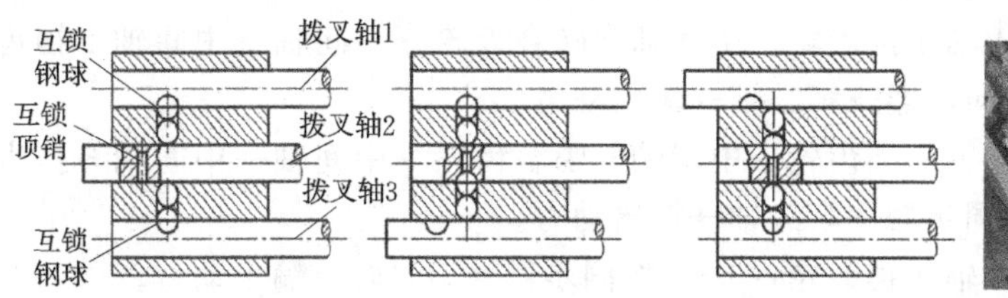

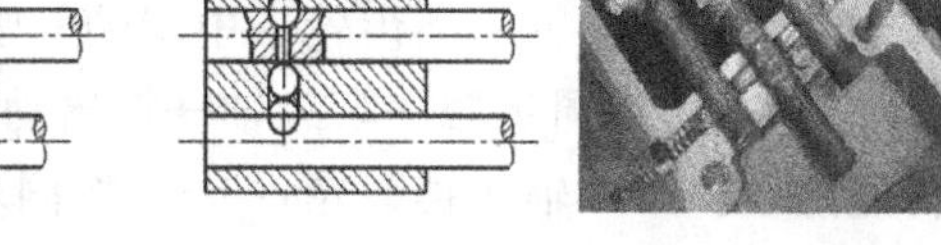

图 2-15　锁球式互锁装置

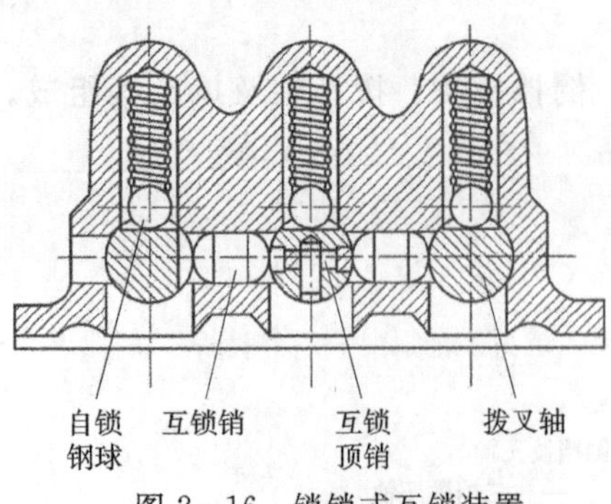

图 2-16　锁销式互锁装置

2）锁销式互锁装置如图 2-16 所示。锁销式互锁装置是将相邻两拨叉轴之间的两个互锁钢球制成一个互锁销，互锁销的长度相当于两个互锁钢球的直径，其工作原理与钢球式互锁装置完全相同。

（3）倒挡锁装置。如图 2-17 所示。

倒挡锁装置的功用是防止汽车在前进中因误挂倒挡而造成极大的冲击，使零件损坏，同时防止在汽车起步时误挂倒挡而造成安全事故。

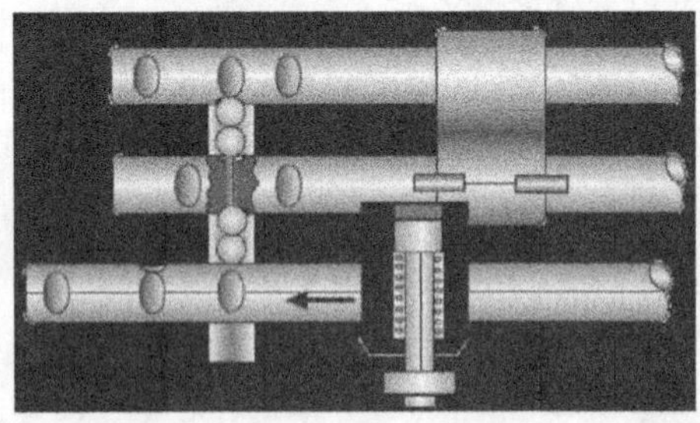

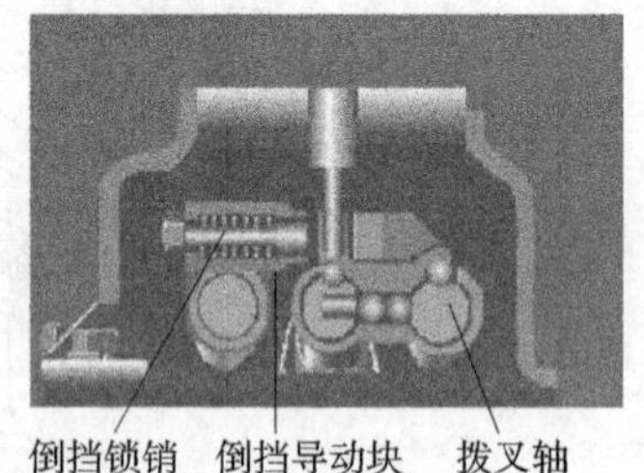

图 2-17　倒挡锁装置

七、三轴四挡变速器各挡位传递路线

三轴四挡变速器各挡位传递路线如图 2-18 所示。

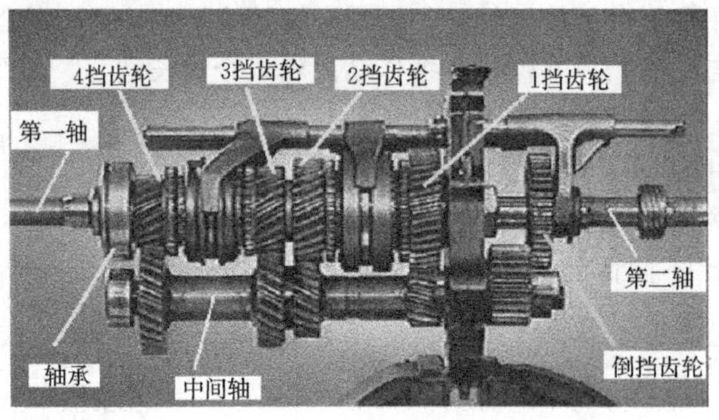

图 2-18　三轴四挡变速器

1 挡传递路线：第 1 轴 4 挡齿轮→中间轴常啮合齿轮→中间轴→中间轴 1 挡齿轮→第二轴 1 挡齿轮→1—2 挡同步器→第二轴→输出动力。

2 挡传递路线：第 1 轴 4 挡齿轮→中间轴常啮合齿轮→中间轴→中间轴 2 挡齿轮→第二轴 2 挡齿轮→1—2 挡同步器→第二轴→输出动力。

3 挡传递路线：第 1 轴 4 挡齿轮→中间轴常啮合齿轮→中间轴→中间轴 3 挡齿轮→第二轴 3 挡齿轮→3—4 挡同步器→第二轴→输出动力。

4 挡传递路线：第 1 轴 4 挡齿轮→3—4 挡同步器→第二轴→输出动力。

倒挡传递路线：第 1 轴 4 挡齿轮→中间轴常啮合齿轮→中间轴→中间轴倒挡齿轮→惰轮→第二轴倒挡齿轮→第二轴→输出动力。

八、二轴式手动变速器的传动机构组成

二轴式手动变速器的传动机构组成如图 2-19 所示。

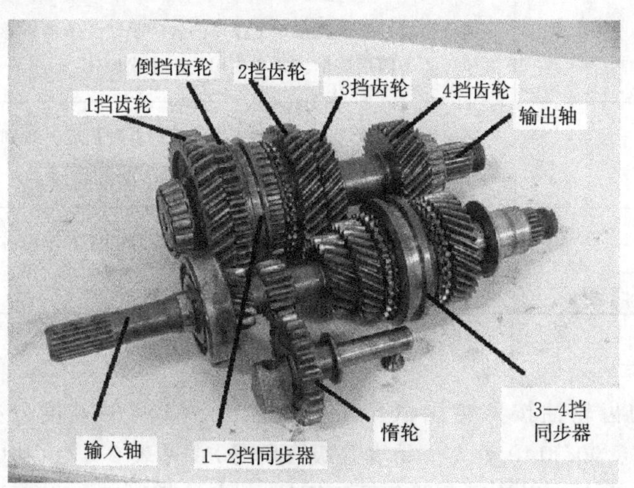

图 2-19　二轴式手动变速器

二轴式手动变速器传动机构主要有二个齿轮轴（输入轴、输出轴）、各挡位齿轮、轴承、壳体及油封组成。

该变速器的 1—2 挡同步器上同时有倒挡齿轮，可以接入倒挡，其他机构和三轴式手动变速器大致相同。

各挡位传递路线如下：

1 挡传递路线：输入轴 1 挡齿轮→输出轴 1 挡齿轮→1—2 挡同步器→输出轴→输出动力。

2 挡传递路线：输入轴 2 挡齿轮→输出轴 2 挡齿轮→1—2 挡同步器→输出轴→输出动力。

3 挡传递路线：输入轴→3—4 挡同步器→输入轴 3 挡齿轮→输出轴 3 挡齿轮→输出轴→输出动力。

4 挡传递路线：输入轴→3—4 挡同步器→输入轴 4 挡齿轮→输出轴 4 挡齿轮→输出轴→输出动力。

倒挡传递路线：输入轴倒挡齿轮→惰轮→1—2 挡同步器上的倒挡齿轮→1—2 挡同步器→输出轴→输出动力。

九、汽车常用齿轮油的类型

常用齿轮油的分类和发动机专用机油一样，通常按使用性能和黏度进行分类。

1. 按使用性能分类

美国石油学会（API）将车辆齿轮油按使用性能（即齿轮承载能力和使用条件）分为 GL—1、GL—2、GL—3、GL—4、GL—5 和 GL—6 六类。其性能水平顺序逐级提高。其中，使用较多的是 GL—4 和 GL—5 两类。

由于 GL—1、GL—2、GL—3 都已属于淘汰型号，因此本教材主要介绍 GL—4、GL—5、GL—6 齿轮油，目前大多数汽车采用的齿轮油为 GL—4 或 GL—5。见表 2-1。

表 2-1　齿轮油性能等级分类

使用性能等级	适用范围
GL-4	速低扭矩，低速高扭矩下操作的各种手动变速器、螺旋齿轮，特别是客车和其他各类车辆用旋伞齿轮和使用的双曲线齿轮
GL-5	高速冲击负荷，高速低扭矩操作下的各种齿轮，特别是客车或苛刻的其他车辆用的双曲线齿轮
GL-6	高速、冲击负荷下工作的各种齿轮，特别是客车和各类车辆用的高偏置双曲线齿轮

2. 按黏度分类

汽车上使用的齿轮油按照美国汽车工程协会（SAE）的黏度分类方法，常用的有75W、80W、85W、90、140 等 5 个黏度等级（牌号），见表 2-2。其中带 W 的为冬季用油，目前大多数油为多级齿轮油（即冬夏两用油）。如 85W/90。

表 2-2　齿轮油黏度适用范围

黏度等级	适用最低气温
75W	-40℃
80W	-20℃
85W	-12℃
90	10℃
140	10℃

十、选用齿轮油的注意事项

（1）不要混淆机油和齿轮油的 SAE 分类标号。在计算标准中为避免混淆，规定为高的分级标号用在齿轮油上，低的分级标号用于发动机润滑油。但对于旧牌号齿轮油分级号较低。应注意齿轮油和发动机油黏度级别并无联系，同型号不能互用。切不可将齿轮油当发动机油使用，否则发动机将会发生烧瓦、粘缸和烧结活塞顶等严重事故。

（2）绝不能用普通齿轮油代替准双曲面齿轮油。准双曲面齿轮齿间滑动非常大，普通齿轮油无法保持足够的润滑油膜，如果在其间使用了普通齿轮油，准双曲面齿轮将很快损坏。

馏分型准双曲面齿轮油的颜色一般为黄绿色到深绿色及深棕红色等，其他齿轮油的颜色一般为深黑色，使用时注意区别。

也不宜滥用准双曲面齿轮油来替代普通齿轮油，否则，会造成变速箱齿轮的腐蚀性磨损和不必要的经济损失。必须根据齿轮传动的特点，选用性能合适的齿轮油。

（3）不要误认高黏度齿轮油的润滑性能好。使用黏度太高标号的齿轮油，将会使燃料消耗显著增加，特别是对高速轿车影响更大，应尽可能使用合适的多级齿轮油。

(4) 加油量应适当，不可过多也不可过少。过多不仅增加搅油阻力和燃料消耗，而且有可能齿轮油经后桥壳混入制动鼓（如果密封不良）造成制动失灵；过少会使润滑不良，温度过高，加速齿轮磨损。齿轮油面一般应加到与齿轮箱加油口下缘平齐，且应经常检查各齿轮油箱是否渗漏，并保持各油封、衬垫完好。

(5) 齿轮油的使用寿命较长，如使用单级油，在换季维护时换用不同的黏度标号。放出的旧油如不到换油期限，可在再次换油时加入使用。旧油应妥善保管，严防水分、机械杂质和废油污染。

(6) 齿轮油在使用过程中，严禁向齿轮油中加入柴油等进行稀释，也不要因影响冬季起步而烘烤后桥、变速器，以免齿轮油严重变质。如果出现这种情况，应换用低黏度的多级齿轮油。

任务二　手动变速器的拆装与检修

【任务分析】

手动变速器的拆装与检修是汽车维修工实训的基本拆装重点课程之一。要求学生能正确拆装变速器操纵机构、与车架连接、解体和装复。

请按要求在 2～4 节课内完成以下任务。

(1) 正确拆装手动变速器一台，能检查手动变速器零件是否缺失。

(2) 正确检查更换手动变速器齿轮油。

【任务准备】

(1) 准备实训用的手动变速器车辆。

(2) 准备拆装工具与耗材：常用维修工具、齿轮油、接油器。

【任务实施】

1. 手动变速器的拆装（以捷达轿车为例）

由于在拆卸过程中，必须拆除蓄电池的接地线，因此拆卸前应检查是否安装了带密码的收音机，若有的话，那么事先必须得到防盗密码。

(1) 在点火开关断开时，拆除蓄电池的接电线。

(2) 旋下冷却系统的冷却液补偿罐，并放于一旁。

(3) 从空气质量计上拆除吸气软管，拆掉发动机/变速箱的上部连接螺栓，拆卸右轮，发动机/变速箱下部，如果有缓冲槽的话，也应拆掉，并且拆掉缓冲槽的支架，如图 2 - 20 箭头所示。

图 2 - 20　缓冲槽支架

(4) 拆卸带有三元催化装置的前排气装置。

(5) 拆除右传动轴上方的防护板（如图 2 - 21 1 和 2 所示），如果左传动轴上方有护板的话，也应拆掉。从法兰盘轴上拆下传动轴，并尽可能地高位连接，这样就不会损坏表面防护层。

(6) 拆除发动机/变速箱的起动电动机并固定好，如图 2-22 所示。拆除时可以不松开起动电动机线缆。

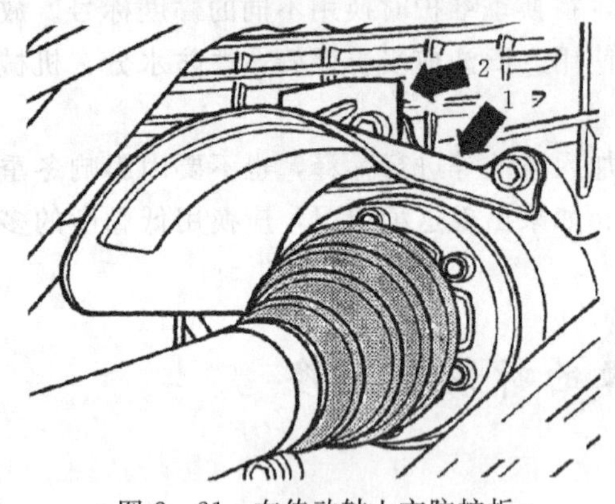

图 2-21　右传动轴上方防护板

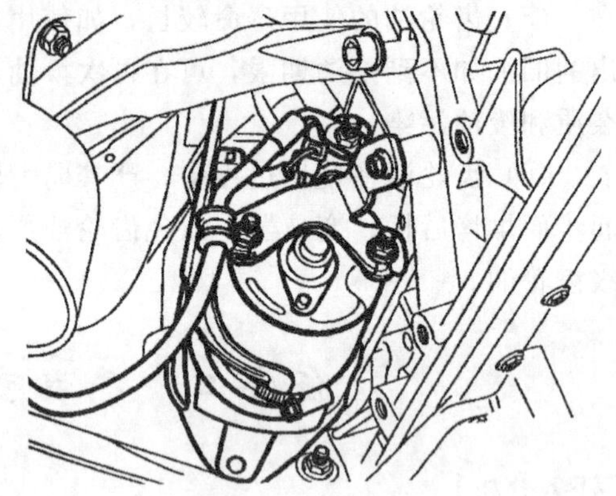

图 2-22　起动电动机

(7) 拆除变速杆和推杆，旋出内六角螺栓，从变速箱中拆除换挡操纵机构（图 2-23)。

(8) 拔下车速表传感器插头（见图 2-23 中箭头 A）和倒车灯插头（见图 2-23 中箭头 B)，拆下变速箱/发动机紧固螺栓和变速箱上所有其他电气连接线及接地线。

(9) 拆除发动机/变速箱（见图 2-24A 和 B）的下面连接螺栓。

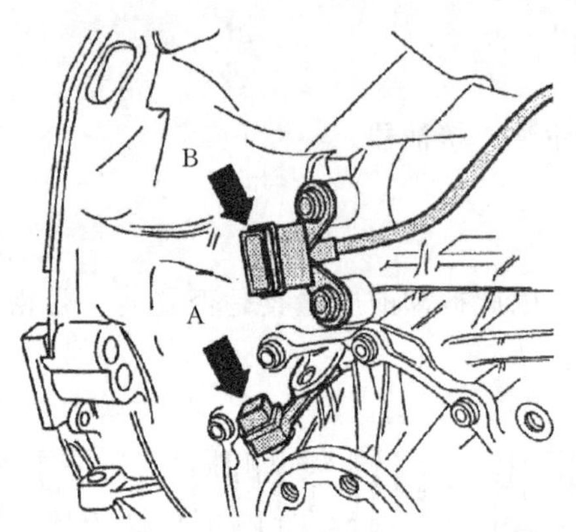

图 2-23　车速表传感器和倒车灯插头

A—车速表传感器插头；B—倒车灯插头

图 2-24　发动机变速箱的连接螺栓

(10) 把校对直尺 3282/10（图 2-25）放置到变速箱托架 3282 上（校对直尺只在一个位置中适配)，把变速箱托架孔的悬臂依照孔径在校对直尺中对准，如图 2-26 所示，用螺栓将托架部件 A 安装到调整板上。变速箱举升器置于车辆下方，校对直尺上的箭头符号 B 应朝向车辆行驶方向（图 2-25)。

(11) 使校对直尺平行地对准变速箱，将安装支撑装置（图 2-27）锁紧在变速箱上。

(12) 将带有橡胶金属支承的右变速器支座从变速箱中旋出，左变速器支座从橡胶金属支承外旋出，如图 2-28 箭头所示。

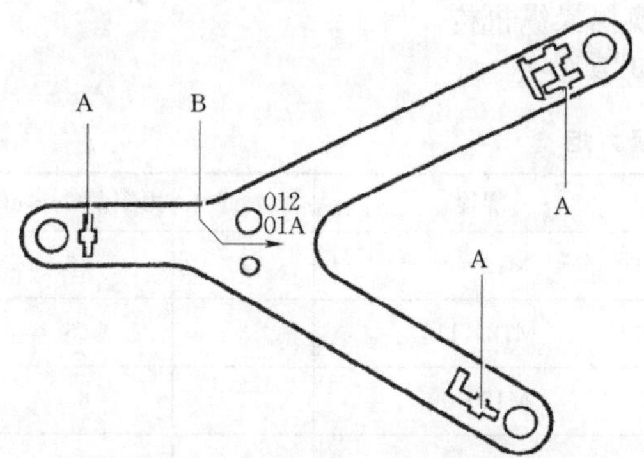

图 2－25 专用工具 3282/10

A—校对直尺的孔；B—箭头符号

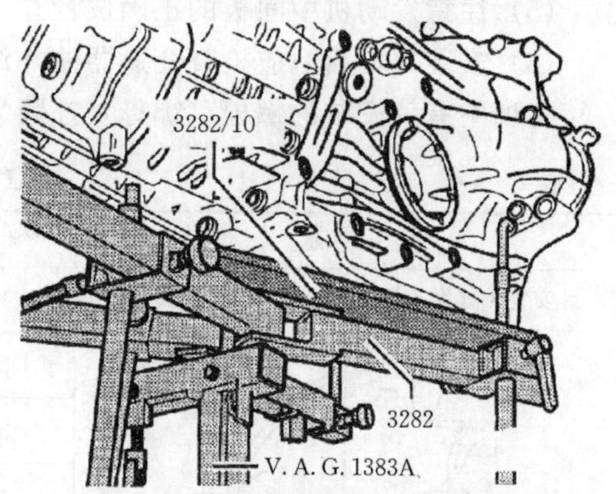

图 2－26 安装专用工具 3282/10

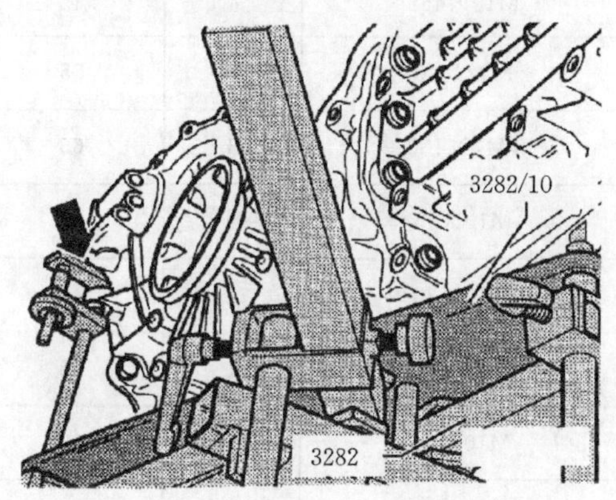

图 2－27 安装安全支撑装置

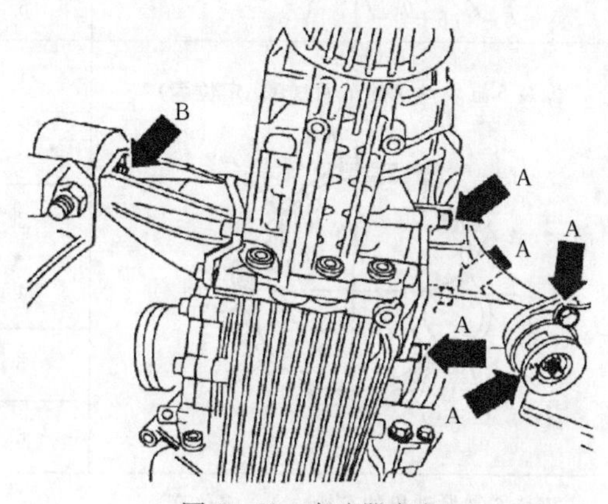

图 2－28 变速器支座

(13) 拆卸发动机/变速箱的连接螺栓。

(14) 从定位套中压出变速箱，并下降至能触及离合器工作缸，拆卸离合器工作缸（图2－29中箭头）并用线材固定好，拆卸主缸时可以不切断管路。

(15) 小心地将变速箱向下取出。当传动轴通过变速箱杠杆的心轴下降时，在此范围中，须改变变速箱位置。为了实施装配工作，变速箱必须被固定在带变速箱托架 VW 353 和支承板 VW 309 的装配台上。

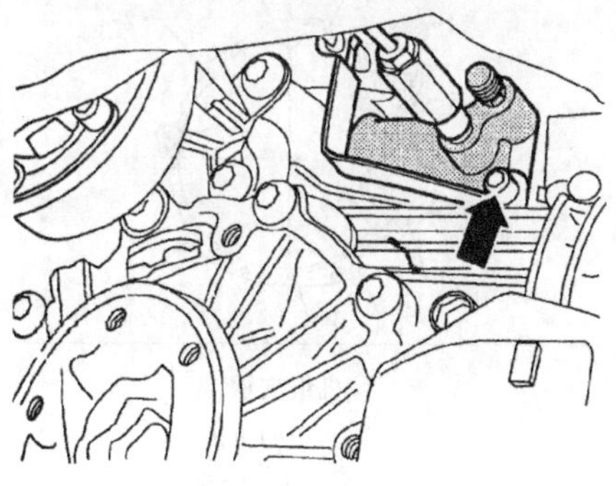
图 2－29 离合器工作缸

2. 手动变速器的安装

安装按照拆卸的相反顺序进行。安装时需要注意以下几点：

(1) 必须清洁驱动轴的花键，并涂以薄薄的 G 000 100 润滑脂。

(2) 离合器盘必须在驱动轴上可灵活地来回移动。

(3) 检查离合器分离轴承的磨损情况，必要时予以更换。

(4) 检查缸体中是否有发动机/变速箱定中心所需的定位套，如没有应予放入。

(5) 注意发动机中间板的正确位置。

(6) 安装完毕后，应检查变速器油并调整换挡操纵机构。

实训中有关安装的螺栓（螺母）拧紧力矩见表2-3。

表2-3 **变速箱拧紧力矩**

图 示	编号	螺栓	数量	力矩/（N·m）
安装4缸发动机的车辆（A：定位套） 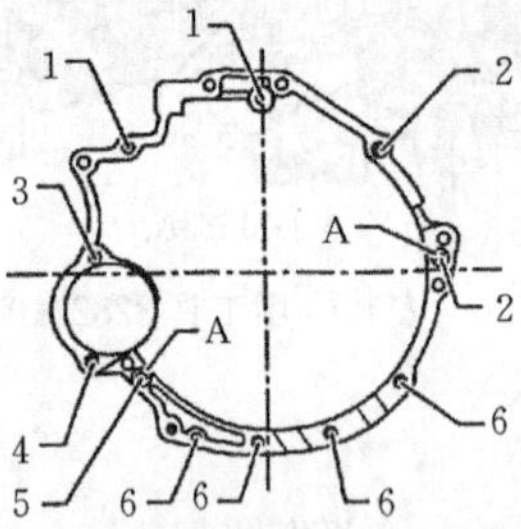	1	M12×75	2	65
	2	M12×110	2	65
	3	M12×90	1	65
	4	M12×67	1	65
	5	M10×135	1	45
	6	M10×452	4	45
安装5缸发动机的车辆（A：定位套） 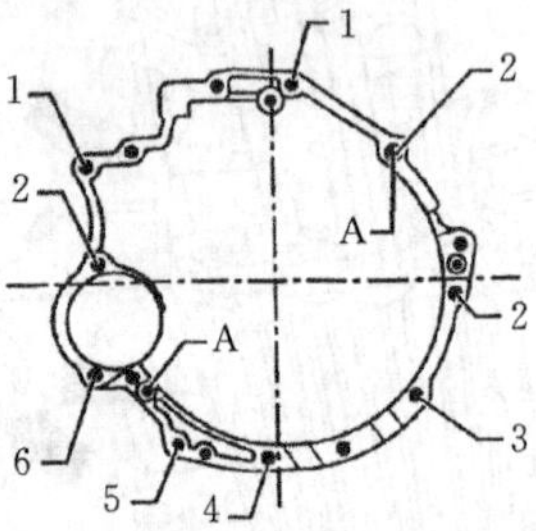	1	M12×75	2	65
	2	M12×130	3	65
	3	M10×45	1	45
	4	M10×70	1	45
	5	M10×60	1	45
	6	M10×80	1	65
安装6缸发动机的车辆（A：定位套） 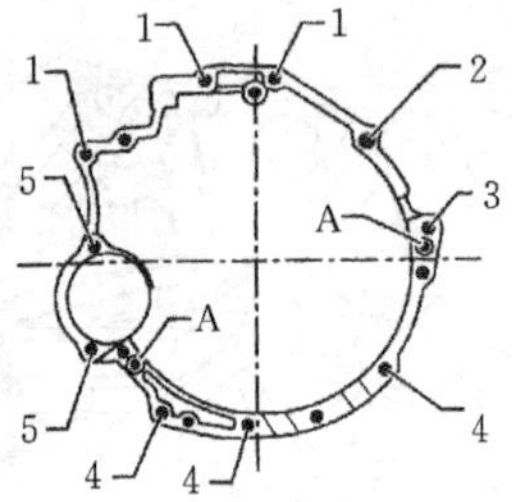	1	M12×67	3	65
	2	M12×90	1	65
	3	M12×80	1	65
	4	M12×45	3	45
	5	M10×135	2	65
机组支承 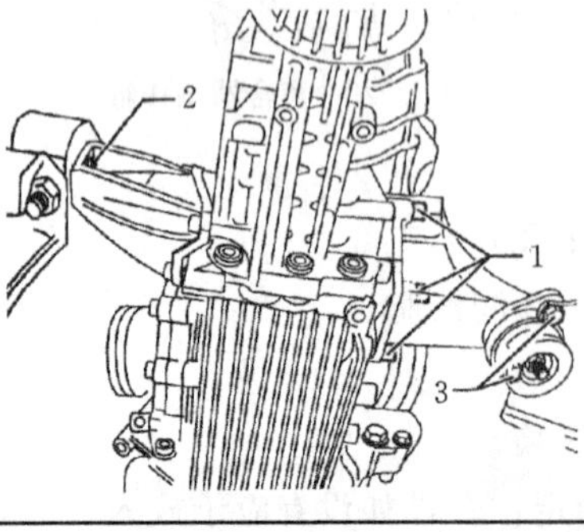	1	M10×30	3	40
	2	M10×35	1	40
	3	M8×20	2	20

续表

图　示	编号	螺栓	数量	力矩/（N·m）
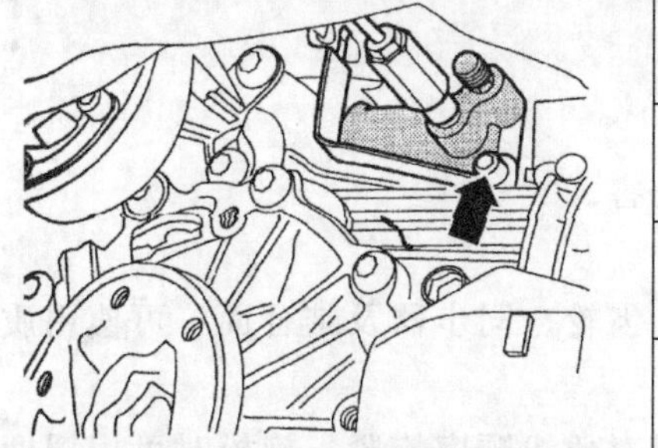		法兰盘与传动轴 M8		45
		法兰轴与传动轴 M10		80
		变速箱旁与离合器工作缸（箭头）		25
		变速箱与传动轴上方的护板		20
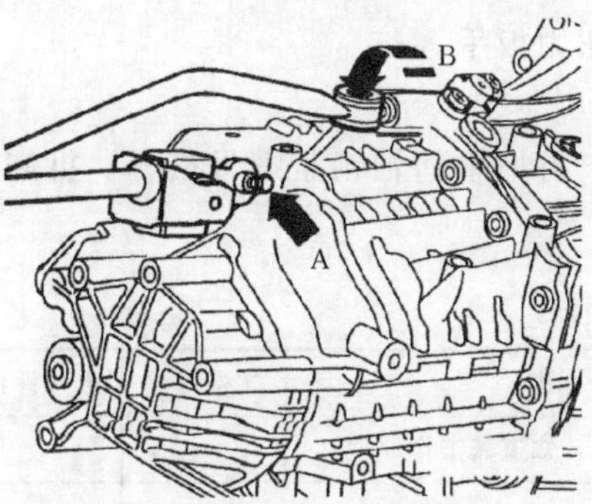		变速箱与变速杆（箭头 A）		20
		变速箱和连杆（箭头 B）		40

一、手动变速器拆装过程的注意事项

变速器装配质量的好坏直接关系到变速器的工作质量，因此在变速器的装配过程中应特别注意以下几个方面：

（1）装配前，必须对零件进行认真的清洗，除去污物，毛刺和铁屑等。尤其要注意应保证第二轴齿轮上的径向润滑油孔的畅通。

（2）装配各部轴承键槽时，应涂抹质量优良的润滑油进行预润滑。进行总成修理时，应更换所有滚针轴承。

（3）不得用硬金属直接锤击零件的工作表面，避免齿轮轮齿出现运转噪声。

（4）注意同步器锁环或锥环的装配位置。装配过程中，若有旧零件应原位装复，以保证两元件的接触面积。因此，在变速器解体时，应注意各挡齿轮、同步器固定齿座、止推垫圈的方向及位置，以保证齿轮的正确啮合。

（5）安装第一轴、第二轴及中间轴的轴承时，只能用压套垂直压在内圈上，禁止施加冲击载荷，轴承内圈圆角较大的一侧必须朝向齿轮。

（6）装入油封前，需在油封的刃口涂抹少量润滑脂，需垂直压入油封，并注意安装方向。

（7）变速器装配后，要检查各齿轮的轴向间隙，还需检查各齿轮副的啮合间隙及啮合印痕。常啮合齿轮的啮合间隙为 0.15～0.4mm；滑动齿轮的啮合间隙为 0.15～0.5mm。第一轴的轴向间隙不大于 0.15mm，其他各轴的轴向间隙不大于 0.30mm，各齿轮的轴向间隙不大于 0.40mm。

（8）装配密封衬垫时，应在密封衬垫的两侧涂抹密封胶，确保密封效果。

（9）安装变速器盖时，各齿轮和拨叉均应处于空挡位置。必要时，可分别检查各个常用挡的齿轮副是否处于全长接合位置。

（10）按规定的力矩拧紧螺栓。

二、拆装实训作业安全及注意事项

（1）注意操作安全，避免零部件掉落造成人员伤害。

（2）仔细研究手动变速器结构及换挡原理。

（3）不允许使用硬质物体直接敲击一轴、二轴、齿轮、同步器及结合面，可使用质地较软的橡胶锤或铜棒。

（4）旋紧螺栓时用梅花和套筒扳手，由内到外以对角线顺序旋紧；旋松时可用摇柄扳手，由外到内以对角线顺序旋松。拧紧力矩大时可用扭力扳手。

（5）拆卸中间轴时先要取下倒挡齿轮和倒挡轴。

（6）拆卸倒挡轴时，先把中间轴两端的盖子拆开，再把中间轴锁紧螺母松开。拆卸倒挡轴和中间轴时都是从前向后敲。

【项目检测与评估】

项目检测	分值	评分标准	学生自评	教师评估
识别常见的手动变速器构造	10	能认清元件的名称，知道其工作原理		
识别变速器用齿轮油	20	能找到合格的齿轮油，说明其作用，会检测其好坏		
能检查、更换手动变速器齿轮油	20	能规范检查、更换齿轮油		
会拆装手动变速器	20	能按照规范要求拆装手动变速器		
熟知拆装手动变速器的注意事项	20	能说出拆装注意事项，正确使用工具拆装		
安全操作现场管理	10	遵守操作规程，实训后清洁、整理现场工具归位		
合计	100			

【项目小结】

1. 手动变速器拆装与检修的两项实训任务是汽车维修工学习底盘课程的重要课程，使得学生能按照规范的拆装顺序进行训练。

2. 手动变速器润滑油的更换是汽车底盘维修过程中常见的基本任务。要求学生学会检查变速器润滑油的数量、油质是否合格，能够进行规范的放掉旧油，换上合格的新齿轮油，而且数量达标。

3. 手动变速器的拆装是汽车维修工经常的维修工作项目之一，通过实训使得学生掌握规范的拆装顺序和安全操作规程，知道专用工具的使用方法，通过实训提高拆装工作效率，同时可以按照原厂的紧固要求完成安装，保证维修质量。

4. 本项目的实训工作过程包含了举升机的使用与安全操作方法，不再重复叙述，要求学生在实训过程中遵守安全操作规程，每人都要完成手动变速器的换油和拆装项目个一次。

思考与练习

1. 手动变速器主要有哪三部分组成？
2. 两轴式手动变速器特征是什么？
3. 手动变速器的操纵方式有哪些？特征是什么？
4. 变速变扭的核心是什么？
5. 写出二轴式手动变速器各挡位传递路线？
6. 同步器有哪两种？锁环式式同步器主要有哪几部分组成？
7. 拆装手动变速器实训作业安全及注意事项？

项目三　万向传动装置的拆装与检修

【情景导入】

一辆桑塔纳 2000GSi 轿车怠速运转时正常，上高速之后，听到车底有异响，经查该响声系属于万向传动装置。

【项目学习目标】

1. 能准确找到万向节的位置。
2. 规范拆卸球笼式万向节。
3. 正确安装球笼式万向节。

1. 了解万向传动装置的结构。
2. 了解常见的万向传动装置类型。
3. 理解万向传动装置的工作原理。

任务　球笼万向节的检查与更换

【任务分析】

万向传动装置在汽车上有很多应用，其核心零部件是万向节球笼万向节是汽车上应用最多的等速万向节，掌握球笼式万向节检查和更换对汽车传动系统的维修有重要意义。

请按要求在 2～4 节课内完成以下任务。

（1）准确找到球笼式万向节在车辆上的位置。

（2）能规范的拆卸球笼式万向节。

（3）能正确球安装笼式万向节。

【任务准备】

（1）实习车辆，桑塔纳 2000GSi 轿车。

（2）常用维修工具、举升机、组合工具、扭力扳手、车轮止动楔、螺丝刀、钳子、压力装置 V. A. G1389、金属锤子、电蚀笔、专用工具 VW408a、专用工具 VW402、专用工具专用工具 VW522、专用工具 VW401、专用工具 40－204、润滑脂 G－6、防护剂 D6、转向盘护套、变速杆手柄套、座位套、脚垫、翼子板和前格栅磁力护裙等。

【任务实施】

1. 作业准备

（1）将工位清理干净，准备好相关的器材。

（2）将汽车停驻在举升机中央位置（图 3-1）。

（3）拉紧驻车制动器操纵杆（图 3-2），并将变速杆置于空挡位置。

（4）套上转向盘护套（图 3-3）、变速杆手柄套和座位套，铺设脚垫。

图 3-1　停放汽车

图 3-2　拉紧驻车制动器操纵杆

图 3-3　套上转向盘护套

2. 等速万向节的检查与更换

桑塔纳 2000GSi 轿车传动轴（半轴）示意图，如图 3-4 所示；传动轴和万向节分解图，如图 3-5 所示。

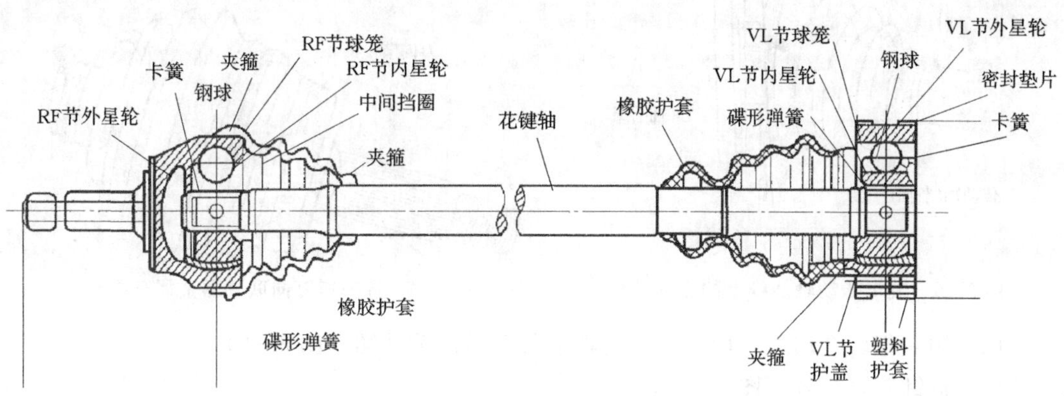

图 3-4　桑塔纳 2000GSi 轿车传动轴（半轴）示意图

3. 传动轴（半轴）总成的拆卸

（1）在车轮着地时，旋下轮毂的紧固螺母。

（2）旋下传动轴凸缘上的紧固螺栓（如图 3-6 中箭头所示），将传动轴与凸缘分开。

（3）从车轮轴承壳内拉出传动轴，或利用 V. A. G1389 压力装置拉出传动轴。

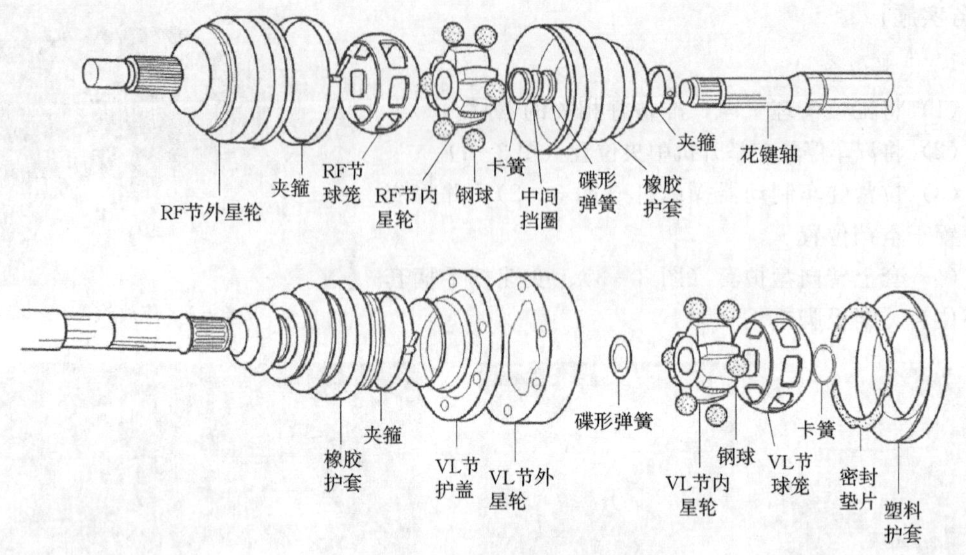

图 3-5　传动轴和万向节分解图

注意： 拆卸传动轴时轮毂绝对不能加热，否则会损坏车轮轴承，原则上应使用拉具。拆掉传动轴后，应装上一根连接轴来代替传动轴，防止移动卸掉传动轴的车辆时，损坏前轮轴承总成。

4. 万向节的分解

(1) 用钢锯将等速万向联轴器金属环锯开（图 3-7 中箭头处），拆卸防尘罩。

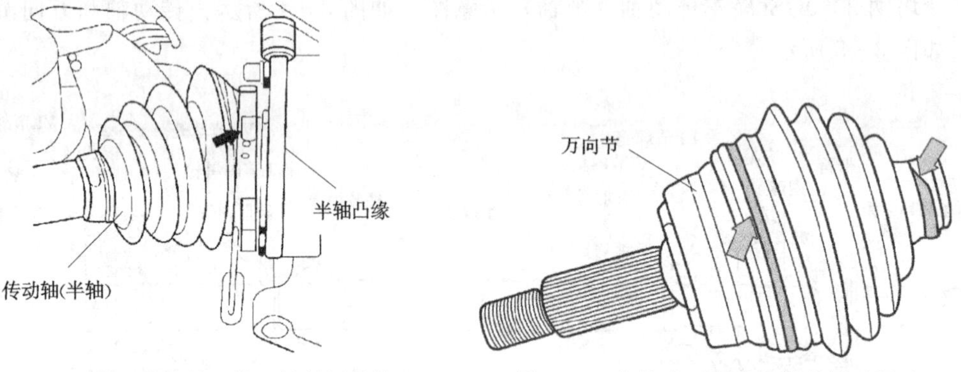

图 3-6　旋下传动轴凸缘上的紧固螺栓　　图 3-7　将等速万向联轴器金属环锯开

(2) 用一把轻金属锤子用力从传动轴上敲下万向节外圈（图 3-8）。

(3) 拆卸弹簧锁环（图 3-9）。

(4) 压出万向节内圈（图 3-10）。

(5) 分解外等速万向节。

1) 拆散之前用电蚀笔或油石在钢球球笼和外星轮上标出内星轮的位置。

2) 如图 3-11 所示，旋转内星轮与球笼，依次取出钢球。

3) 用力转动钢球笼直至两个方孔（如图 3-12 中箭头所示）与外星轮对齐，连外星轮一起拆下球笼。

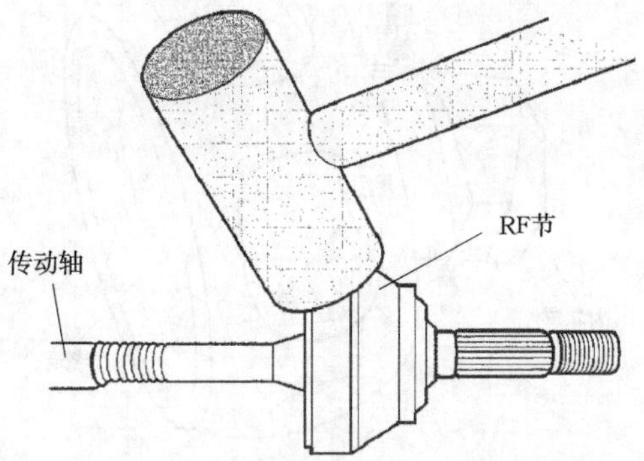

图 3-8　敲下万向节外圈

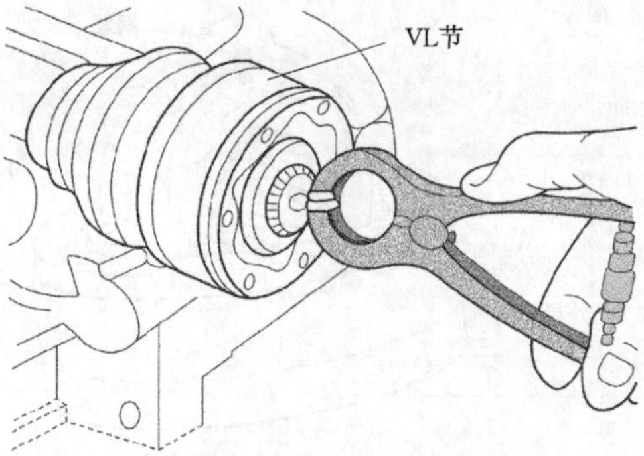

图 3-9　拆卸弹簧锁环

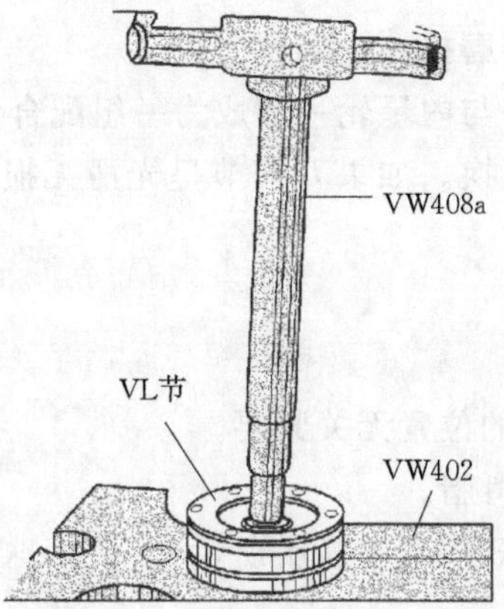

图 3-10　压出万向节内圈

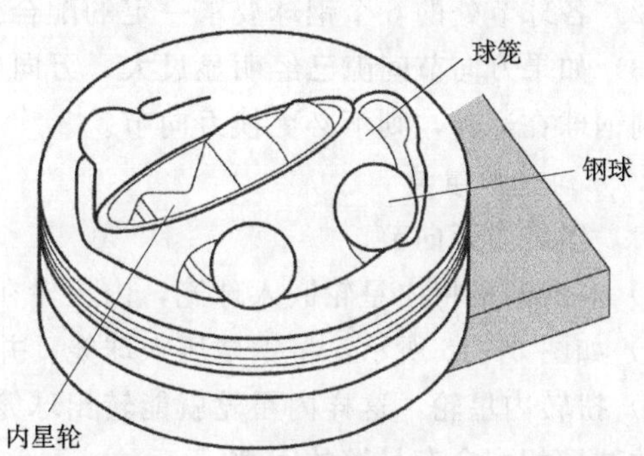

图 3-11　分解外等速万向节（一）

4）如图 3-13 所示，把内星轮上扇形齿旋入球笼的方孔，然后从球笼中取下内星轮。

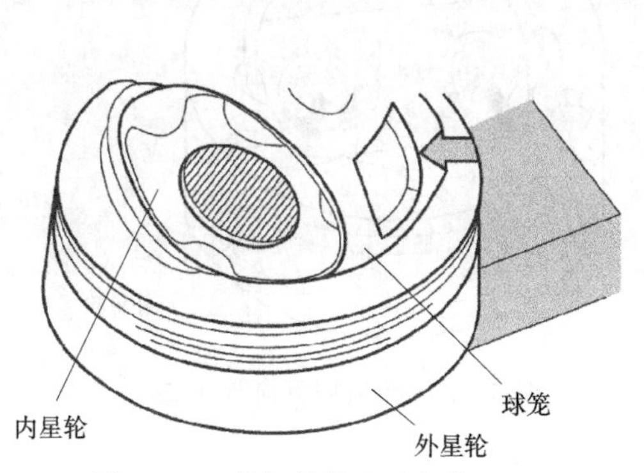

图 3-12　分解外等速万向节（二）

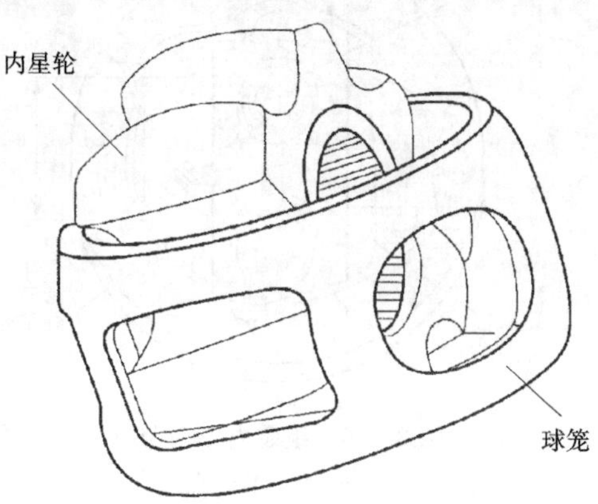

图 3-13　分解外等速万向节（三）

（6）分解内等速万向节。

1）转动内星轮与球笼，按图 3-14 中箭头所示方向压出球笼里的钢球。

2）内星轮与外星轮一起选配，不能互换。

3）从球槽上面（如图 3-15 中箭头所示）取出球笼里的内星轮。

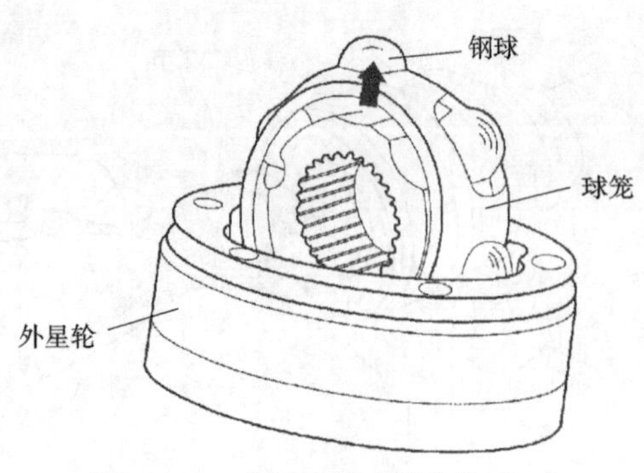

图 3-14　分解内等速万向节（一）

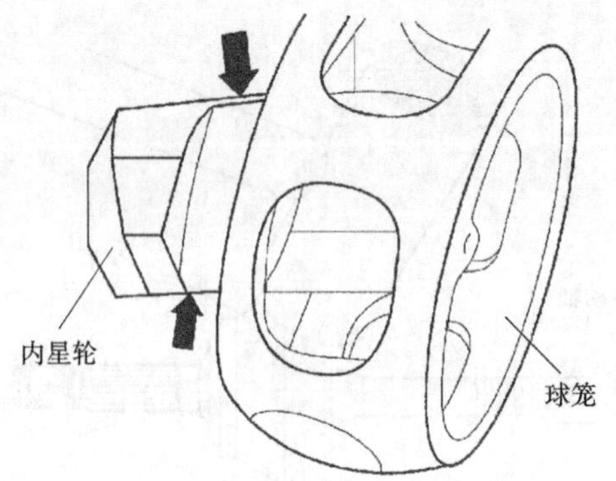

图 3-15　分解内等速万向节（二）

5. 万向节的检查

（1）检查外星轮、内星轮、球笼及钢球有无凹陷与磨损。

（2）各球节处的 6 个钢球要求一定的配合公差，并与内星轮一起成为一组配合件。

（3）如果万向节间隙已经明显过大，万向节必须更换。如果万向节呈光滑无损，或者能看到钢球在运转，则不必更换万向节。

6. 万向节的组装

（1）组装内万向节。

1）对准凹槽将内星轮嵌入球笼，内星轮在球笼内的位置无关紧要。

2）如图 3-16 所示，将钢球压入球笼，并注入润滑脂。

3）扭转内星轮，这样内星轮就能转出球笼（如图 3-17 中箭头所示），使钢球在与壳体中的球槽相配合有足够的间隙。

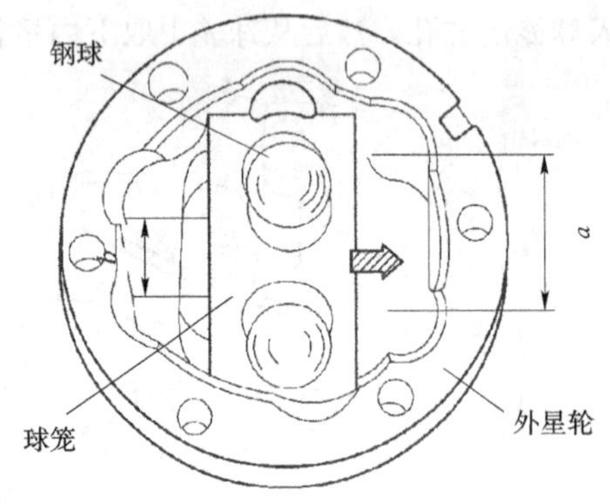

图 3-16　组装内万向节（一）

a—滚珠轨道直径

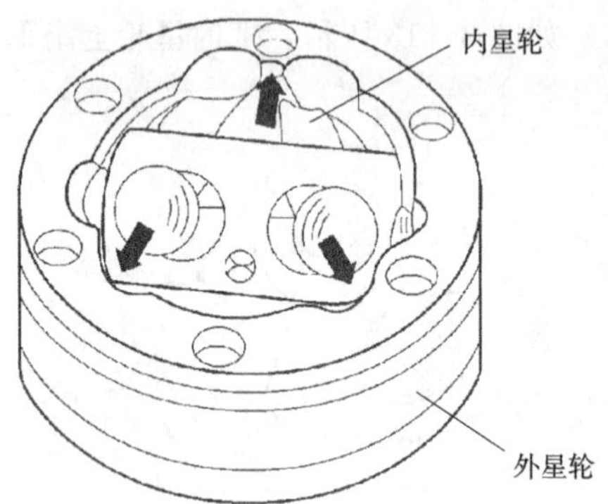

图 3-17　组装内万向节（二）

4）用力揿压球笼（如图 3-18 中箭头所示），使装有钢球的内星轮完全转入外星轮内。

5）用手能将内星轮在轴向范围内来回推动，应灵活。

（2）组装外万向节。

1）用汽油清洗各部件，将 G—6 润滑脂总量的一半（45g）注入万向节内。

2）将球箱连同内星轮一起装入外星轮。

3）对角交替地压入钢球，必须保持内星轮在球笼以及外星轮内的原先位置。

4）将弹簧锁环装入内星轮，将剩余的润滑脂压入万向节。

5）用手将内星轮在轴向范围内来回推动，检查安装是否正确。

7. 万向节与传动轴的组装

（1）如图 3－19 所示，在传动轴上安装防护罩，正确安装碟形座圈。

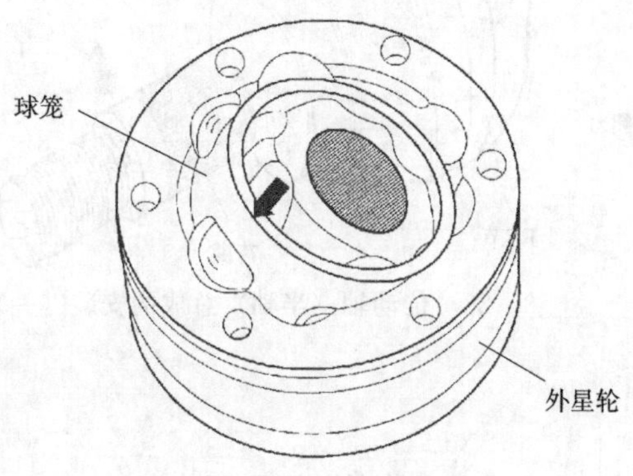

图 3－18　组装内万向节（三）

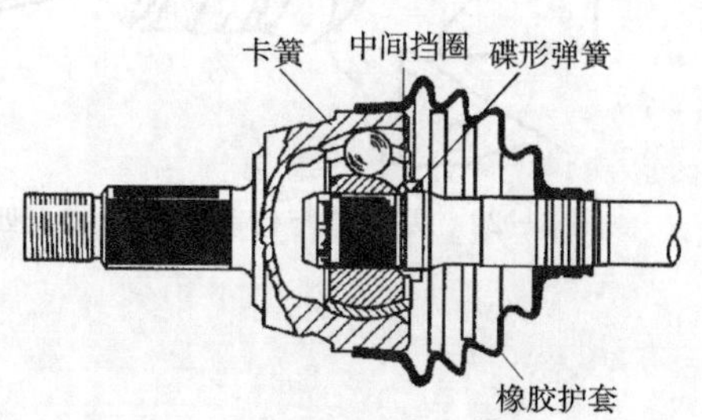

图 3－19　万向节与传动轴的组装（一）

（2）把万向节压入传动轴。如图 3－20 所示，使碟形座圈贴合，内星轮内径（花键齿）上的倒角必须面向传动轴靠肩。

（3）安装弹簧锁环，装上外万向节。

（4）在万向节上安装防尘罩时，防尘罩经常受到挤压。因而在防尘罩内部产生的一定真空，它在车辆行驶中会产生一个内吸的折痕（如图 3－21 中箭头所示）。因此在安装防尘罩小口径之后，要稍微充点气，使得压力平衡，不产生皱褶。

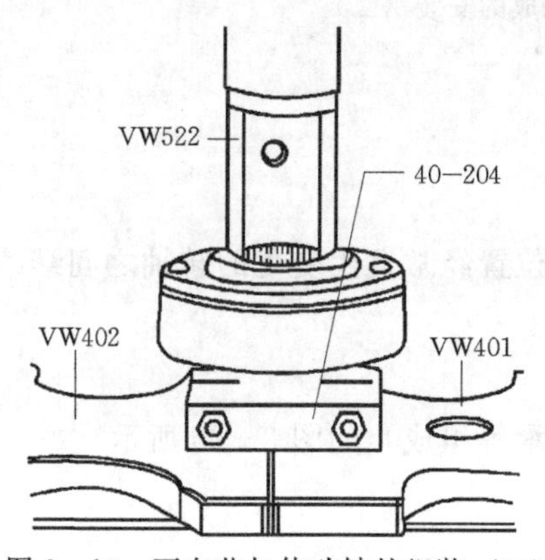

图 3－20　万向节与传动轴的组装（二）

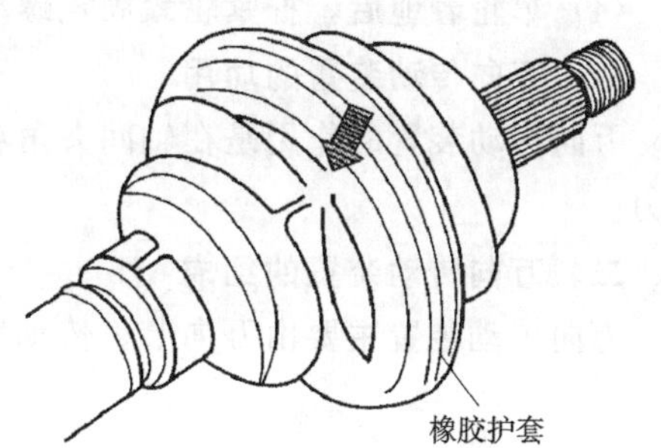

图 3－21　万向节与传动轴的组装（三）

（5）用夹箍夹住防尘罩，如图 3－22 所示。

8. 传动轴（半轴）总成的安装

（1）如图 3－23 所示，在等速万向节的花键涂上一圈 5mm 的防护剂 D6，然后装上传动轴花键套。涂防护剂 D6 后的传动轴装车后应停车 60min 之后才可使用汽车。

（2）如图 3－24 所示，将球销接头重新装配在原位置，并拧紧螺母。在安装球销接头时，不能损坏波纹管护套。

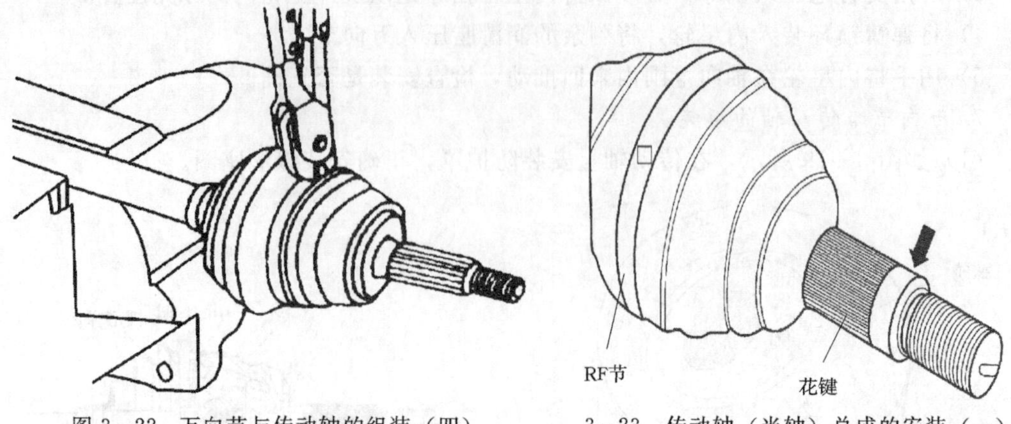

图 3-22　万向节与传动轴的组装（四）　　3-23　传动轴（半轴）总成的安装（一）

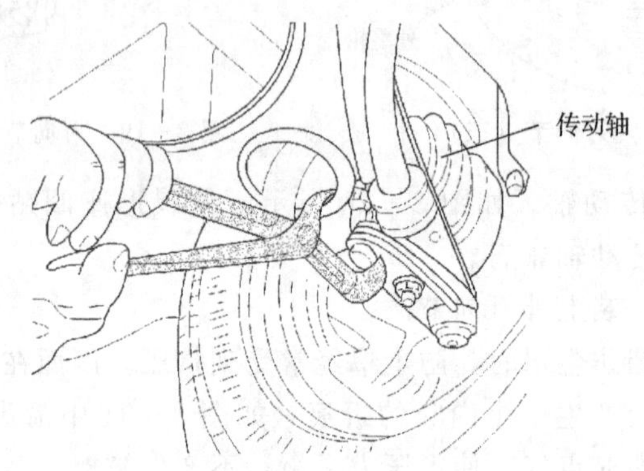

图 3-24　传动轴（半轴）总成的安装（二）

（3）必要时检查前轮外倾角。

（4）车轮着地后，拧紧轮毂固定螺母。

一、万向传动装置的功用

万向传动装置的作用是在轴间夹角和轴的相互位置经常发生变化的转轴之间继续传递动力。

二、万向传动装置的组成

万向传动装置主要由万向节、传动轴、中间支承等组成，如图 3-25 所示。

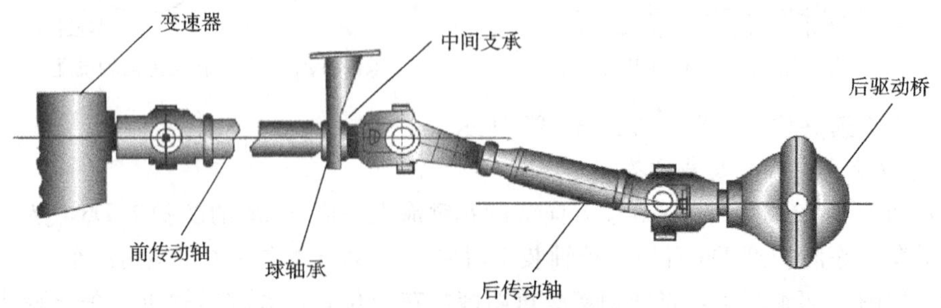

图 3-25　万向传动装置

三、万向传动装置在汽车上的安装位置

(1) 万向传动装置安装在变速器与驱动桥之间，如图 3-26 所示。

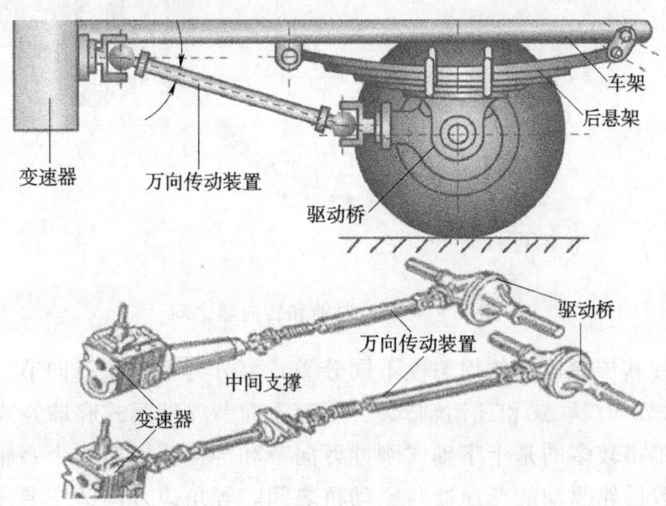

图 3-26 变速器与驱动桥之间

(2) 万向传动装置安装在变速器与分动器，分动器与驱动桥之间，如图 3-27 所示。

(3) 转向驱动桥的内、外半轴之间的传动装置，如图 3-28 所示。

(4) 断开式驱动桥的半轴之间的传动装置，如图 3-29 所示。

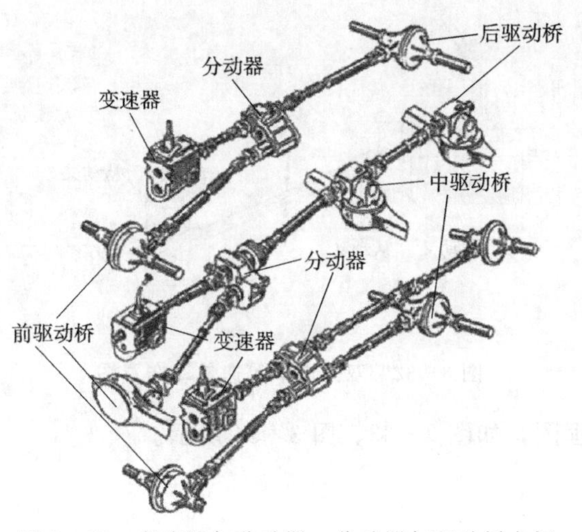

图 3-27 变速器与分动器，分动器与驱动桥之间

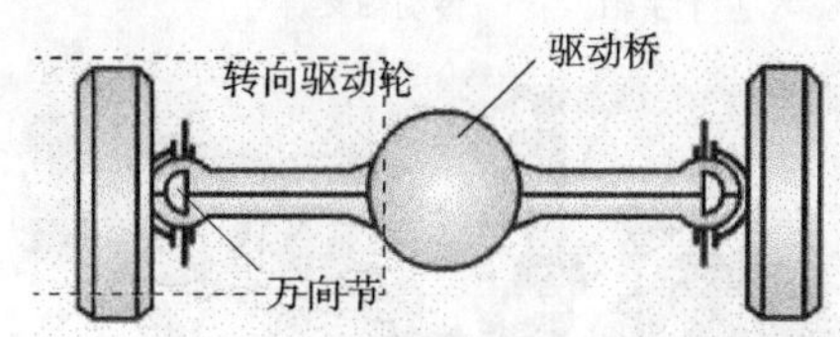

图 3-28 内、外半轴之间

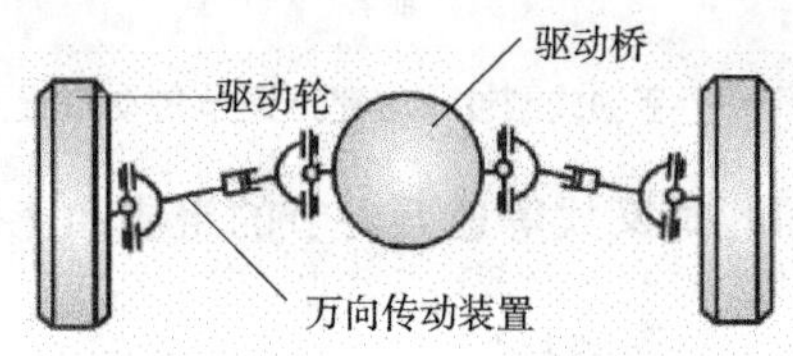

图 3-29 断开式驱动桥的半轴之间

(5) 转向机构的转向轴和转向器之间的传动装置，如图 3-30 所示。

四、万向节

(1) 万向节的功用。万向节的功用是实现转轴之间变角度的传递动力，保证不在同一轴线上的两轴之间可靠地传递动力。

(2) 万向节分类。万向节按其在扭转方向上是否有明显的弹性不同分类，可分为刚性万向节和挠性万向节两种，而汽车上均采用刚性万向节。

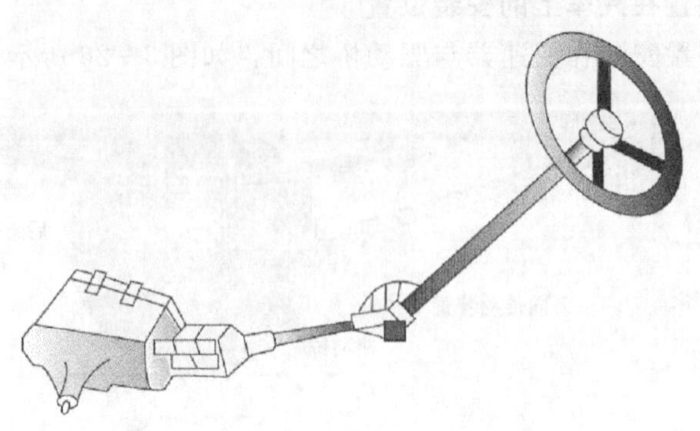

图 3-30　转向轴和转向器之间

刚性万向节按其传递速度的均匀性不同分类，可分为不等速万向节（常用的为十字轴式）、准等速万向节（双联式和三销轴式）、等速万向节（球叉式和球笼式）3 大类。

目前汽车上用得较多的是十字轴式刚性万向节和等速万向节。十字轴式刚性万向节主要用于发动机前置后轮驱动的变速器与驱动桥之间，等角速万向节主要用于发动机前置前轮驱动的内外半轴之间。

（3）十字轴式刚性不等速万向节的组成及双万向节等速传动布置图，如图 3-31、图 3-32 所示。

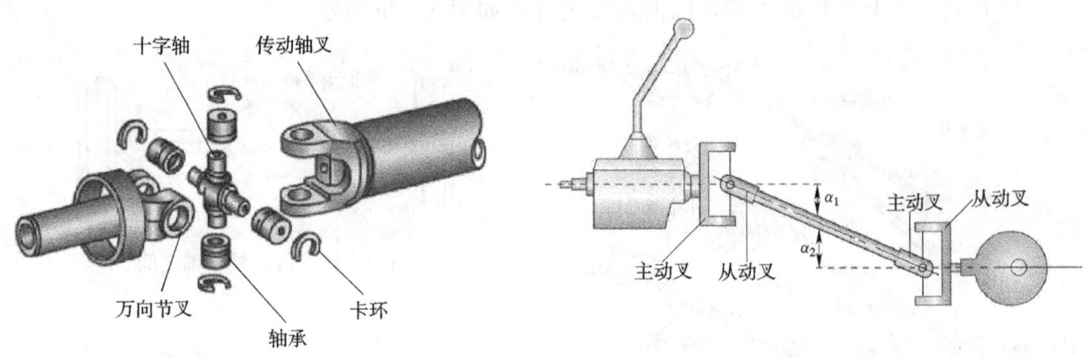

3-31　十字轴式刚性不等速万向节传动布置图

图 3-32　双万向节等速传动布置图

（4）球叉式等速万向节的组成和工作原理图，如图 3-33、图 3-34 所示。

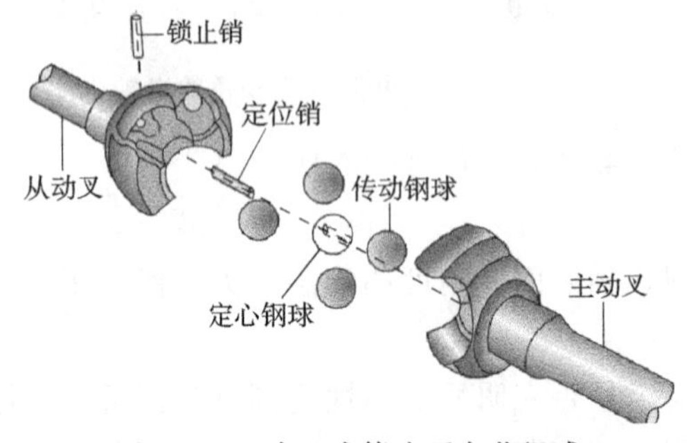

图 3-33　球叉式等速万向节组成

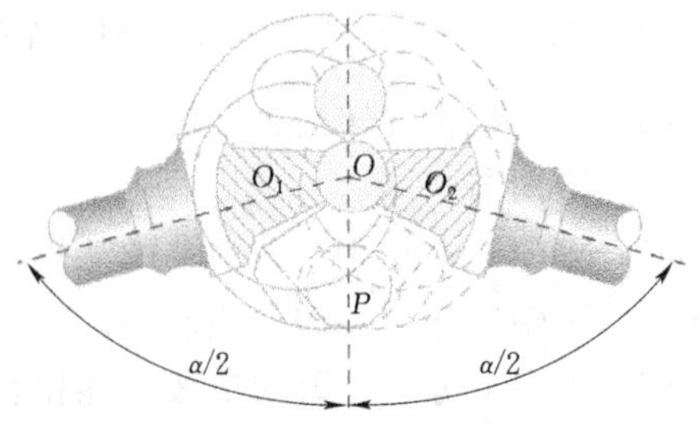

图 3-34　球叉式等速万向节工作原理图

(5) 固定型球笼式等速万向节的组成，如图 3-35 所示。

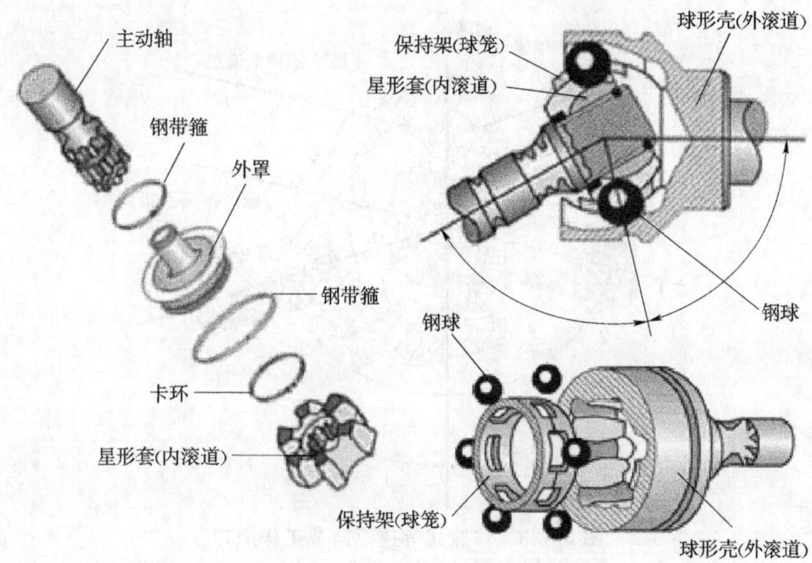

图 3-35　固定型球笼式等速万向节组成

(6) 伸缩型球笼式等速万向节的组成，如图 3-36 所示。

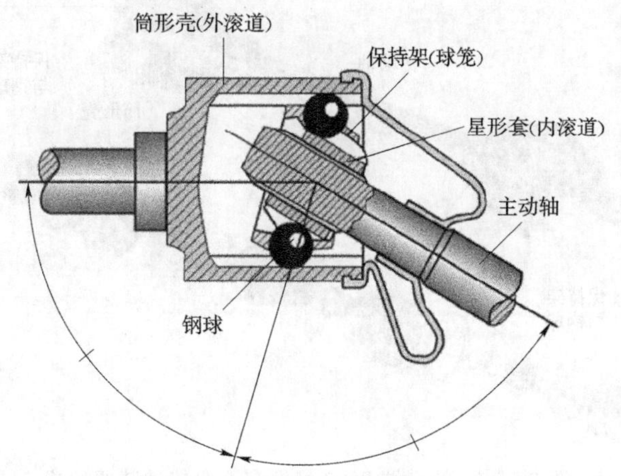

图 3-36　伸缩型球笼式等速万向节组成

(7) 固定型和伸缩型囚笼式万向节的安装位置，如图 3-37 所示。

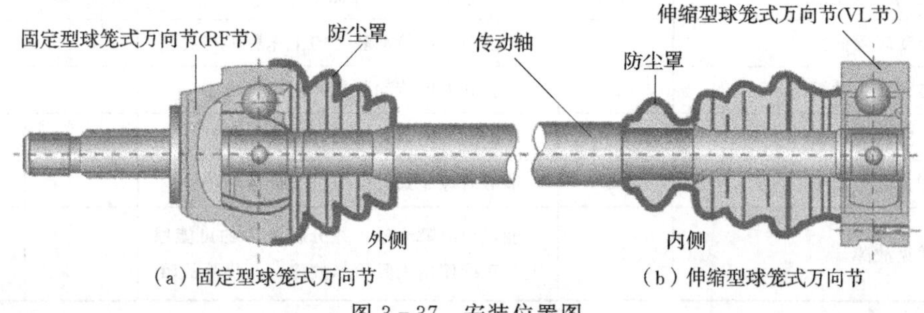

图 3-37　安装位置图

(8) 球笼式等速万向节工作原理，如图 3-38 所示。

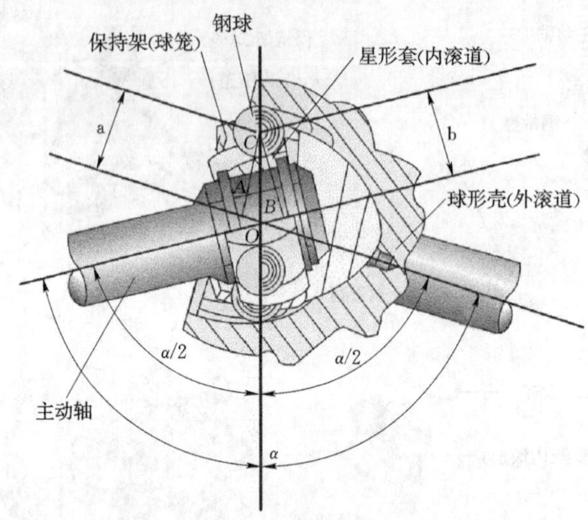

图 3-38　球笼式等速万向节工作原理

(9) 桑塔纳 2000 型轿车万向传动装置的组成，如图 3-39 所示。

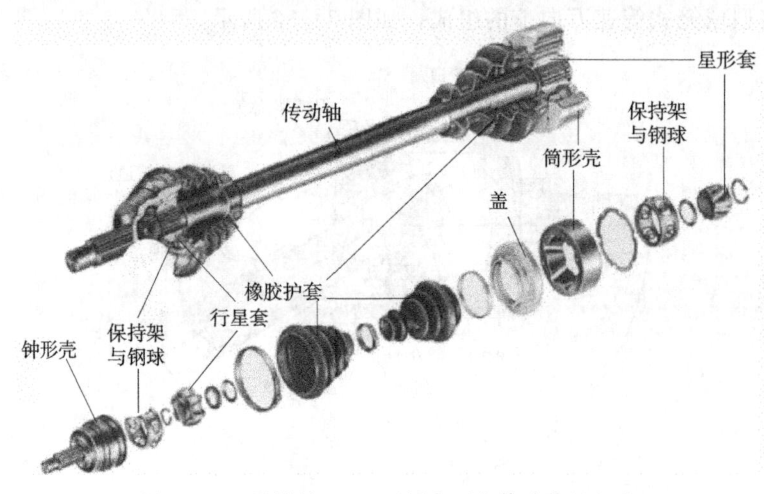

图 3-39　桑塔纳 2000 型轿车万向传动装置组成

【项目检测与评估】

项目检测	分值	评分标准	学生自评	教师评估
万向传动装置的类型	10	能说明万向传动装置的工作原理与类型		
万向传动装置的组成	10	能找到万向传动装置并说明其作用		
万向节的种类和结构	10	能找到万向节并说明其结构和类型		
拆装球笼式万向节	30	能够对球笼式万向节进行拆装和检查		
检修常见故障	20	能说出故障现象，并分析故障的可能原因，正确使用工具检修故障，并排除故障		

续表

项目检测	分值	评分标准	学生自评	教师评估
安全操作	10	正确使用工具，文明拆装万向传动装置		
现场管理	10	实习后整理现场，无漏装、损坏实习用具		
合计	100			

【项目小结】

1. 万向传动装置的功用

万向传动装置的作用是在轴间夹角和轴的相互位置经常发生变化的转轴之间继续传递动力。

2. 万向传动装置的组成

万向传动装置主要由万向节、传动轴、中间支承等组成。

3. 万向传动装置在汽车上的安装位置

(1) 万向传动装置安装在变速器与驱动桥之间。

(2) 万向传动装置安装在变速器与分动器、分动器与驱动桥之间。

(3) 转向驱动桥的内、外半轴之间的传动装置。

(4) 断开式驱动桥的半轴之间的传动装置。

(5) 转向机构的转向轴和转向器之间的传动装置。

4. 万向节

万向节的功用是实现转轴之间变角度的传递动力，保证不在同一轴线上的两轴之间可靠地传递动力。万向节按其在扭转方向上是否有明显的弹性不同分类，可分为刚性万向节和挠性万向节两种。

5. 球笼式万向节的拆装要点。

思考与练习

1. 万向传动装置在汽车上有哪些应用？

2. 万向节有哪些种类，不同万向节的结构有什么区别？

3. 拆装球笼式万向节有哪些注意事项？

项目四 驱动桥的拆装与检修

【情景导入】

有一辆在用汽车，客户反映驱动桥有异响，转速提高声音更响。请分析其异响产生的原因。

【项目学习目标】

1. 能够检测与调整主减速器。
2. 能够拆卸和安装差速器。
3. 能够更换半轴油封。

知识目标

1. 驱动桥的作用与组成。
2. 主减速器的作用。
3. 主减速器的分类和基本结构。
4. 差速器的作用与组成。
5. 差速器的分类。
6. 差速器的工作原理。
7. 半轴的概念。
8. 半轴的分类。
9. 桥壳的功用和分类。

任务一 主减速器的检测与调整

【任务分析】

有一辆在用汽车，客户反映驱动桥有异响，转速提高声音更响。请分析其异响产生的原因。

请按要求在2～4节课内完成以下任务。

（1）会使用弹簧秤测量切向拉力。

（2）会使用磁性百分表。

（3）学会主减速器的检测和调整。

【任务准备】

（1）实习车辆。

（2）底盘工具套装一套，维修手册。

（3）剥离的驱动桥一套，弹簧秤，百分表。

（4）清洁四件套，举升机。

【任务实施】

1. 安装车内清洁四件套和磁力护裙

安装车内清洁四件套和磁力护裙如图 4-1 所示。

图 4-1　实施任务准备

2. 主减速器的检测

（1）从动齿轮轴承预紧度的检测。

用手转动从动锥齿轮，应该转动自如，且轴向推动无间隙。用弹簧秤钩在从动锥齿轮紧固螺栓上测量切向拉力为 11.3—25.9N，如图 4-2 所示。

图 4-2　从动齿轮轴承预紧度的检测

（2）主减速器啮合间隙的检测。

用磁性百分表固定在减速器壳的凸缘上，百分表的触头应垂直于从动锥齿轮轮齿大端的凸面，用手把住主动锥齿轮，然后轻轻往复摆转从动锥齿轮，观测百分表指针摆动的读数。正确的主、从动锥齿轮啮合间隙范围为 0.15～0.40mm，如图 4-3 所示。

3. 主减速器的调整

（1）从动齿轮轴承预紧度的调整。

慢慢拧动两端的调整螺母，调整差速器轴承的预紧度。用手转动从动锥齿轮，应该转动自如，且轴向推动无间隙或用弹簧秤检查符合标准。

原则：

1）如轴承预紧度过紧，两端的调整螺母往外拧。

2）如轴承预紧度过松，两端的调整螺母往里拧。

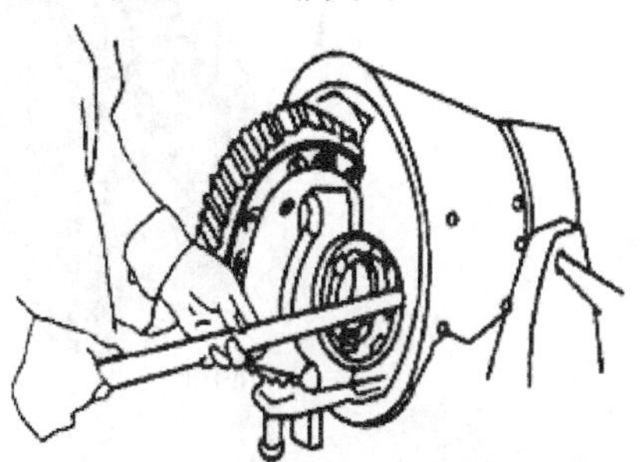

图 4-3　主减速器啮合间隙的检测

（2）主减速器啮合间隙的调整。

方法是移动从动锥齿轮。当从动锥齿轮远离主动锥齿轮时间隙变大，反之则变小。移动从动锥齿轮的方法是将一侧的轴承调整螺母旋入几圈，另一侧就旋出几圈。

注意：调整前应先将从动锥齿轮的轴承预紧度调整好。

正确的主、从动锥齿轮啮合间隙范围为0.15～0.40mm，若齿隙大于上述规定数值的上限（0.40mm），应使从动齿轮往靠近主动齿轮的方向移动；若齿隙小于下限值（0.15mm），则反向移动。

原则：

1）间隙过小，松开左侧螺母，拧进右侧螺母，这样使从动轮离开主动轮。

2）间隙过大，松开右侧螺母，拧进左侧螺母，这样使从动轮靠近主动轮。

一、驱动桥的功用与组成

（1）组成：主减速器、差速器、半轴、桥壳，如图4－4和图4－5所示。

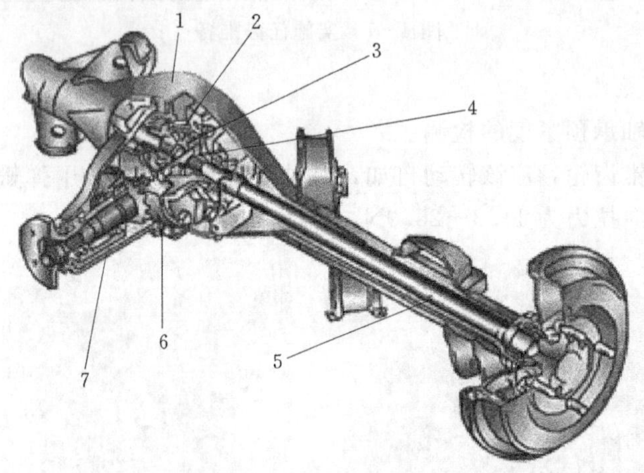

图4－4　驱动桥的组成

1—后桥壳；2—差速器壳；3—差速器行星齿轮；4—差速器半轴齿轮；5—半轴；6—主减速器从动齿轮齿圈；7—主减速器主动小齿轮

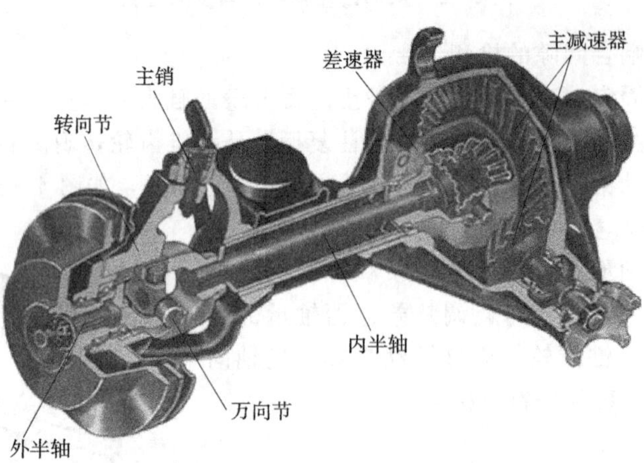

图4－5　北京切诺基越野车转向驱动前桥

（2）驱动桥的作用。

1）将万向传动装置传来的动力经减速增扭后传给驱动轮。

2）改变动力的传递方向。

3）允许左右驱动轮以不同的转速旋转（差速作用）。

二、主减速器功用与分类

1. 功用

将输入的转矩增大并相应降低转速，以及当发动机纵置时还具有改变转矩旋转方向的作用。简而言之：减速增扭，改变动力方向。

2. 分类

为满足不同的使用要求，主减速器的结构形式也有所不同。

按参加减速传动的齿轮副数目有单级式主减速器和双级式主减速器，如图 4-6、图 4-7 所示。

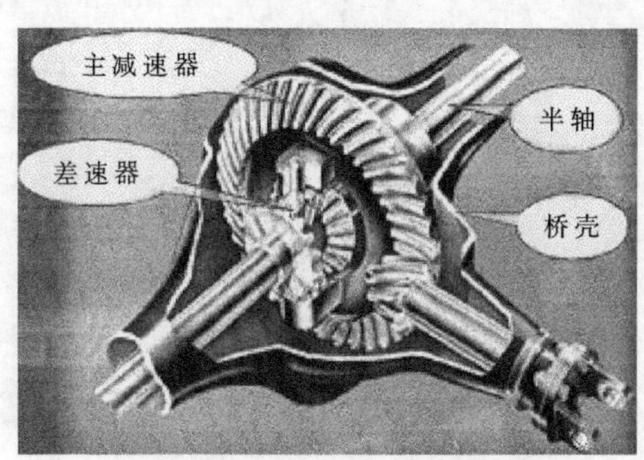

图 4-6 单级式主减速器

图 4-7 双级式主减速器

按主减速器传动比挡数分，有单速式和双速式。前者的传动比是固定的，后者有两个传动比供驾驶员选择，以适应不同行驶条件的需要。

按齿轮副结构形式分，有圆柱齿轮式、圆锥齿轮式和准双曲面齿轮式。

3. 主要结构特点（图 4-8 和图 4-9）

（1）主动锥齿轮与轴是一体的，保证足够支承刚度。

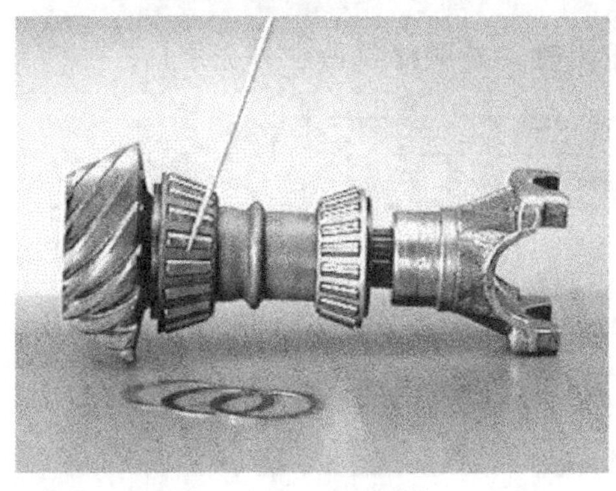

图 4-8 主动锥齿轮

图 4-9 从动锥齿轮

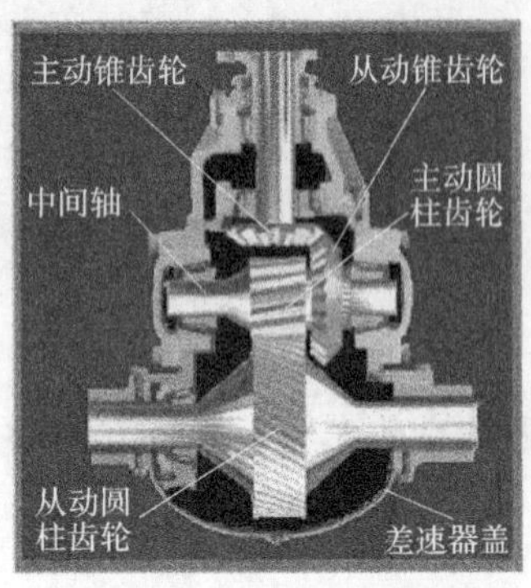

图 4-10　双级主减速器

(2) 从动锥齿轮连接在差速器壳上，而差速器壳则用两个圆锥滚子轴承支承在主减速器壳的座孔中。

(3) 主、从动齿轮为准双曲面齿轮。

4. 双级主减速器

采用两对齿轮传动，增大了传动比，又不减小汽车的最小离地间隙。

结构特点：

(1) 第一级传动，由一对曲线齿锥齿轮副。

(2) 第二级传动，由一对斜齿圆柱齿轮副。

(3) 主动锥齿轮与轴制成一体，采用悬臂式支承，如图 4-10所示。

任务二　差速器的拆卸和安装

【任务分析】

请按要求在 2～4 节课内完成以下任务。

能够熟练对差速器进行拆卸和安装。

【任务准备】

(1) 差速器总成。

(2) 常用工具一套，锤子，铝棒，拉具，撬棒。

(3) 维修手册。

【任务实施】

差速器零部件的拆装过程

(1) 零部件拆卸的过程（按从外到里的原则）。

1) 从外部观察差速器的整体结构，分清输入、输出轴的位置，并拍照记录，如图 4-11 所示。

2) 拧去外壳的螺栓，取下外壳，并将零件按先后顺序排放在实验桌上。

3) 仔细观察差速器的内部结构，分析并验证差速器的传动原理，并拍照记录各个零件的整体位置，如图 4-12 所示。

4) 取出轴承套，利用锤子和铝棒敲下两输出轴，按顺序排放在外壳之后。

图 4-11　拍照记录差速器外部结构

图 4-12　拍照记录差速器内部结构

5）利用锤子和铝棒敲打两轴承部分，使差速器的壳体与箱体分离，由于差速器结构比较重，由两人合力取出，并竖直放在实验桌上，并取出垫片。拍照记录差速器结构的整体特征，如图 4-13 所示。

图 4-13 拍照记录差速器整体特征

6）把固定锥齿轮的螺栓拧下，然后一个人用手拖着从动锥齿轮，一个人用锤子和铝棒把从动锥齿轮敲出来，按顺序排放好。

7）把差速器壳体一侧的定位销取下，把行星齿轮轴

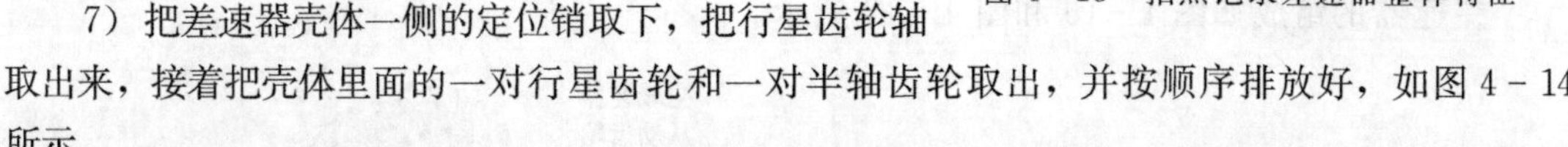

取出来，接着把壳体里面的一对行星齿轮和一对半轴齿轮取出，并按顺序排放好，如图 4-14 所示。

图 4-14 取出壳体内齿轮

8）利用工具把壳体两端的锥轴承取下。

9）最后，将箱体的螺栓拧开，取出差速器的主动齿轮轴。

（2）零部件的组装过程（按先出后进原则）。

1）将主动齿轮轴装回箱体里，并拧上螺栓。

2）把锥轴承装在差速器壳体的两端，将一对行星齿轮和一对半轴齿轮装进差速器壳体里，并装上行星齿轮轴，再插上定位销固定行星齿轮轴。

3）将差速器壳体竖直摆放，重新装上从动锥齿轮，并拧上固定螺栓。

4）先放上垫片，一人按住轴承外圈，两人将差速器结构慢慢放置在箱体的内腔，让另外的两人装上两端的输出轴，放置好后，使用铁锤和铝棒把输出轴敲稳固，再检验传动机构是否正常工作，最后固定轴承套，拧上螺栓。

5）装上外壳，拧上螺钉，差速器组装完毕，如图 4-15 所示。

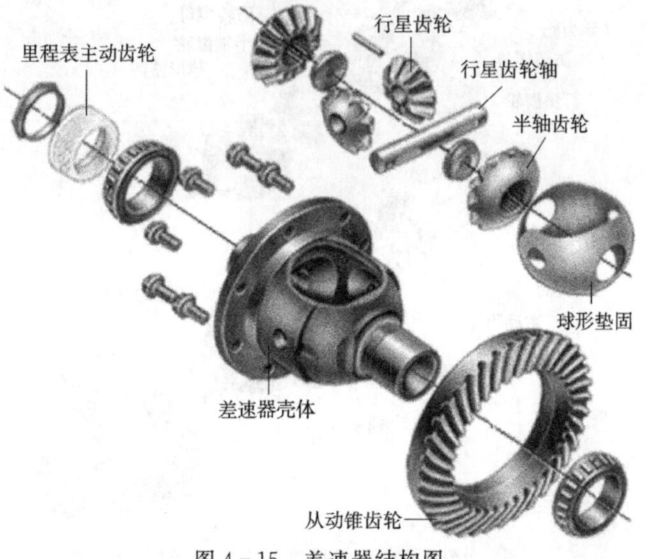

图 4-15 差速器结构图

一、差速器的作用

汽车差速器是一个差速传动机构，用来保证各驱动轮在各种运动条件下的动力传递，避免轮胎与地面间打滑。

二、差速器的分类

(1) 按用途分：轮间差速器和轴间差速器。

(2) 按工作特性分：普通锥齿轮差速器和防滑差速器。

三、差速器的组成

差速器的组成如图 4-16 和图 4-17 所示。

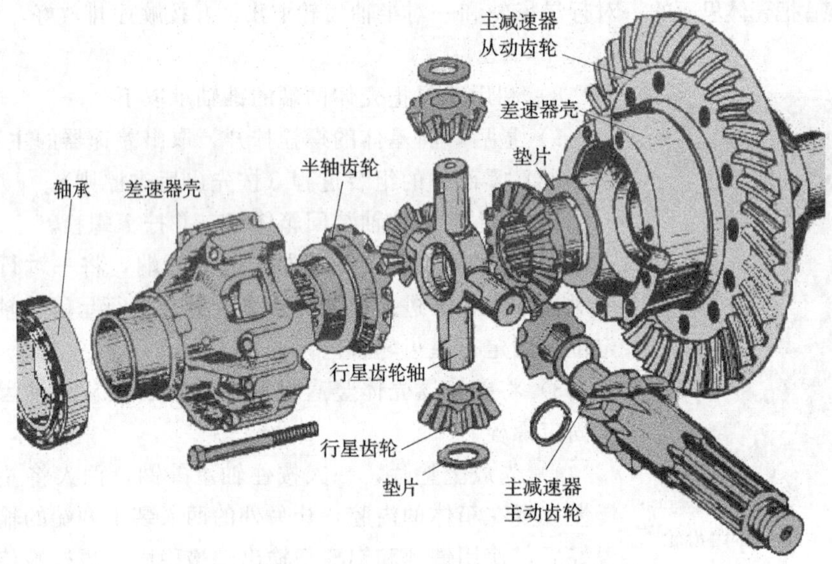

图 4-16　东风 EQ1092 汽车差速器

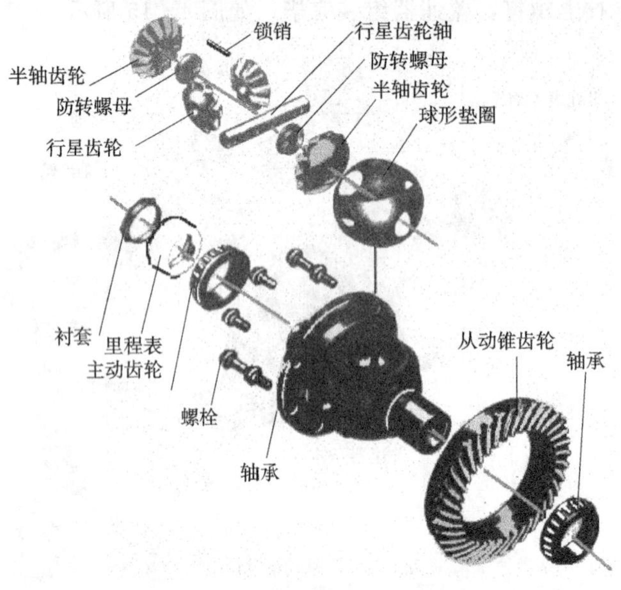

图 4-17　桑塔纳轿车差速器

四、普通差速器工作原理

(1) 两齿条和小齿轮啮合在一起，假如两齿条重量相同，则两齿条等距离举升。

(2) 如果在左边的齿条上加上一个重物，再提起小齿轮，这时，小齿轮自己转动，左侧齿条提升高度为零，右侧齿条举升很高。

(3) 把重物看成路面阻力，把齿条看成半轴齿轮，小齿轮则为行星齿轮了。拉力可视为发动机动力。如图 4－18 所示。

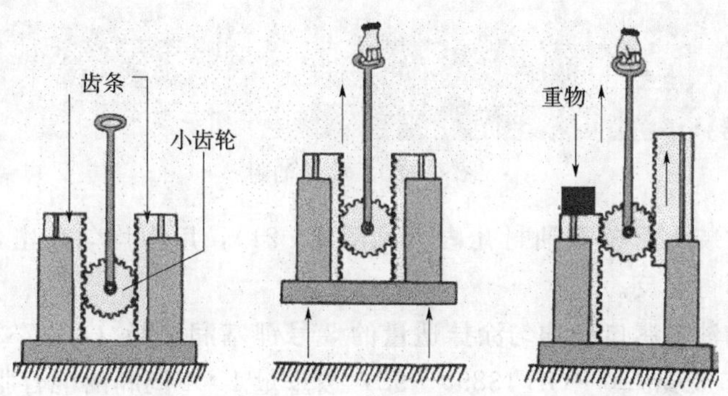

图 4－18　差速器工作原理

任务三　更换半轴油封

【任务分析】

后桥不断有油泄露，怀疑泄漏点在半轴油封，经拆卸并更换新油封，故障点被排除请按要求在 2～4 节课内完成以下任务。

(1) 能学会使用半轴专用工具。

(2) 能熟练安装新半轴油封。

(3) 能正确拆卸零件并按顺序安装。

【任务准备】

(1) 半轴油封若干。

(2) 常用工具一套，钳子，夹子，抹布，铝锤。

(3) 维修手册。

【任务实施】

1. 拆卸半轴总成

半轴也是易损件，所以在拆卸半轴时要使用专用工具（见图 4－19）。用专用工具将半轴从桥壳中水平拔出（防止倾斜划伤半轴）。

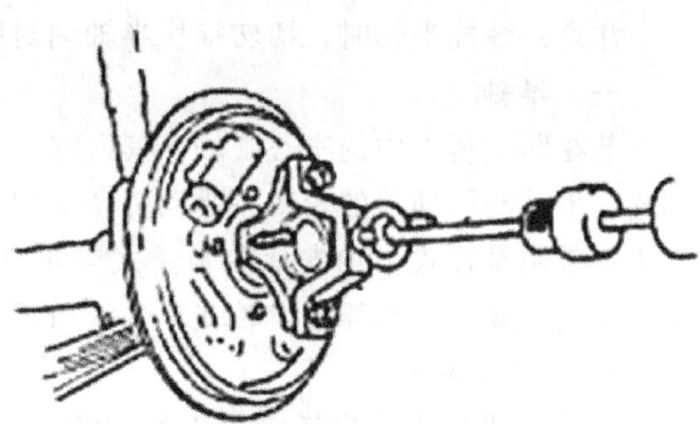

图 4－19　拔出半轴

2. 取下废旧油封

用钳子或夹子等简单工具将废旧油封取下，然后将油封孔擦拭干净。

3. 安装新油封

将新油封放在专用工具上（图 4-20）。

图 4-20 放置油封

半轴油封总成装入后桥壳油封孔内（见图 4-21），用力均匀敲击，保证油封安装到位，不得外斜，不得装反。

装配后在半轴油封唇口处均匀涂抹适量的 3 号锂基润滑脂（GB 7324—94）与重负荷车辆齿轮油 GL—5 85W/90（GB 13895—92）按重量 1∶1 调和的混合脂。

4. 安装半轴总成

在后桥壳与制动器底板的接合面上涂不透水的密封胶（图 4-22），将半轴装入后桥壳。

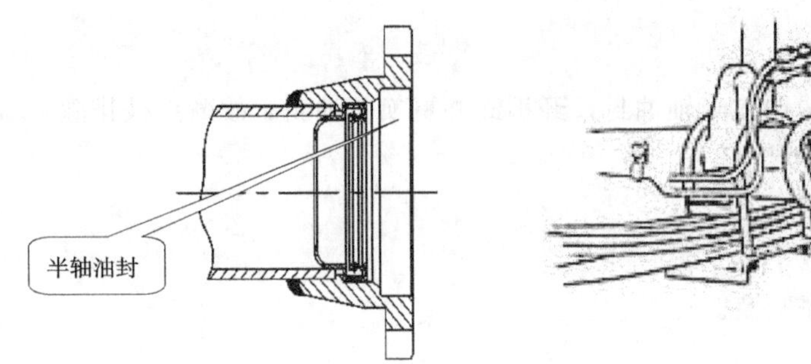

图 4-21 装入半轴油封　　图 4-22 安装半轴总成

注意：装配半轴时，切勿损伤半轴油封唇口。

一、半轴

装在驱动桥壳中的实心圆轴。其内端与差速器的半轴齿轮连接，外端与驱动轮的轮毂相连。半轴与驱动轮的轮毂在驱动桥壳上的支承形式，决定了半轴的受力状况。现代汽车基本上采用全浮式半轴支承和半浮式半轴支承两种支承形式：①全浮式半轴支承，受扭矩，不受弯矩。②半浮式半轴支承，受扭矩，外端受弯矩。

1. 全浮式半轴

全浮式半轴支撑广泛应用于各型货车上。解放 1092 型汽车半轴即采用这种支撑形式。半轴外端锻造有半轴凸缘，用螺栓紧固在轮毂上，轮毂用两个圆锥滚子轴承支撑在半轴套管上，半轴套管与空心梁压配成一体，组成驱动桥壳。这种支撑形式，半轴与桥壳没有直接联系。半轴内端用花键与半轴齿轮套合，并通过差速器壳支撑在主减速器壳的座孔中。如图 4－23 所示。

2. 半浮式半轴

半轴用一个圆锥滚子轴承直接支撑在桥壳凸缘的座孔内。车轮与桥壳之间无直接联系，而支撑于悬伸出的半轴外端。因此，地面作用于车轮的各种反力都须经半轴外端的悬伸部分传给桥壳，使半轴外端不仅要承受转矩，而且还要承受各种反力及其形成的弯矩，如图 4－24 所示。

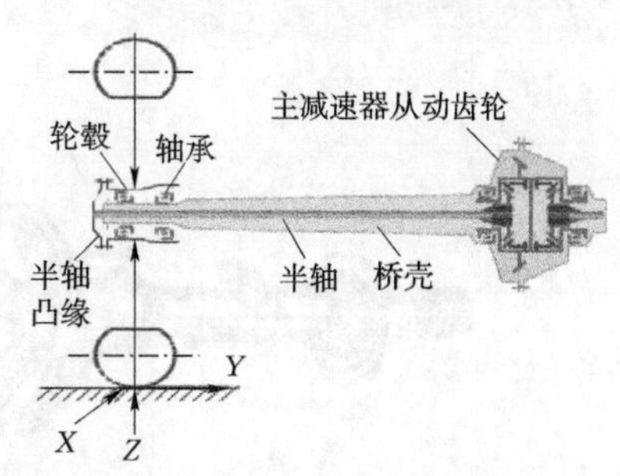

图 4－23　全浮式半轴支撑受力分析

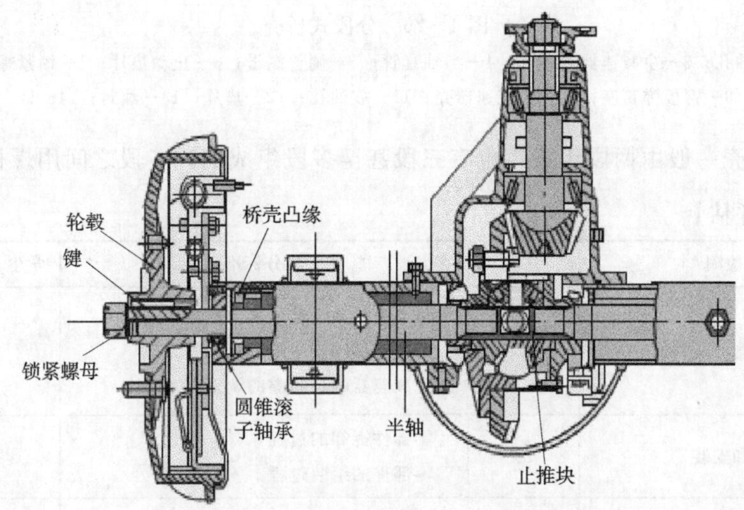

图 4－24　国产某轿车驱动桥及半浮式半轴

二、桥壳

1. 桥壳的功用

驱动桥壳其功用是安装并保护主减速器、差速器和半轴。承受驱动轮传来的反力和力矩，并在驱动轮与悬架之间传力。要求桥壳应具有足够的强度和刚度，质量小，便于主减速器的拆装和调整。

2. 驱动桥壳的类型

驱动桥壳可分为整体式桥壳和分段式桥壳两种类型。如图 4－25 和图 4－26 所示。

图 4－25　整体式桥壳

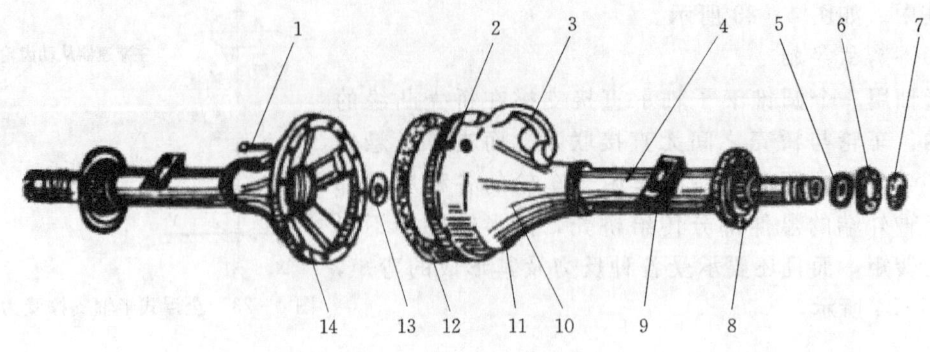

图 4-26 分段式桥壳

1—螺栓；2—注油孔；3—主减速器壳颈部；4—半轴套管；5—调整螺母；6—止动垫片；7—锁紧螺母；8—凸缘盘；9—钢板弹簧座；10—主减速器壳；11—放油孔；12—垫片；13—油封；14—盖

分段式桥壳一般由两段组成，也有三段甚至多段组成的，各段之间用螺栓连接。

【项目检测与评估】

项目检测	分值	评分标准	学生自评	教师评估
主减速器的检测与调整	25	从动齿轮轴承预紧度的检测 主减速器啮合间隙的检测 主减速器啮合间隙的调整		
差速器的拆卸和安装	25	零部件拆卸的过程 零部件的组装过程		
更换半轴油封	25	拆卸半轴总成 取下废旧油封 安装新油封 安装半轴总成		
劳动纪律	5	遵守劳动纪律		
安全操作	10	正确使用工具，文明拆装		
现场管理	10	实习后整理现场，无漏装、损坏实习用具		
合计	100			

【项目小结】

1. 驱动桥的组成

驱动桥由主减速器、差速器、半轴、桥壳组成。

2. 主减速器的作用

主减速器的作用是将输入的转矩增大并相应降低转速，以及当发动机纵置时还具有改变转矩旋转方向的作用（减速增扭，改变动力方向）。

3. 主减速器的分类和基本结构

按参加减速传动的齿轮副数目有单级式主减速器和双级式主减速器。

按主减速器传动比挡数分，有单速式和双速式。前者的传动比是固定的，后者有两个传动比供驾驶员选择，以适应不同行驶条件的需要。

按齿轮副结构形式分，有圆柱齿轮式、圆锥齿轮式和准双曲面齿轮式。

4. 差速器的作用

汽车差速器是一个差速传动机构，用来保证各驱动轮在各种运动条件下的动力传递，避免轮胎与地面间打滑。

5. 差速器的分类

(1) 按用途分：轮间差速器和轴间差速器。

(2) 按工作特性分：普通锥齿轮差速器和防滑差速器。

6. 差速器的工作原理

(1) 两齿条和小齿轮啮合在一起，假如两齿条重量相同，则两齿条等距离举升。

(2) 如果在左边的齿条上加上一个重物，再提起小齿轮，这时，小齿轮自己转动，左侧齿条提升高度为零，右侧齿条举升很高。

(3) 把重物看成路面阻力，把齿条看成半轴齿轮，小齿轮则为行星齿轮了。拉力可视为发动机动力。

7. 半轴的概念

装在驱动桥壳中的实心圆轴。

8. 半轴的分类

(1) 全浮式半轴支承。

特点是受扭矩，不受弯矩。

(2) 半浮式半轴支承。

特点是受扭矩，外端受弯矩。

9. 驱动桥壳的功用

驱动桥壳的功用是安装并保护主减速器、差速器和半轴。承受驱动轮传来的反力和力矩，并在驱动轮与悬架之间传力。要求桥壳应具有足够的强度和刚度，质量小，便于主减速器的拆装和调整。

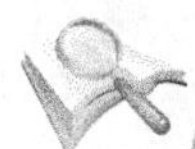

思考与练习

一、填空题

1. 驱动桥是由________、________、________和________4 部分组成。

2. 主减速器按齿轮副的数目可分为________和________。

3. 发动机纵向布置的汽车其主减速器（单级式）采用一对________齿轮传动，发动机横向布置的汽车其主减速器（单级式）采用一对________齿轮传动。

4. 主减速器的调整内容有________、________和________。调整的顺序为先调整________，后调________和________。

5. 差速器按其用途可分为________差速器和________差速器。

6. 当汽车直线行驶时，行星齿轮只有________转，没有________转，此时，差速器壳和半轴齿轮的转速________。

7. 当汽车转弯行驶时，行星齿轮既有________转，又有________转，此时，两半轴齿轮的转速________。

8. 现代汽车半轴的支承形式有________式和________式两种，其中________式易于拆装。

二、选择题

1. 行星齿轮差速器起作用的时刻为（　　）。

A. 汽车转弯

B. 直线行驶

C. A，B 情况下都起作用

D. A，B 情况下都不起作用

2. 全浮式半轴承受（　　）的作用。

A. 转矩　　B. 弯矩　　C. 反力　　D. A，B，C

3. 汽车驱动桥主要由（　　）、半轴和驱动壳等组成。

A. 主减速器　　B. 差速器　　C. 转动盘　　D. 转向器

4. 驱动桥的功用有（　　）。

A. 将变速器输出的转矩依次传到驱动轮，实现减速增矩

B. 将变速器输出的转矩依次传到驱动轮，实现减速减矩

C. 改变动力传递方向，实现差速作用

D. 减振作用

5. 驱动桥按结构形式可分为（　　）。

A. 四轮驱动　　B. 非断开式驱动桥

C. 综合式驱动桥　　D. 断开式驱动桥

6. 汽车后桥主减速器的作用是（　　）。

A. 增大扭矩　　B. 增大功率　　C. 增大转速　　D. 增大附着力

三、简答题

1. 为什么要采用双级主减速器？

2. 简述差速器的差速原理？

3. 主减速器的检测包括哪些项？

4. 简述差速器的拆装步骤？

5. 如何更换半轴油封？

项目五　悬架的拆装与检修

【项目学习目标】

1. 能够正确拆装普通悬架系统。
2. 能够正确检查并判断弹性元件、减振器的性能。
3. 能够正确检查并判断悬架平面轴承、橡胶限位块、导向元件等零件的性能。
4. 能够正确分析并排除普通悬架常见故障。
5. 能正确调整电控悬架系统。
6. 能正确分析电控悬架系统控制电路。
7. 能正确维护和检修电控悬架系统。

1. 悬架的概念。
2. 悬架的功用。
3. 悬架的组成。
4. 悬架类型。
5. 弹性元件。
6. 减振器。
7. 非独立悬架。
8. 独立悬架。
9. 掌握电控悬架系统的功用。
10. 了解电控悬架的要求和分类。
11. 掌握典型电控悬架系统的构造、工作原理。
12. 掌握电控悬架系统常见故障的现象、原因。

任务一　普通悬架系统的外观检查

【任务分析】

本任务对桑塔纳2000轿车悬架系统外观进行检查，以迅速判断悬架系统有无部件损坏及悬架系统的性能。

请按要求在2～4节课内完成以下任务。

（1）能够正确判断悬架系统总体性能，决定是否需要拆检。

（2）能够正确检查前悬架主要零部件是否损坏。

（3）能够正确检查后悬架主要零部件是否损坏。

【任务准备】

（1）桑塔纳2000轿车。

（2）底盘工具套装一套，维修手册。

（3）举升机。

图5-1　观察车辆是否倾斜

【任务实施】

1．悬架就车测试

（1）目测车辆倾斜情况。

将车辆停放在水平地面上，保证车辆空载，仔细观察车辆是否倾斜。如图5-1所示。

（2）检查车辆减振效果。

将车头、车尾用力按下，若松手后回弹1～2次，车身即停止跳动，且左右两侧的回弹次数相同，则表明减振器正常。如图5-2所示。

图5-2　检查车辆减振效果

2．前悬架外观检查

（1）用举升机举升车辆。

用双柱式举升机将车辆举升至头顶以上位置。

（2）减振器和螺旋弹簧的外观检查。

检查以下部位是否出现故障，如图5-3所示。

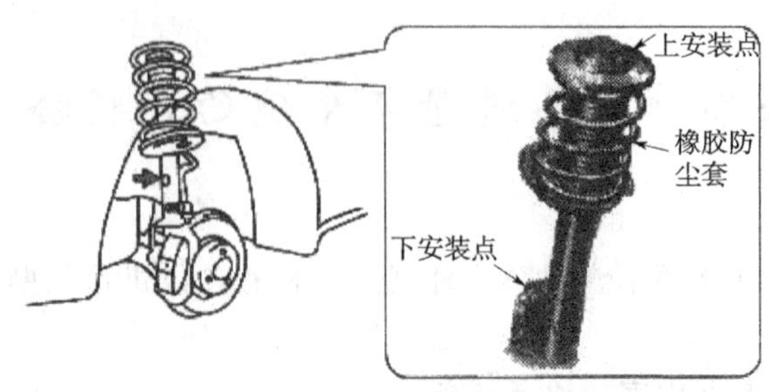

图5-3　减振器和螺旋弹簧的外观检查

1）检查减振器，如发现有渗油或漏油现象，则必须更换减振器。

2）检查减振器上、下安装点是否有松动。

3）检查减振器活塞杆是否有弯曲。

4）橡胶防尘套和缓冲块（限位块）是否破裂或老化。

5）弹簧保护漆层是否有腐蚀、刮伤、划痕或麻点现象。

6）弹簧座圈上的橡胶垫是否有老化、变形或损坏。

3. 稳定杆铰接头和稳定杆衬套检查

举起车辆，将前悬架放下时，观察稳定杆支承处拉杆是否移位和有无间隙，衬套是否有老化或裂痕。如图 5-4 所示。

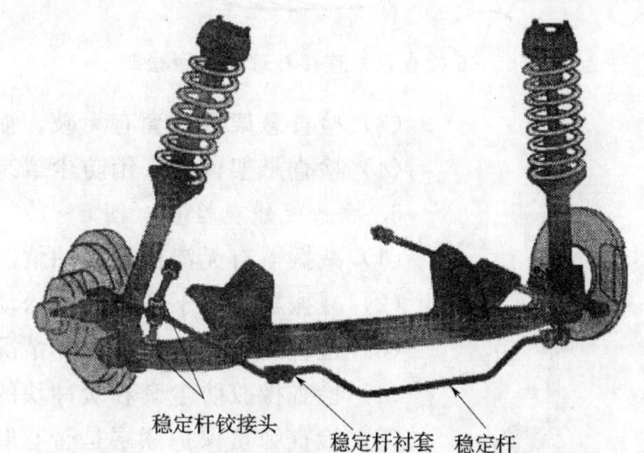

图 5-4　稳定杆铰接头和稳定杆衬套检查

4. 前悬架横梁、中间梁与车身连接检查（图 5-5）

检查前悬架横梁与车身之间、中间梁与车身之间的连接螺栓是否松动。

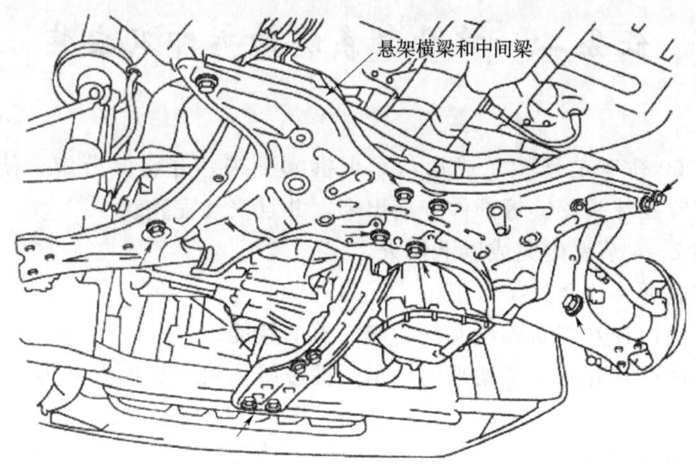

图 5-5　前悬架横梁、中间梁与车身连接检查

5. 悬架臂橡胶衬套与球头铰链检查（图 5-6）

(1) 检查球头铰链是否过松，上、下晃动悬架下摆臂，检查球头是否有游隙。

(2) 检查悬架臂有无裂纹、变形或损坏。

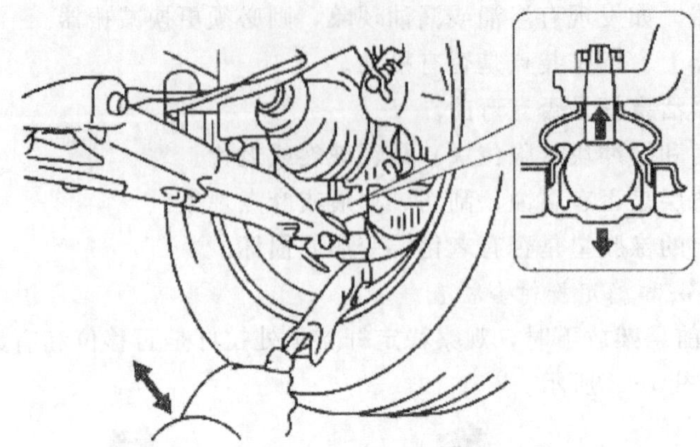

图 5-6 检查悬架连接杆球头是否松旷

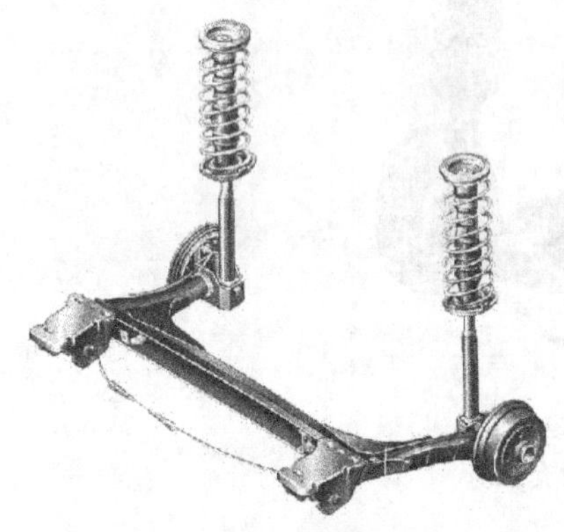

图 5-7 后悬架外观检查

(3) 检查悬架臂衬套有无破、损老化和裂纹。

(4) 检查悬架臂球头销防尘罩有无损坏。

6. 后悬架外观检查(图 5-7)

(1) 减振器有无渗油或漏油情况。

(2) 减振器上、下安装点的松动情况检查。

(3) 检查后减振器外壳损坏情况。

(4) 检查橡胶防尘套和缓冲块的工作情况。

(5) 检查弹簧保护漆层是否有腐蚀、划痕及麻点。

(6) 检查弹簧座圈上的橡胶垫是否有老化、变形或破裂现象。

(7) 检查后悬架安装支座是否损坏。

任务二　前悬架系统的拆卸及安装

【任务分析】

将桑塔纳 2000 轿车前悬架总成从汽车上拆卸下来，并将其分解，使减振器、弹簧、悬架轴承、悬架臂及球头铰链等部件分离出来，并且安装完整。

请按要求在 2～4 节课内完成以下任务。

(1) 能够正确拆装普通悬架系统。

(2) 能够正确检查并判断弹性元件、减振器的性能。

(3) 能够正确检查并判断悬架平面轴承、橡胶限位块、导向元件等零件的性能。

【任务准备】

(1) 桑塔纳 2000 轿车。

(2) 底盘工具套装一套，维修手册。

(3) 专用工具、V. A. G1389、V. A. G1403、VW524。V. A. G1389，是用于拉出轴的压力装置，是一种拉具。V. A. G1403，VW524 是拆卸悬架总成的专用工具。

(4) 举升机。

【任务实施】

1. 拆卸前滑柱总成

(1) 取下车轮装饰罩，旋下轮毂与传动轴的紧固螺母。接下来松动车轮螺栓，用举升机举起车辆，旋下车轮螺栓，取下车轮。如图 5-8 所示。

(2) 旋下 ABS 传感头如图 5-9 所示。

5-8　旋下轮毂与传动轴的紧固螺母

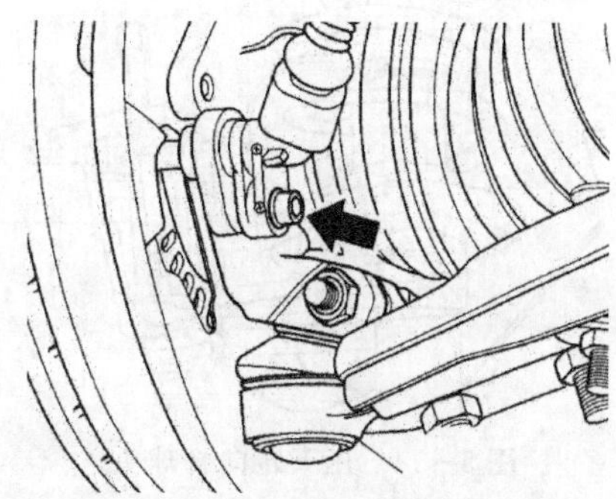

图 5-9　旋下 ABS 传感头

(3) 旋下制动钳壳体上、下定位螺栓如图 5-10 所示。

(4) 取下制动软管固定支架，并用铁丝将制动钳浮钳固定在车身上如图 5-11 所示。

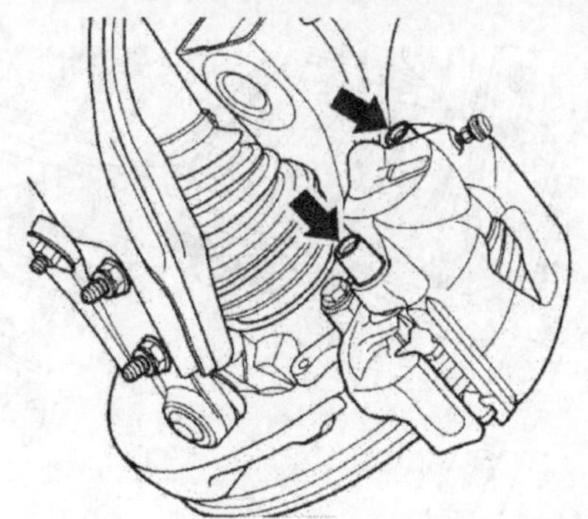

5-10　旋下制动钳壳体上、下定位螺栓

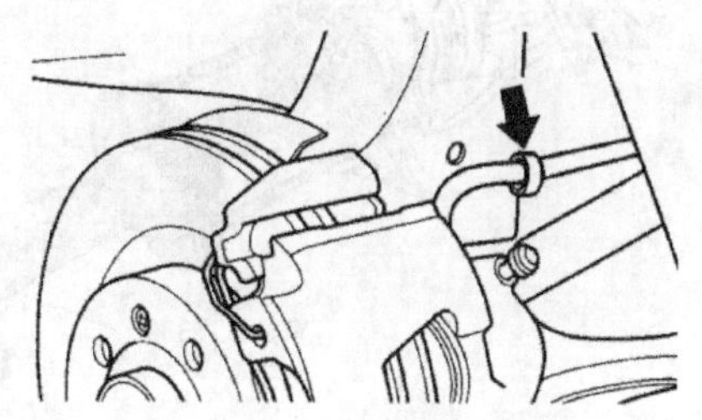

图 5-11　固定制动钳浮钳

(5) 取下制动块。

(6) 旋下制动钳支架紧固螺母如图 5-12 所示。

(7) 拆掉悬架轮毂轴承上的紧固螺栓如图 5-13 所示。

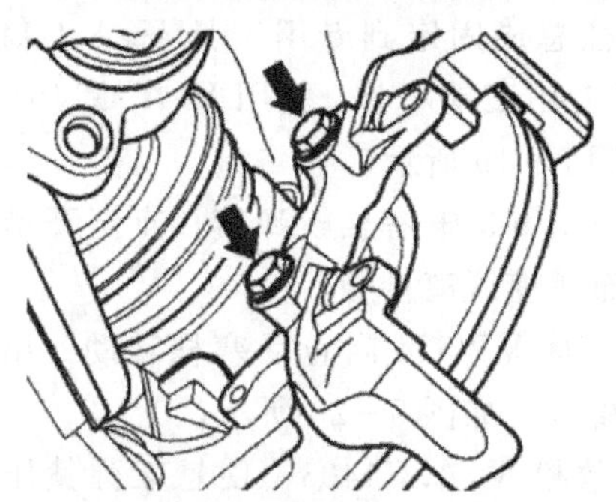

图 5-12　旋下制动钳支架紧固螺母

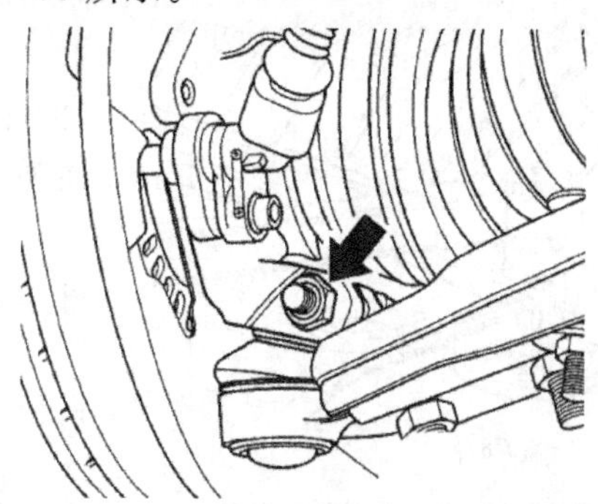

图 5-13　拆掉悬架轮毂轴承上的紧固螺栓

(8) 压下转向横拉杆球头如图 5-14 所示。

(9) 拆下横向稳定器的紧固螺栓。

(10) 拆下传动轴与轮毂的固定螺母，压下前悬架臂球头，旋下传动轴的紧固螺母如图 5-15 所示。

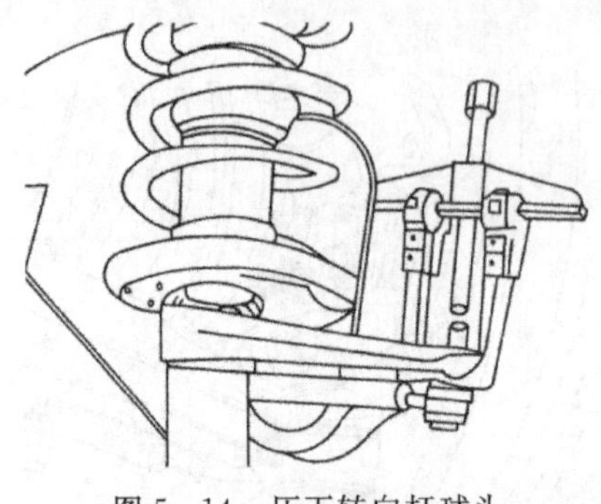

图 5-14 压下转向杆球头

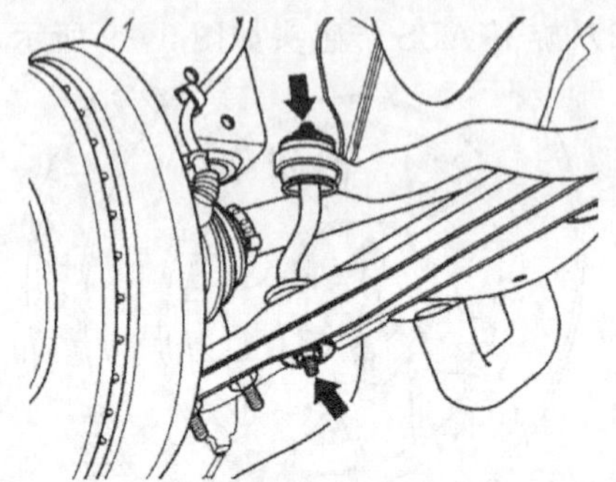

图 5-15 旋下传动轴的紧固螺母

(11) 将轮毂轴承壳与传动轴外半轴分离如图 5-16 所示。

(12) 打开引擎盖，取下悬架支柱的橡胶盖如图 5-17 所示。

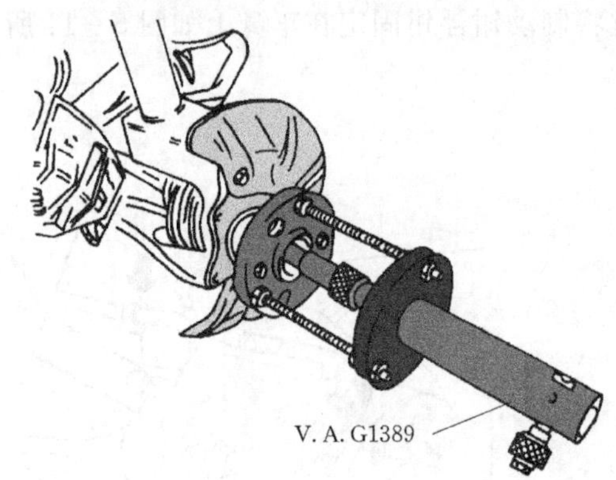

图 5-16 分离轮毂轴承壳与传动轴外车轴

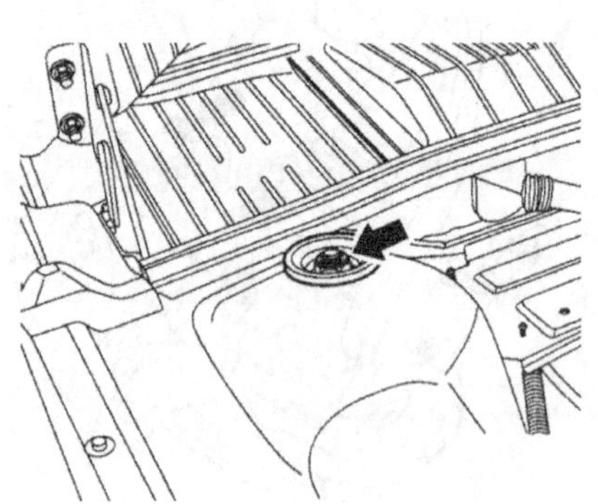

图 5-17 取下悬架支柱的橡胶盖

(13) 旋下减振器活塞杆螺母。

(14) 从车上取下前滑柱总成。如图 5-18 所示。

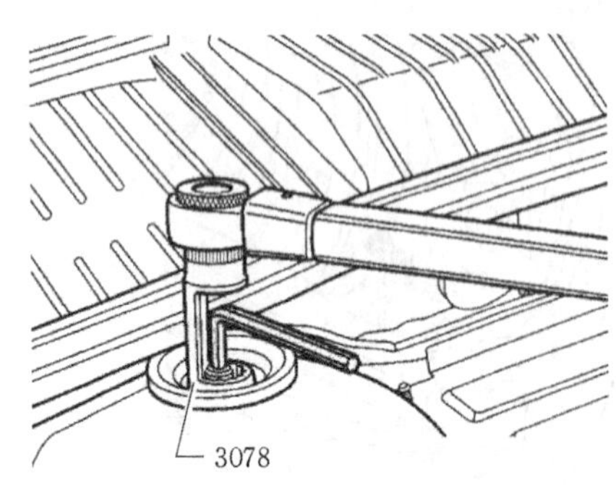

图 5-18 取下前滑柱总成

2. 分解前滑柱总成

(1) 将前滑柱总成固定到专用工具 V. A. G1403 (拆卸悬架总成的专用工具) 上，并用 V. A. G1403 压住弹簧护圈。如图 5-19 所示。

(2) 用 V. A. G1403 压缩悬架弹簧，直至开槽螺母与悬挂支柱轴轴承座脱离接触。

(3) 用专用工具 VW524 阻止活塞杆转动，用开口扳手松开开槽螺母。如图 5-20 所示。

(4) 平稳地放松 V. A. G1403，使悬架弹簧压力完全释放。

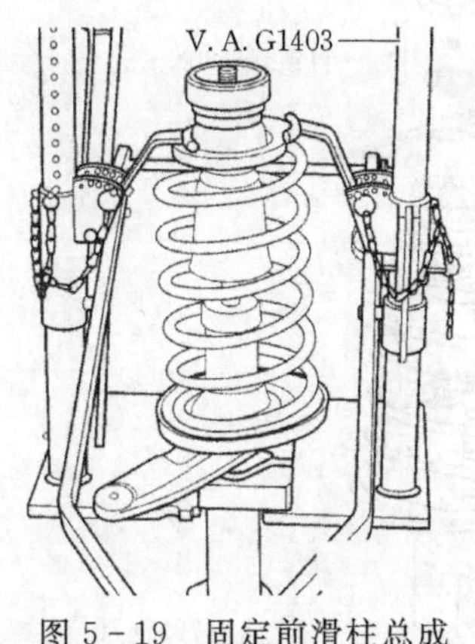

图 5-19　固定前滑柱总成

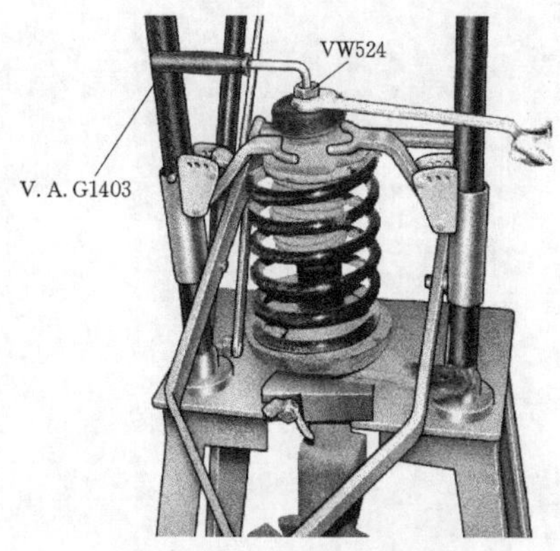

图 5-20　松开开槽螺母

(5) 将前滑柱总成的悬挂支柱轴轴承、轴承座、悬架弹簧、防尘套、橡胶限位块等部件分别取出并放好。

(6) 用专用工具旋下螺母盖，将减振器从滑柱管内抽出。

至此，前滑柱总成分解完毕。

3. 按照与拆卸相反顺序进行安装

安装时要注意以下事项：

(1) 损坏的零部件应更换，不允许对前悬架总成进行焊接或整形处理。

(2) 所有螺栓和螺母应按规定力矩拧紧。

(3) 所有自锁螺母必须更换新件。如图 5-21 所示。

一、悬架概述

1. 悬架

悬架是车架（承载式车身）与车桥（车轮）之间一切传力、连接装置的总称。

2. 功用

(1) 连接车架（或车身）和车轮，把路面作用到车轮的各种力传给车架（或车身）。

(2) 缓和冲击、衰减振动，使乘坐舒适，具有良好的平顺性。

(3) 保证汽车具有良好的操纵稳定性。如图 5-22 所示。

3. 悬架的组成

悬架由弹性元件、减振器、导向机构、横向稳定器组成。

4. 悬架类型

(1) 非独立悬架。

非独立悬架与整体式车桥配用，适用于货车、低挡客车。

(2) 独立悬架。

独立悬架与断开式车桥配用，适用于轿车、高挡客车。如图 5-23 所示。

二、弹性元件

1. 功用

传递垂直载荷，缓和冲击。

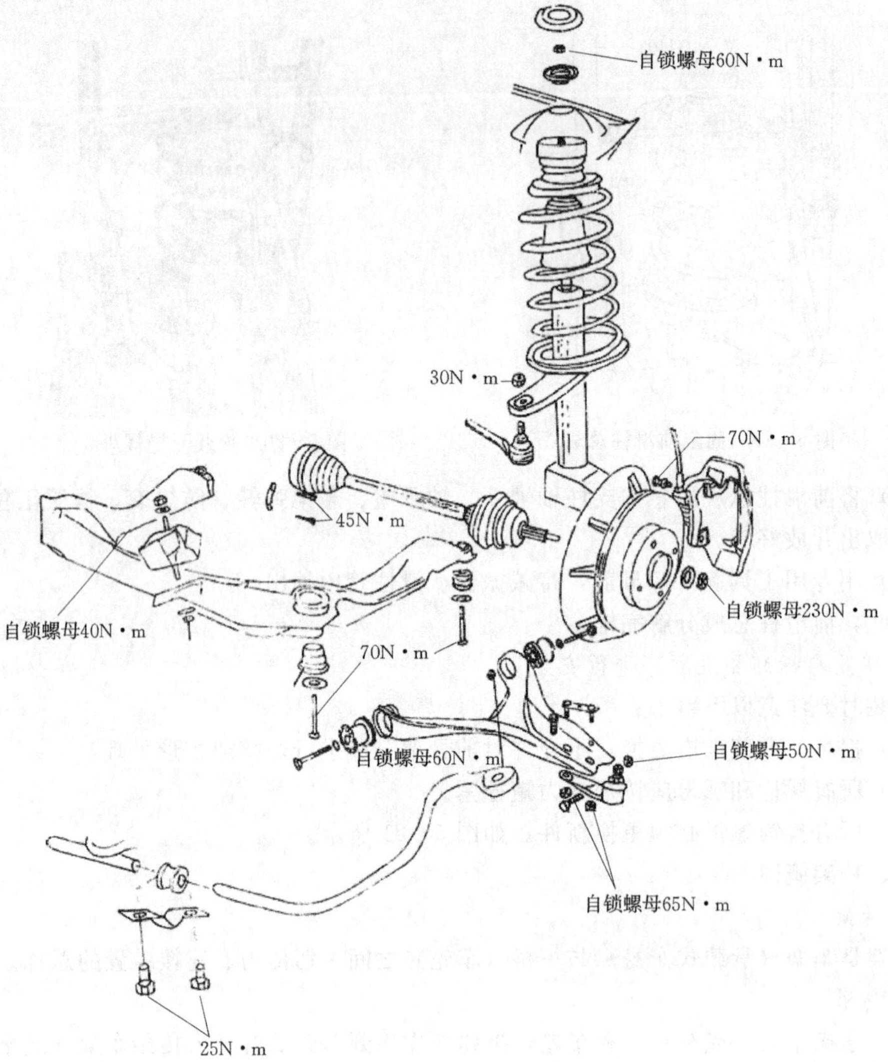

自锁螺母60N·m
30N·m
70N·m
45N·m
自锁螺母230N·m
自锁螺母40N·m
70N·m
自锁螺母60N·m
自锁螺母50N·m
自锁螺母65N·m
25N·m

图 5-21　安装前滑柱总成

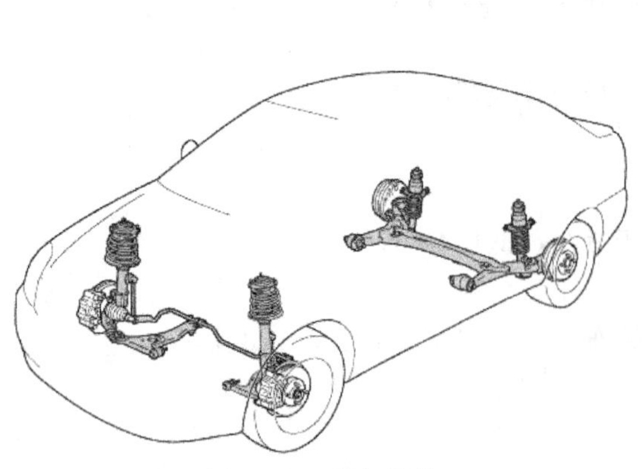

图 5-22　悬架结构

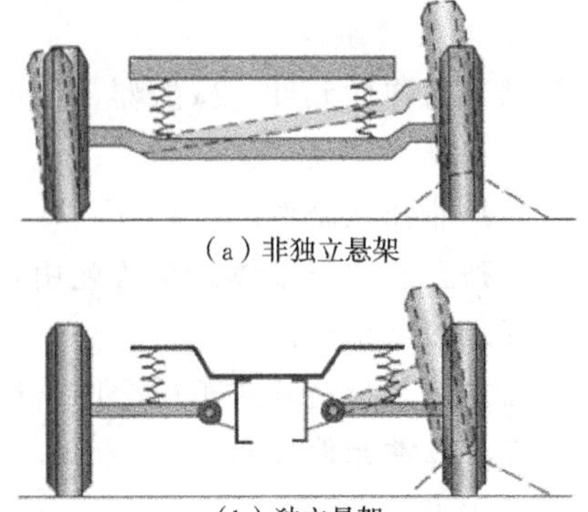

(a) 非独立悬架

(b) 独立悬架

图 5-23　悬架的分类

2. 分类

(1) 纯金属类：钢板弹簧、螺旋弹簧、扭杆弹簧3种。

(2) 非金属类：空气弹簧、油气弹簧、橡胶弹簧3种。

1) 钢板弹簧。广泛应用于非独立悬架。如图5-24所示。

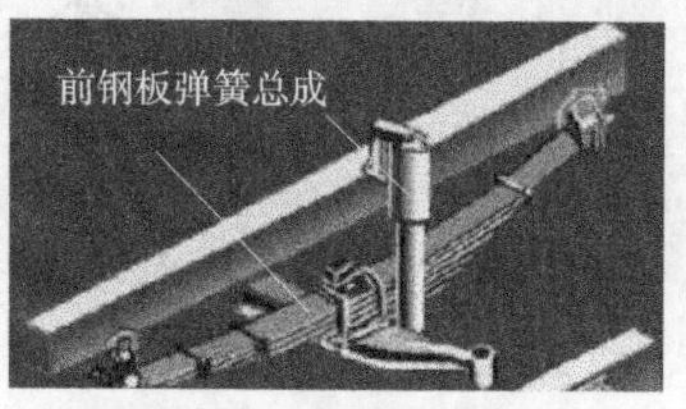

图5-24　钢板弹簧

第一片为主片，两端有卷耳，内装衬套，通过弹簧销与车架相连。中心螺栓连接各弹簧片，并保证各片的相对位置。弹簧夹防止各片分开，以免主片独自承载。弹簧夹通过铆钉与最下片弹簧片相连，螺杆上有套管，螺母朝向轮胎。

2) 螺旋弹簧：广泛应用于独立悬架，由于只能承受垂直载荷，必须装有减振器和导向机构。

优点：不需润滑，不忌污垢，所需空间小，质量轻。

缺点：只能承受垂直载荷，需另装导向机构及减振器。

如图5-25所示。

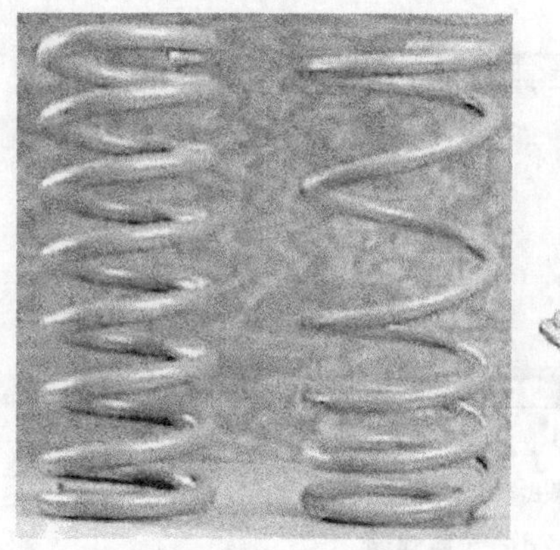
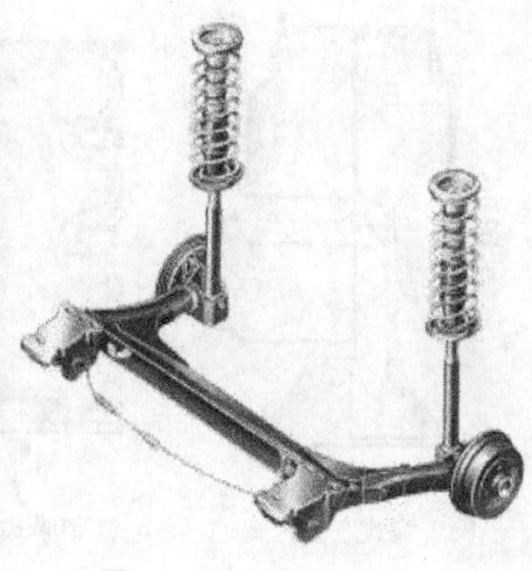
图5-25　螺旋弹簧

3) 扭杆弹簧：由弹簧钢制成的杆件。一端固定在车架上，另一端固定在悬架的摆臂上。如图5-26和图5-27所示。

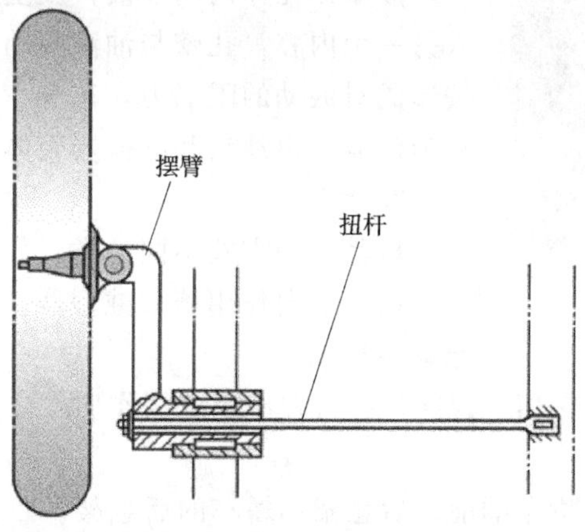

图5-26　横向布置扭杆弹簧

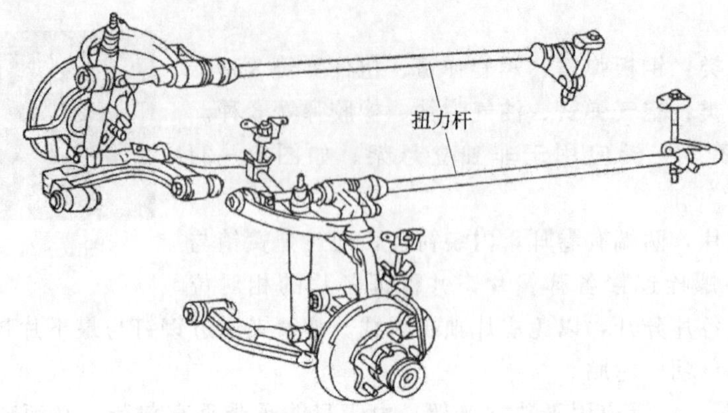

图 5-27　纵向布置扭杆弹簧

4）气体弹簧：又分空气弹簧和油气弹簧如图 5-28 所示。

5）橡胶弹簧：利用本身的弹性来起弹性元件的作用，多用作副簧、缓冲块及限位块，如图 5-29 所示。

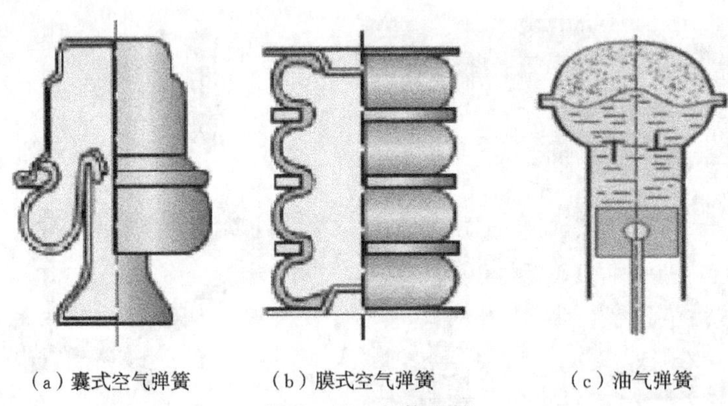

（a）囊式空气弹簧　（b）膜式空气弹簧　（c）油气弹簧

图 5-28　气体弹簧

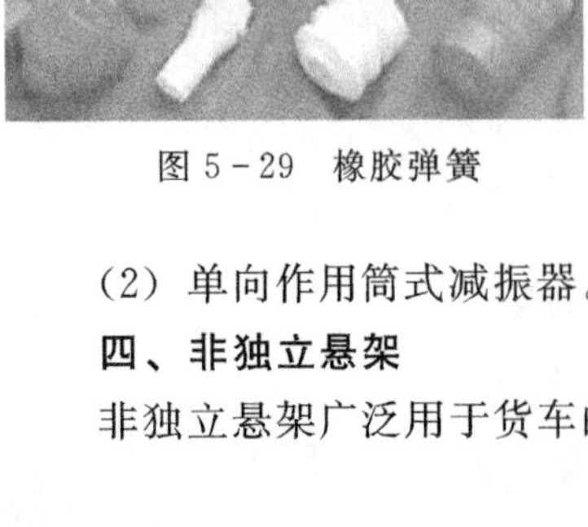

图 5-29　橡胶弹簧

三、减振器

1. 基本原理

减振器壳体内的油液，反复地从一个内腔经小孔隙流入另一个内腔，孔壁与油液间的摩擦及液体分子内的摩擦按形成对振动的阻尼力，车身、车架振动的能量经摩擦转化为热能，由油液和减振器壳体吸收，然后散入大气中。

2. 类型

按其作用方式不同分类，如图 5-30 所示。

（1）双向作用筒式减振器。在压缩、伸张两行程中均起减振作用。

（2）单向作用筒式减振器。仅在伸张行程中起减振作用。

四、非独立悬架

非独立悬架广泛用于货车的前、后悬架和轿车的后悬架。目前，大多数货车都采用非

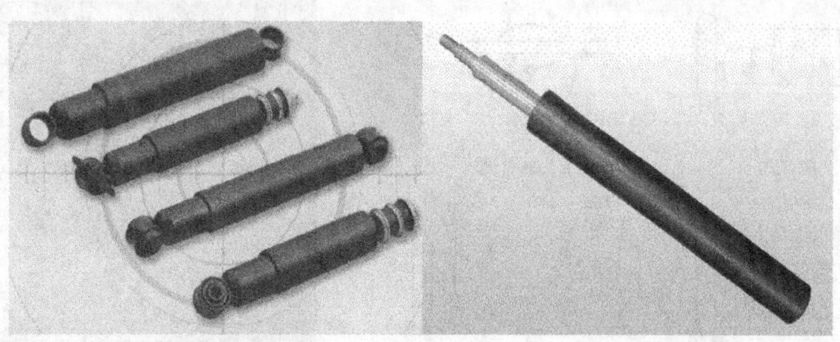

（a）非独立悬架用减振器　　（b）独立悬架用减振器

图 5－30　减振器的分类

独立悬架，少数轿车的后悬架也采用非独立悬架。

其特点是其中一侧车轮跳动必然引起另一侧车轮的摆动。

1. 钢板弹簧式非独立悬架

优点：结构简单，安置方便。

缺点：弹簧刚度增大很突出，对汽车行驶平顺性不利。

钢板弹簧式非独立悬架如图 5－31 所示。

2. 螺旋弹簧非独立悬架

优点：不需润滑，不怕泥垢，安装时所需纵向空间小，重量轻。

缺点：螺旋弹簧只能承受垂直力，所以必须设置横向、纵向导向杆，以传递各种力和力矩。

运用：一般只用作轿车的后悬架。

如图 5－32 所示。

图 5－31　钢板弹簧式非独立悬架

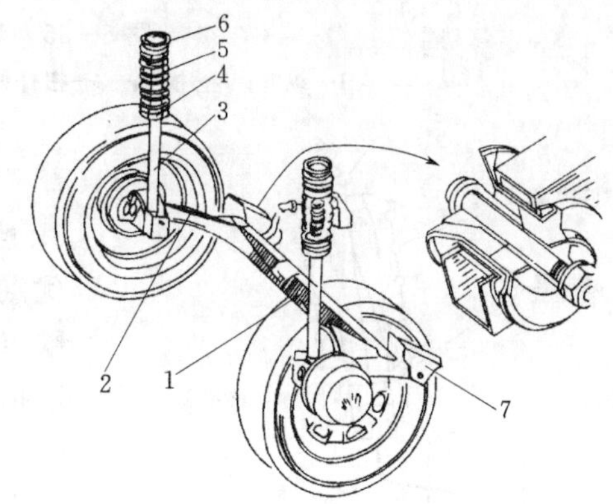

图 5－32　螺旋弹簧非独立悬架

五、独立悬架

分类：横臂式、纵臂式、烛式、麦弗逊式。如图 5－33 所示。

1. 横臂式独立悬架

(1) 单横臂式：应用较少。

(2) 双横臂式：摆臂等长的独立悬架、摆臂不等长的独立悬架，如图 5－34 所示。

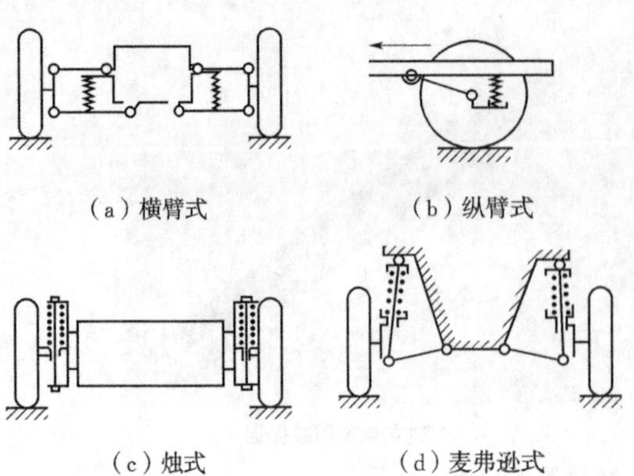

图 5-33 独立悬架的分类

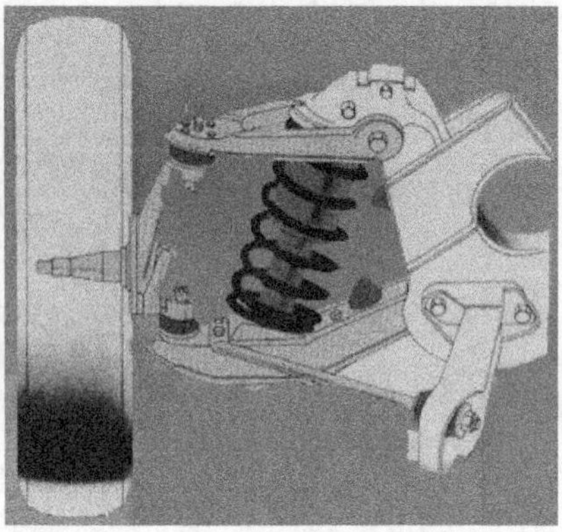

图 5-34 双横臂式独立悬架

2. 纵臂式独立悬架

(1) 单纵臂式。

(2) 双纵臂式，如图 5-35 所示。

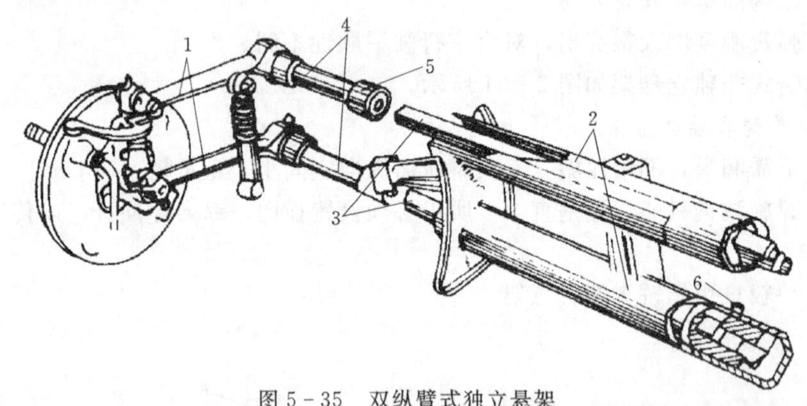

图 5-35 双纵臂式独立悬架

1—纵臂；2—横梁；3—扭杆弹簧；4—摆臂轴；5—衬套；6—螺钉

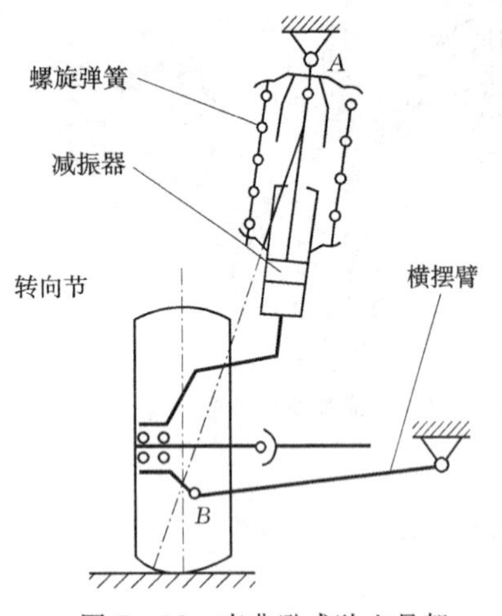

图 5-36 麦弗逊式独立悬架

B—横摆臂和转向节连接的球铰链

3. 烛式独立悬架

优点：悬架变形时，主销定位角不发生变化。

缺点：主销受力大时，套筒与主销之间的摩擦阻力大，磨损严重。

4. 麦弗逊式独立悬架

优点：弹簧、减振器（充当主销）三合一体。增大了两前轮内侧的空间，便于前轮转向、及布置发动机和其他部件。

缺点：车轮跳动时，减振器的下支点随下摆臂摆动，主销定位角会略有变化。

麦弗逊式独立悬架如图 5-36 所示。

任务三　电控悬架系统的检修

【任务分析】

本任务对丰田 LS400 轿车电控悬架系统进行检修，要求学生掌握电控悬架的基本检修，并能够读取故障码和了解故障码。

请按要求在 4 节课内完成以下任务：

(1) 能够掌握车身高度调整功能检查。

(2) 能够掌握溢流阀检查。

(3) 能够掌握漏气检查。

(4) 能够掌握车身高度初始调整。

(5) 能够掌握如何调取故障码。

(6) 能够掌握如何了解故障码。

【任务准备】

(1) 丰田 LS400 轿车。

(2) 底盘工具套装一套，解码仪，肥皂水，维修手册。

(3) 举升机。

【任务实施】

1. 基本检查

对电控悬架系统进行检修时，应先进行基本检查，以确认电控悬架的故障性质，避免将故障复杂化。

基本检查的内容有：车身高度调整功能检查、溢流阀检查、漏气检查和车身高度初始调整。

(1) 车身高度调整功能检查。

1) 检查轮胎气压是否正确。前轮 230kPa，后轮 250kPa。

2) 检查汽车高度。

3) 启动发动机，将高度控制开关从“NORM”位置切换到“HIGH”位置。如图 5-37 所示。

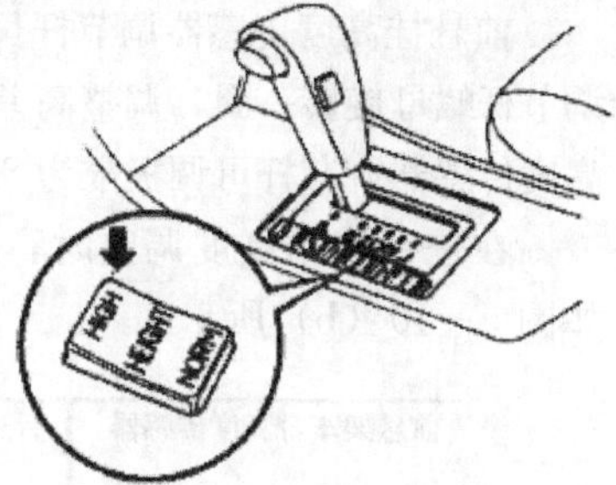

图 5-37　调整高度控制开关

正常时，①在升高过程中，按下高度控制开关到压缩机启动时间约为 2s，从压缩机启动到完成高度调整约需 20～40s，车高的调整为 10～30mm；②在降低过程中，按下高度控制开关到排气电磁阀打开时间约为 2s，从压缩机启动到完成高度调整约需 20～40s，车高的调整为 10～30mm。

(2) 溢流阀的检查。

打开点火开关，短接悬挂系统高度控制接插头中端子 1 和 7，如图 5-38 (a) 所示，开启压缩机，等待一段时间后，检查减压阀应有空气逸出（注意：连接时间不能超过 15s）。然后将点火开关关闭。清除故障代码（因迫使压缩机运行时，悬架 ECU 会记录下故障代码）。如图 5-38 (b) 所示。

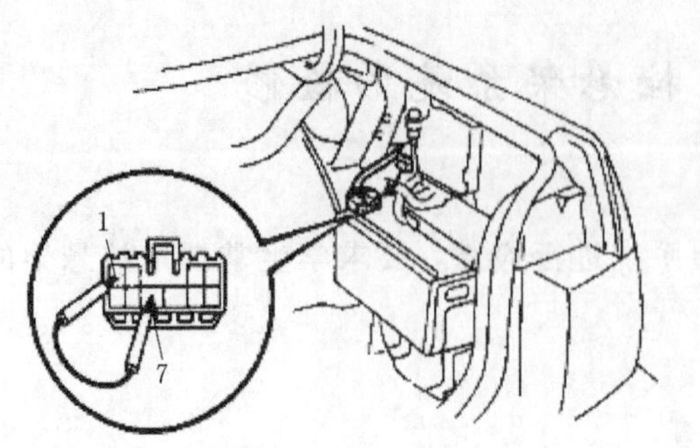

(a) 短接端子1和7

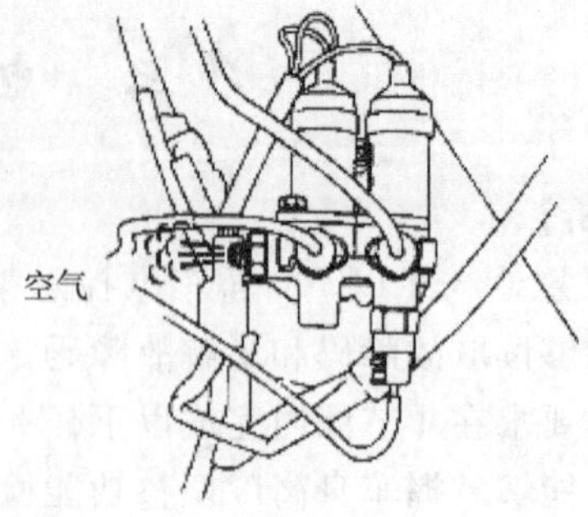

(b) 检查减压阀是否漏气

图 5-38 溢流阀检查

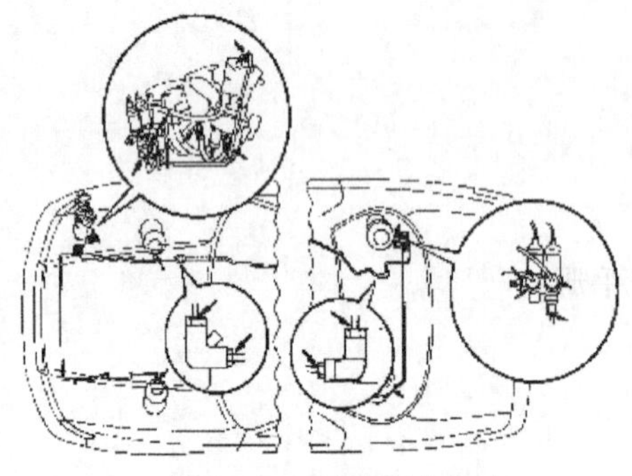

图 5-39 管路漏气检查

(3) 漏气检查。

检查各管路有无压缩空气泄漏。如图 5-39 所示。

1) 将肥皂水涂在所有空气管路接头上。

2) 在压缩机连接器端子之间加 12V 电压，使压缩机运转，在空气管路中建立空气压力。

3) 检查空气管路接头处是否有气泡出现。

4) 如果有气泡出现，则表明有漏气现象，此时，应进行必要的修理。

(4) 车身高度初始调整。

此项调整是使车身初始高度处于标准范围，以避免由此引起的故障误诊断。

可通过调节悬挂高度传感器的调节杆来调节悬挂高度，如图 5-40 (a) 所示。

前悬挂高度传感器调节杆长度为 53.5mm，后悬挂高度传感器调节杆长度为 27.5mm。调整调节杆螺母旋转一圈，调整高差 4mm；螺母在调节杆移动 1mm，相应车高变化 2mm。前悬挂高度传感器调节杆可调极限为 8mm，后悬挂高度传感器调节杆可调极限为 11mm。

在进行汽车高度调整时，将汽车停放在水平地面上，高度控制开关处于 NORM 位置。如图 5-40 (b) 所示。

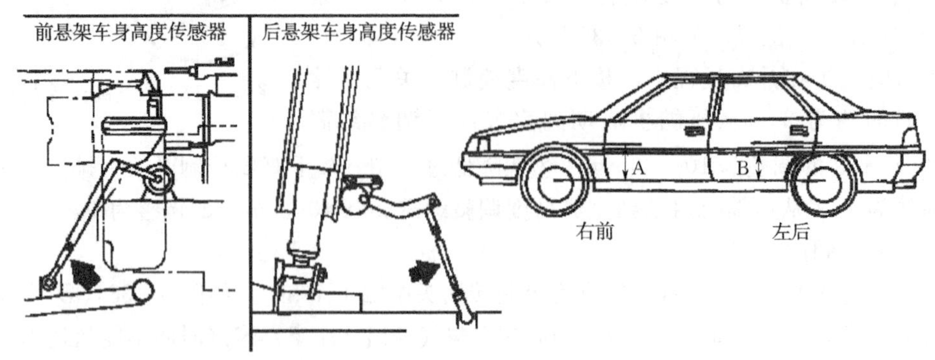

(a) 调节悬挂高度　　(b) 汽车调整时状态

图 5-40 车身高度初始调整

2. 故障自诊断

(1) 故障码调取（见图 5-41 和图 5-42）。

1）将点火开关转到“接通”（ON）的位置。

2）用跨接线跨接诊断接头上的“T_c 和 E_1”两端头。

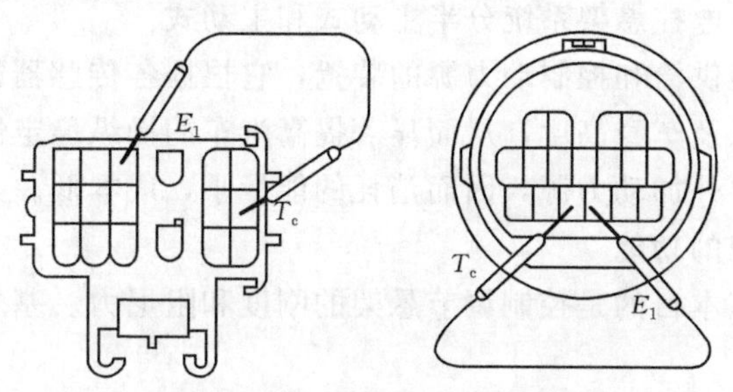

图 5-41　跨接诊断接头“T_c 和 E_1”

E_1，T_c—跨接诊断器端子

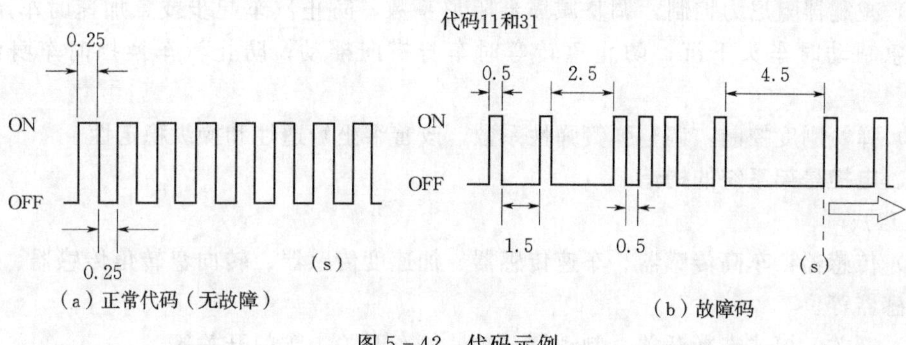

(a) 正常代码（无故障）　(b) 故障码

图 5-42　代码示例

3）观察仪表板上高度控制“正常”指示灯（NORM）或高度指示灯（HEIGHT）的闪烁来读取故障代码。

4）数该灯闪烁和间歇次数，第一次闪烁代表第一位故障代码的数字，在停歇一次后，数第二次闪烁的次数，它代表故障代码的第二位数字。如果故障代码不止一个，将会有一个较长的间歇，然后显示下一个故障代码的第一位和第二位数字。如果微机内存储的代码多于一个，则由小数字向大数字逐个显示。

5）记录故障代码。

6）根据厂家维修手册的资料了解故障代码的含义，手册中故障代码表列出了故障代码及所代表的含义和有问题的元件或线路，有时故障表列出了维修手册中有相应维修步骤的书页号。对于失效电子系统的元件，常用的维修方法是更换。

(2) 消除故障码。

1）跨接诊断座上 T_c、E_1 端子。

2）8s 内开关车门 3 次（1994—1997 年的车型）或 3s 内踩踏制动踏板 8 次（1997 年 8 月后车型）。

统维修完成后，汽车路试后，再次检查指示灯。如果灯不闪，则故障排除了；如路试灯还亮，则再次检查故障代码。

一、电控悬架系统的分类

按传递介质不同，电控悬架系统分气压式和油压式。

按驱动机构和介质不同，电控悬架系统分电磁阀驱动的油气主动式悬架和步进电机驱动的空气主动式悬架。

按控制理论不同，电控悬架系统分半主动式和主动式。

主动悬架是一种能供给和控制动力源的装置，它根据各传感器检测的信号，自动调整悬架的刚度、阻尼力以及车身高度，从而显著提高汽车的操纵稳定性和乘坐舒适性。

半主动悬架不需要外加动力源，因而消耗的能量小，成本低。

二、电控悬架系统的功能

电控悬架系统的基本目的是控制调节悬架的刚度和阻尼力。基本功能主要体现在 3 个方面。

(1) 车高调整，不论负载多少，汽车高度均一定；在坏路面上行驶时，使车高升高，高速行驶时，车高降低。

(2) 减震器阻尼力控制，调整减震器阻尼系数，防止汽车起步或急加速时车尾后坐；防止紧急制动时车头下沉；防止急转弯时车身横向摇动；防止汽车换挡时车身纵向摇动等。

(3) 弹簧刚度控制，调整弹簧弹性系数，改善乘坐舒适性和操纵稳定性。

三、电控悬架系统的构造

1. 组成

(1) 传感器：车高传感器、车速传感器、加速度传感器、转向盘转角传感器、节气门位置传感器等。

(2) 开关：模式选择开关、制动灯开关、停车开关、车门开关等。

(3) 执行器：可调阻尼力减震器、可调节弹簧高度和弹性大小的弹性元件等。

(4) ECU：一般原理是利用传感器（包括开关）检测汽车行驶时路面的状况和车身的状态，输入 ECU 后进行处理，然后通过驱动电路控制悬架系统的执行器动作，完成悬架特性参数的调整。

2. 传感器（图 5-43）

(1) 转向盘转角传感器。

作用：检测转向盘的中间位置、转动方向、转向角度和转动角度，以判断转向时侧向力的大小和方向，控制车身的侧倾。

类型：多采用光电式转向盘转角传感器。

安装位置：转向盘的转向轴上。

结构：在转向轴的带窄缝的圆盘上装有两组光电耦合器，转向盘转动时，可输出两组脉冲信号。根据此信号可判断转向盘的转角与转速；通过两组信号的相位来判断转向的方向。如图 5-44 所示。

(2) 车身高度传感器（图 5-45）。

作用：检测汽车行驶时车身高度的变化情况（汽车悬架的位移量）。

类型：片簧开关式、霍尔式、光电式。其中光电式应用较多。

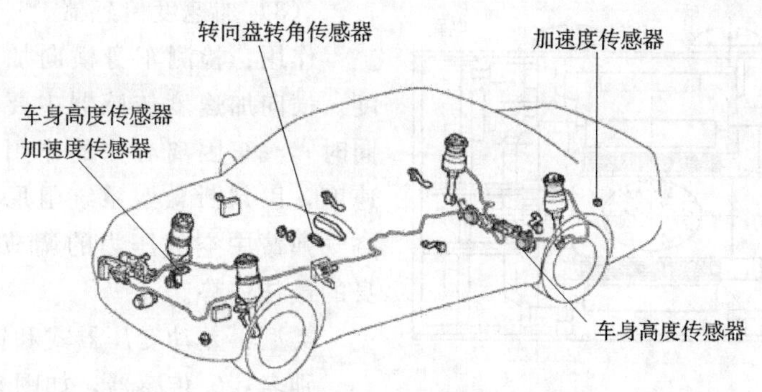

图 5-43　传感器

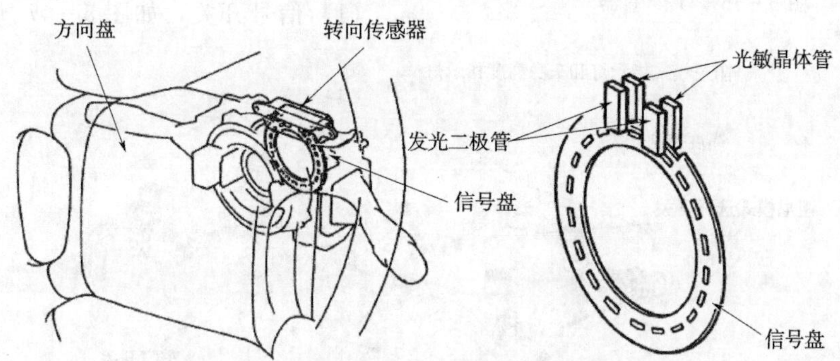

图 5-44　光电式转角传感器的安装位置和结构

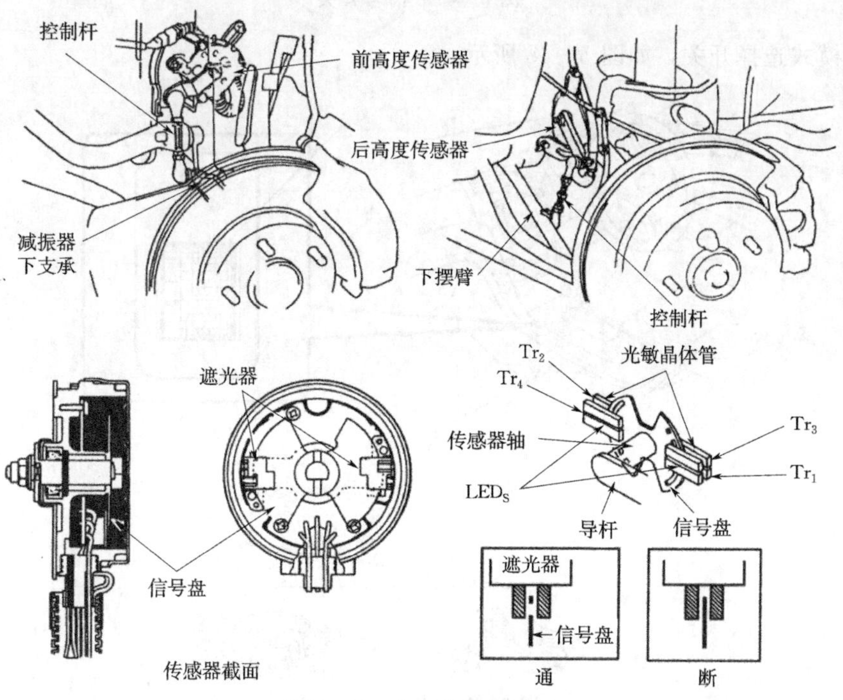

图 5-45　车身高度传感器

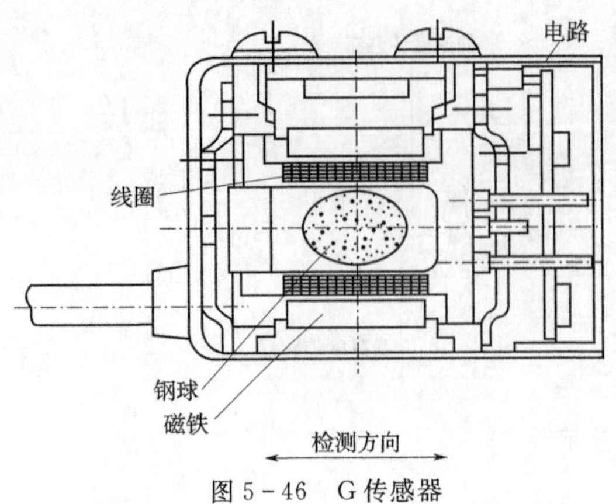

图 5-46　G 传感器

(3) 加速度传感器。

作用：检测车身横向加速度和纵向加速度。横向加速度传感器主要用于检测汽车转向时，汽车因离心力的作用而产生的横向加速度，以判断悬架系统阻尼力改变的大小及空气弹簧中空气压力的调节情况，以维持车身的最佳姿势。

类型：差动变压器式和钢球位移式。

别名：G 传感器，如图 5-46 所示。

3. 开关

(1) 信号开关，如图 5-47 所示。

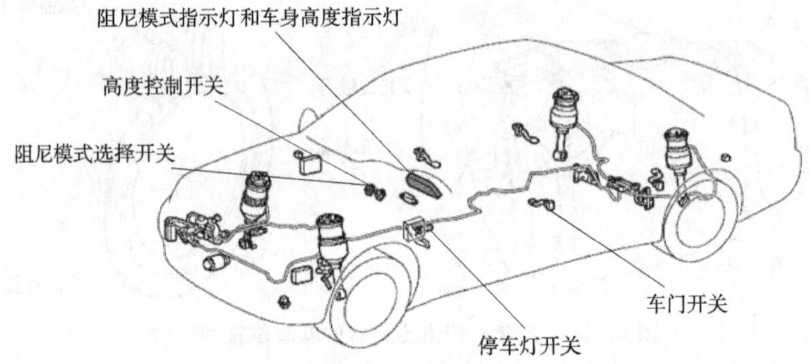

图 5-47　信号开关

(2) 模式选择开关，如图 5-48 所示。

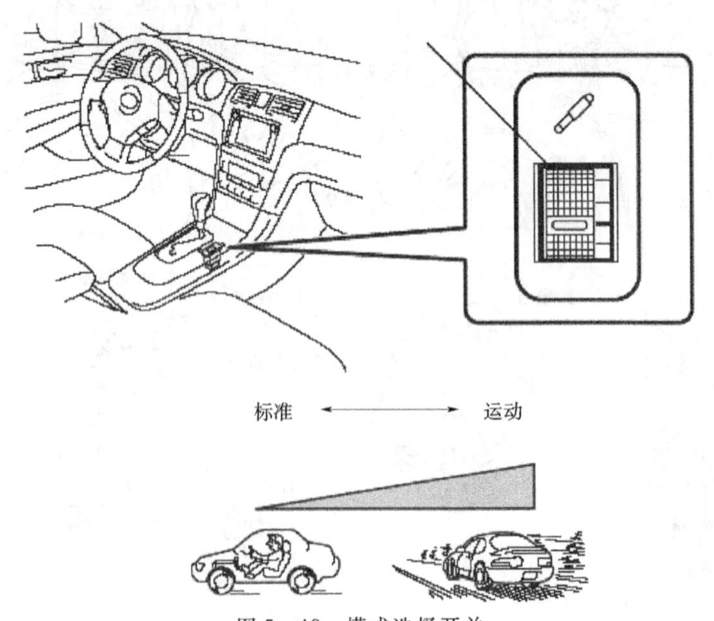

图 5-48　模式选择开关

位置：变速器旁。

作用：根据汽车的行驶状况和路面情况选择悬架的运行模式，从而决定减震器的阻尼力大小。

运行模式：标准（Norm）、运动（Sport）两种。

丰田凌志车称此开关为LRC开关，LRC＝Lexus Riding Control，凌志乘坐控制。

（3）高度控制开关（图5-49）。

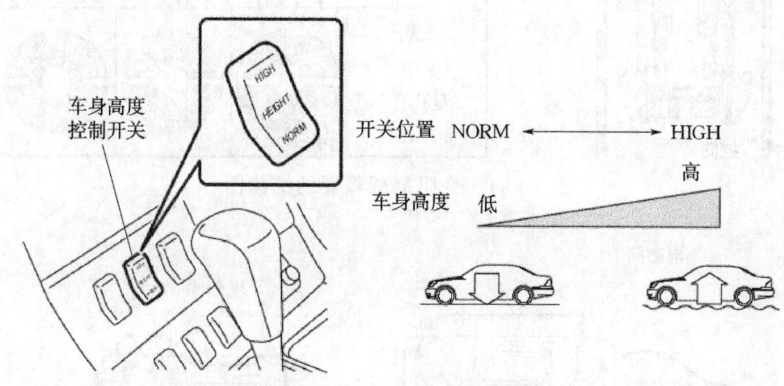

图5-49 高度控制开关

作用：改变车身高度设置。

运行模式：低（Low）、高（Hight）两种。

4. 执行器

执行器组成如图5-50所示。

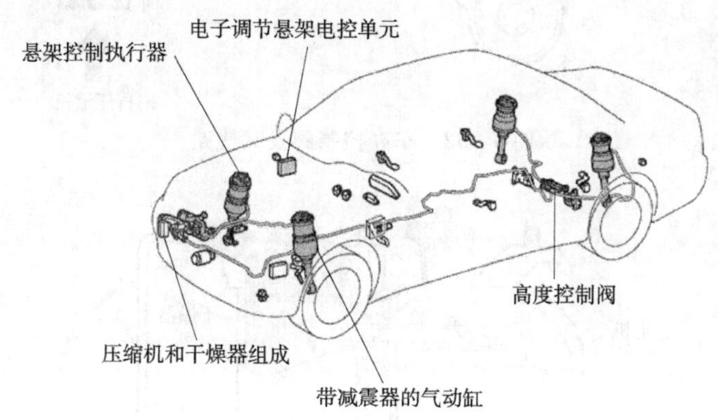

图5-50 执行器

5. 减震器

减震器的组成如图5-51所示。

6. 车高控制阀

车高控制阀如图5-52所示。

7. 压缩机和干燥器

压缩机和干燥器如图5-53所示。

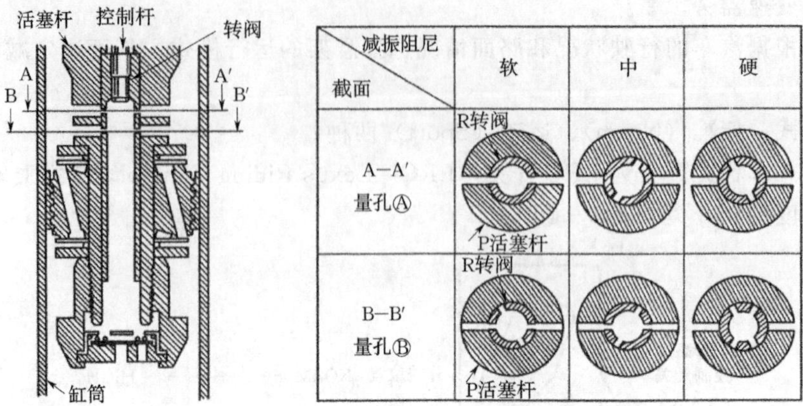

图 5-51　变阻尼减震器的结构图

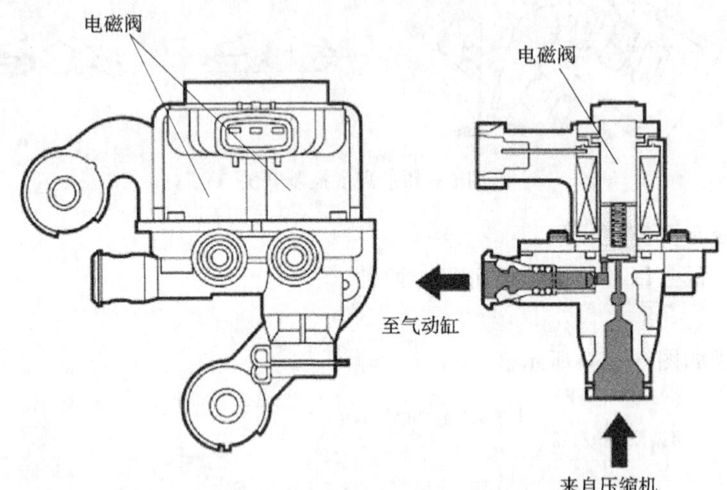

图 5-52　车高控制阀及其气路

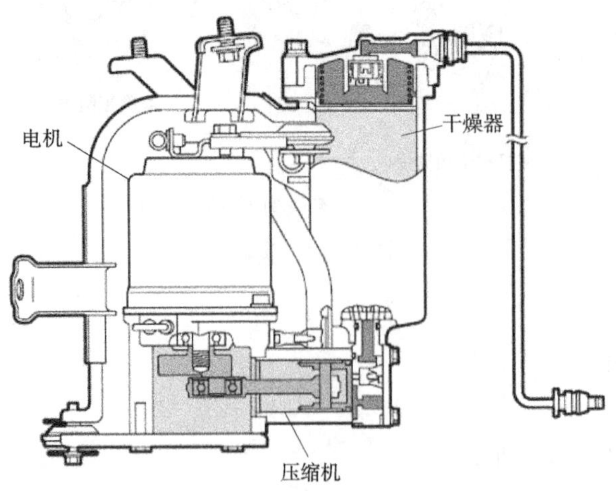

图 5-53　压缩机和干燥器

【项目检测与评估】

项目检测	分值	评分标准	学生自评	教师评估
普通悬架系统的外观检查	25	减振器和螺旋弹簧的外观检查 稳定杆铰接头和稳定杆衬套检查 前悬架横梁、中间梁与车身连接检查 悬架臂橡胶衬套与球头铰链检查 后悬架外观检查		
前悬架系统的拆卸及安装	25	拆卸前滑柱总成 分解前滑柱总成 按照与拆卸相反顺序进行安装		
电控悬架的检修	25	车身高度调整功能检查 溢流阀的检查 漏气检查 车身高度初始调整 故障码调取 消除故障码		
劳动纪律	5	遵守劳动纪律		
安全操作	10	正确使用工具，文明拆装		
现场管理	10	实习后整理现场，无漏装、损坏实习用具		
合计	100			

【项目小结】

1. 悬架的概念

悬架是车架（承载式车身）与车桥（车轮）之间一切传力、连接装置的总称。

2. 悬架的功用

(1) 连接车架（或车身）和车轮，把路面作用到车轮的各种力传给车架（或车身）。

(2) 缓和冲击、衰减振动，使乘坐舒适，具有良好的平顺性。

(3) 保证汽车具有良好的操纵稳定性。

3. 悬架的组成

悬架由弹性元件、减振器、导向机构、横向稳定器组成。

4. 悬架类型

(1) 非独立悬架。

(2) 独立悬架。

5. 弹性元件

弹性元件由钢板弹簧、螺旋弹簧、扭杆弹簧、气体弹簧、橡胶弹簧组成。

6. 减震器

讲述了减震器的基本原理和类型。

7. 非独立悬架

非独立悬架包括钢板弹簧式非独立悬架和螺旋弹簧式非独立悬架。

8. 独立悬架

独立悬架包括横臂式、纵臂式、烛式、麦弗逊式。

9. 掌握电控悬架系统的功用

电控悬架系统的基本目的是控制调节悬架的刚度和阻尼力。

基本功能主要体现在3个方面。

(1) 车高调整：不论负载多少，汽车高度均一定；在坏路面上行驶时，使车高升高，高速行驶时，车高降低。

(2) 减震器阻尼力控制：调整减震器阻尼系数，防止汽车起步或急加速时车尾后坐；防止紧急制动时车头下沉；防止急转弯时车身横向摇动；防止汽车换挡时车身纵向摇动等。

(3) 弹簧刚度控制：调整弹簧弹性系数，改善乘坐舒适性和操纵稳定性。

10. 了解电控悬架系统的要求和分类

按传递介质不同，电控悬架系统分气压式和油压式。

按驱动机构和介质不同，电控悬架系统分电磁阀驱动的油气主动式悬架和步进电机驱动的空气主动式悬架。

按控制理论不同，电控悬架系统分半主动式和主动式。

11. 掌握典型电控悬架系统的构造

(1) 传感器：车高传感器、车速传感器、加速度传感器、转向盘转角传感器、节气门位置传感器等。

(2) 开关：模式选择开关、制动灯开关、停车开关、车门开关等。

(3) 执行器：可调阻尼力减震器、可调节弹簧高度和弹性大小的弹性元件等。

(4) ECU。

思考与练习

一、填空题

1. 汽车悬架系统的作用是使汽车平顺、安全地行驶，并具有____________和____________。

2. 汽车减振器可提供____________、____________以及全面良好的____________。

3. 减振器的工作情况可通过车辆____________来检查。

4. 悬架由____________、____________、____________和____________组成。

5. 悬架类型分为____________和____________。

6. 钢板弹簧的功用是____________、____________和____________。

7. 减震器的类型包括____________和____________。

8. 按传递介质不同，电控悬架分____________和____________。

9. 电控悬架的组成包括______________、______________和______________。

10. 电控悬架的传感器包括______________、______________、______________和______________。

二、选择题

1. 下列哪项故障会引起车身侧倾过大，从而导致危险操作、乘坐不舒适和噪声？(　　)

A. 横拉杆损坏　　B. 减振器损坏

C. 轮胎缘距调整不正确　　D. 后倾角调整不正确

2. 当车辆上下振动时产生异常噪声，下列除哪一项外，都可能产生此故障？(　　)

A. 控制臂衬套磨损　　B. 横拉杆端头磨损

C. 减振器磨损　　D. 弹簧垫块磨损

3. 技术员甲说，钢板弹簧中的弹簧卷耳衬套磨损后就需要更换；技术员乙说：此弹簧中片间隔板可能会磨损或移动，从而需要更换。谁正确？(　　)

A. 只有甲正确　　B. 只有乙正确

C. 两人均正确　　D. 两人均不正确

4. 以下有关电控悬架系统车轮定位步骤的陈述中，哪个正确？(　　)

A. 车轮必须具备两种不同的定位设置，一种是用于空载，一种是用于满载

B. 在读取定位参数之前，通常关闭控制系统

C. 仅考虑前后轮胎缘距设置，因为其他定位设置随悬架改变而改变

D. 以上都正确

三、简答题

1. 悬架的功用有哪些？

2. 简述双作用筒式液力减振器的组成和工作原理？

3. 悬架的常见故障有哪些？

4. 电控悬架自诊断系统具有哪些功能？

5. 电控空气悬架主要有哪些部分组成？

项目六　车轮和轮胎的拆卸与保养

【情景导入】

一辆1.6L的爱丽舍轿车，车主反映该车前轮胎面磨损一侧比另一侧严重。请你对车轮进行检测，确定故障部位并进行修理。

【项目学习目标】

1. 掌握轮胎的检查方法。
2. 能够正确进行轮胎换位。
3. 能够正确使用四轮定位仪进行定位操作。

1. 了解汽车车轮的作用及基本组成。
2. 识别汽车车轮的主要零部件。
3. 掌握四轮定位的具体内容。

任务一　轮胎检查

【任务分析】

车轮是介于轮胎和车轴之间承受负荷的旋转组件，轮胎常在复杂和苛刻的条件下使用，它在行驶时承受着各种变形、负荷、力以及高低温的作用。

请按要求在2～4节课内完成以下任务。

（1）了解车轮的组成和作用。

（2）了解轮胎的类型与作用。

（3）能根据给定的轮胎技术要求，对轮胎状态进行检测。

（4）安全规范地对车轮进行维护。

【任务准备】

（1）实习车辆。

（2）套筒（19mm）、可调式扭力扳手、短接杆、气动冲击扳手。

（3）胎压表、胎纹深度尺、汽源、举升机、干净抹布。

【任务实施】

1. 拆下车轮步骤

（1）将本任务所需的工具从工具箱中整理出来，放在工具车上，如图6-1所示。

（2）汽车进入工位前，将工位清理干净，如图 6-2 所示。

（3）将汽车停驻在举升机中央位置，如图 6-3 所示。

（4）安装车辆保护装置，如图 6-4 所示。

（5）将变速杆置于空挡位置，拉紧驻车制动器操纵杆，如图 6-5 所示。

（6）预松轮胎螺栓。车辆未举升时，扭力扳手调整至最大扭力进行预松，如图 6-6 所示。

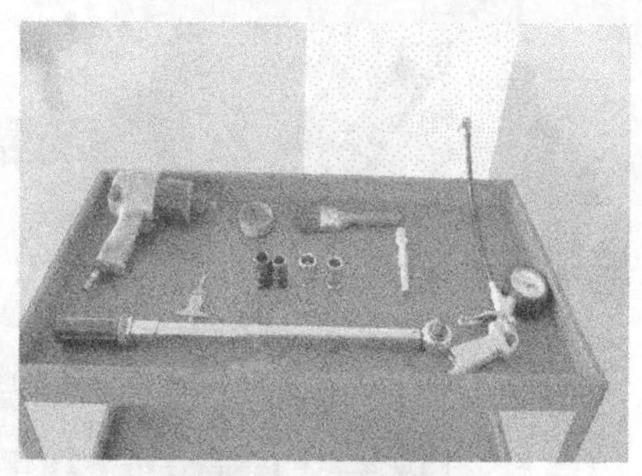

图 6-1　工具车

图 6-2　工位清理

图 6-3　停放车辆

（a）安装地板垫

（b）安装座椅套

（c）安装方向盘套

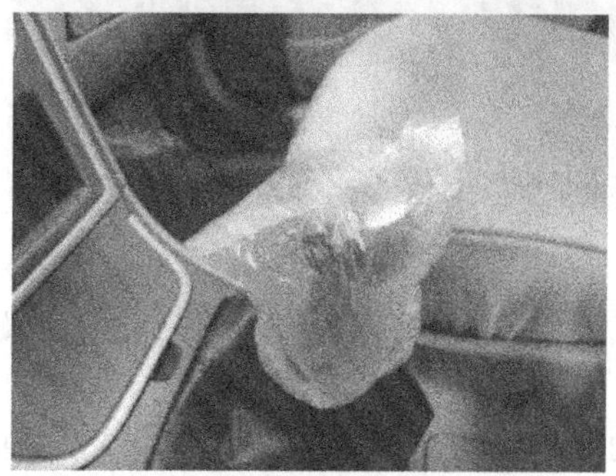

（d）安装方向盘套

图 6-4　安装车辆保护装置

(a) 置于空挡位置

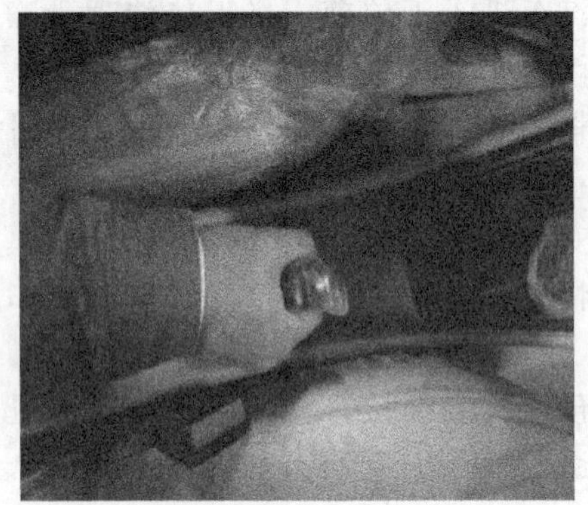

(b) 拉紧驻车制动器操纵杆

图 6-5　准备工作

(7) 安装举升机支撑臂至车身举升处，如图 6-7 所示。

图 6-6　预松轮胎螺栓

图 6-7　安装举升机支撑臂

(8) 确定支撑安全可将汽车举升（一人观察确认，另一人操纵举升机），如图 6-8 所示。

(9) 将汽车举升少许，检查支撑是否可靠，如图 6-9 所示。

图 6-8　举升车辆

图 6-9　检查支撑是否可靠

(10) 将汽车举升至合适高度，打开油缸阀门，使举升机保险锁锁止可靠，如图 6-10 所示。

(11) 将冲击扳手与气管连接，调整旋向至反时针方向，如图 6-11 所示。

(12) 两人合作，拆卸轮胎，如图 6-12 所示。

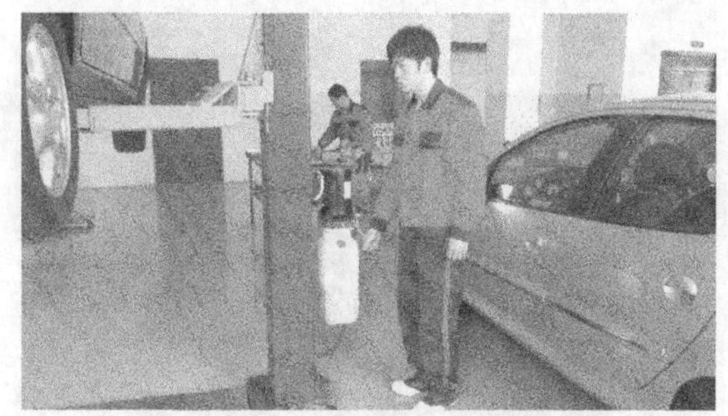

图 6－10　举升机保险锁锁止可靠

图 6－11　连接冲击扳手和气管

2. 检查轮胎

在自制的轮胎检查架上进行如下步骤。

（1）轮辋清洁，如图 6－13 所示。

图 6－12　拆卸轮胎

图 6－13　轮辋清洁

（2）检查螺纹孔的损伤，如图 6－14 所示。

（3）检查轮辋边缘是否变形，如图 6－15 所示。

图 6－14　检查螺纹孔

图 6－15　检查轮辋

（4）检查轮胎侧面的损伤，如图 6－16 所示。

（5）清除轮胎花纹上的夹杂物，如图 6－17 所示。

（6）测量轮胎花纹的深度（每个花纹沟测量三点，间隔 120°），如图 6－18 所示。

（7）检查轮胎气压及充气。如果气压不足应按标准补足，备胎气压应高于使用中轮胎的气压，如图 6－19 所示。

（8）检查气门嘴是否漏气、气门帽是否齐全，如发现损坏或缺少应立即修理或补齐，如图 6－20 所示。

（9）检漏后再次清洁车轮，如图 6－21 所示。

图 6－16　检查轮胎侧面

图 6－17　清除夹杂物

图 6－18　测量轮胎花纹的深度

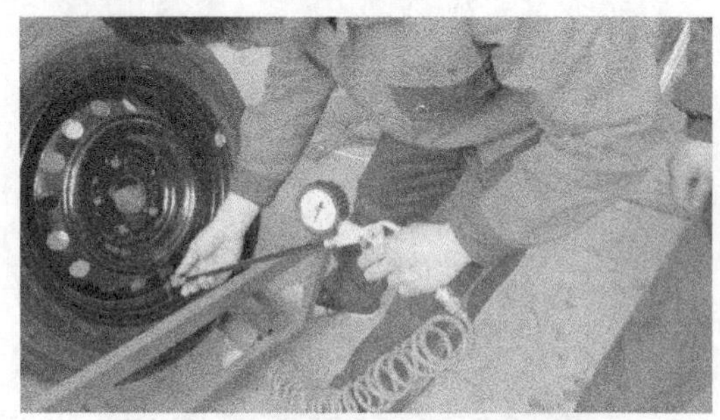

图 6－19　检查轮胎气压及充气

图 6－20　检查气门嘴是否漏气、气门帽

图 6－21　清洁车轮

3. 安装车轮

（1）调整冲击扳手至顺时针方向，如图 6－22 所示。

（2）安装轮胎，如图 6－23 所示。

图 6－22　调整冲击扭力扳手

图 6－23　安装轮胎

(3) 将汽车举升少许，如图 6 - 24 所示。

(4) 解除举升机保险，如图 6 - 25 所示。

图 6 - 24 举升少许

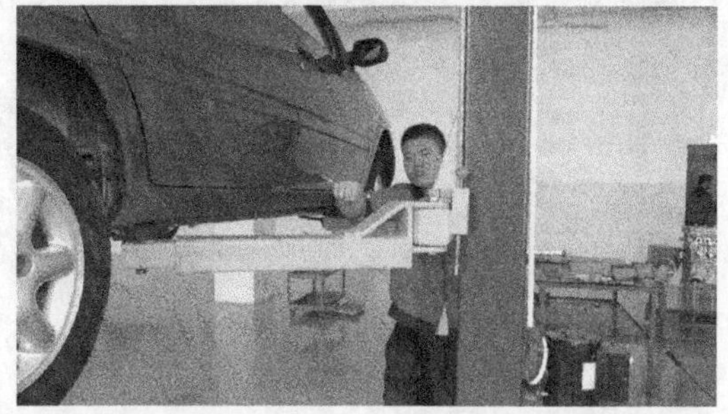

图 6 - 25 解除举升机保险

(5) 打开油缸阀门，汽车完全落地，如图 6 - 26 所示。

(6) 调整可调式扭力扳手至 90N·m，如图 6 - 27 所示。

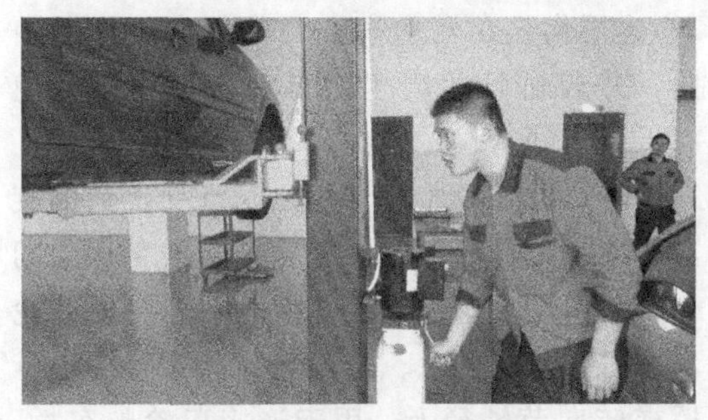

图 6 - 26 举升机落地

图 6 - 27 调整可调式扭力扳

(7) 按交叉方式紧固轮胎螺栓，如图 6 - 28 所示。

(8) 整理举升机支撑臂归位，如图 6 - 29 所示。

图 6 - 28 紧固轮胎螺栓

图 6 - 29 举升机支撑臂归位

(9) 放松驻车制动器操作杆，如图 6 - 30 所示。

(10) 清洁整理工具，如图 6 - 31 所示。

一、汽车车轮的功用、组成

(1) 汽车车轮总成如图 6 - 32 所示，是由车轮和轮胎两大部分组成，是汽车行驶系的重要部件。其主要功用：

图 6-30　放松驻车制动器操作杆

图 6-31　清洁整理工具

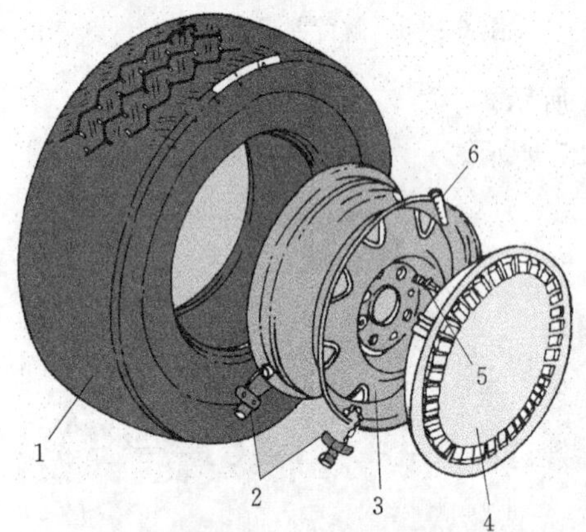

图 6-32　车轮总成

1—轮胎；2—平衡块；3—车轮；4—装饰罩；5—螺栓；6—气门嘴

1）支承整车重量；

2）缓和由路面传递来的冲击载荷；

3）通过轮胎和路面之间的附着作用为汽车提供驱动力和制动力；

4）产生平衡汽车转向离心力的侧向力，以便顺利转向，并通过轮胎产生的自动回正力矩，使车轮具有保持直线行驶的能力。

（2）车轮是介于轮胎和车桥之间承受负荷的旋转组件，其功用是安装轮胎、承受轮胎与车桥之间的各种载荷的作用。车轮一般是由轮毂、轮辋和轮辐组成，如图 6-33 所示。轮毂通过圆锥滚子轴承装在车桥或转向节轴径上，用于连接车轮与车桥。轮辋用于安装和固定轮胎。轮辐用于将轮毂和轮辋连接起来，并通过螺栓与轮毂连接起来。

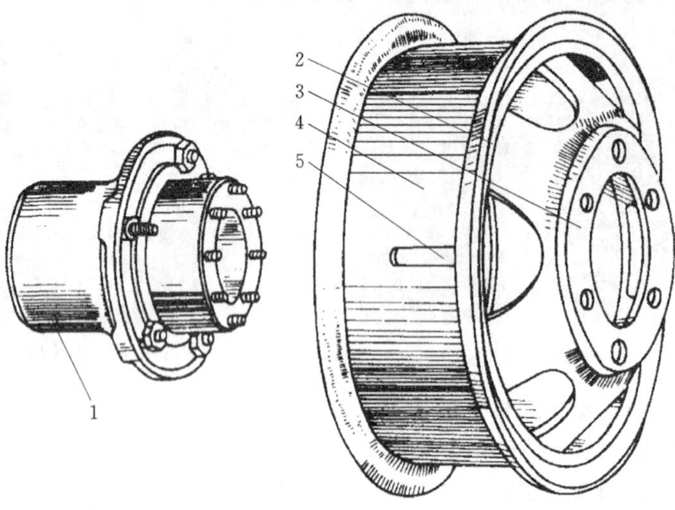

图 6-33　车轮的组成

1—轮毂；2—挡圈；3—轮辐（辐板式）；4—轮辋；5—气门嘴出口

二、车轮的构造

1. 轮辐

按轮辐结构的不同，车轮可以分为两种形式：辐板式车轮和辐条式车轮。

(1) 辐板式车轮。

目前，普通轿车和轻、中型货车普遍采用辐板式车轮，这种车轮如图 6-33 所示，由挡圈、轮辋、辐板和气门嘴伸出口组成。

货车辐板式车轮如图 6-34 所示。辐板与轮辋通过焊接或铆接的方式固定成为一个整体，辐板通过螺栓安装在轮毂上，辐板上的孔可以减轻质量，有利于制动鼓的散热，方便于接近气门嘴，同时可作为安装时的把手处。6 个孔加工成锥形，以便在用螺栓把辐板固定在轮毂上时对正中心。

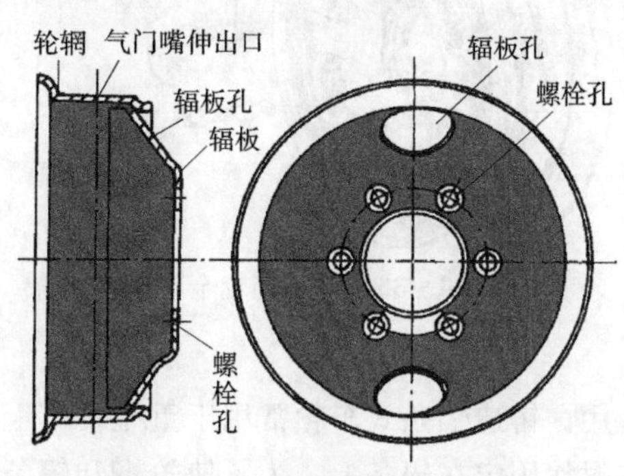

图 6-34 货车辐板式车轮

货车后桥负荷比前桥大得多，为使后轮轮胎不致过载，后桥一般装用双式车轮，在同一轮毂上安装了两套辐板和轮辋，如图 6-35 所示。

为了防止汽车在行驶中固定辐板的螺母自行松脱，汽车两侧车轮上的辐板固定螺栓一般采用旋向不同的螺纹，左侧用左旋螺纹，右侧用右旋螺纹。

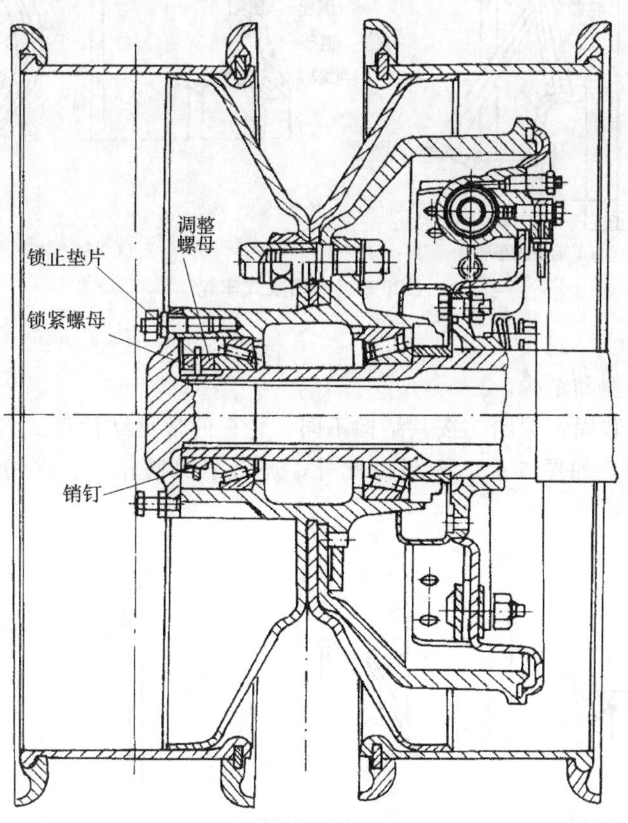

图 6-35 货车双式车轮

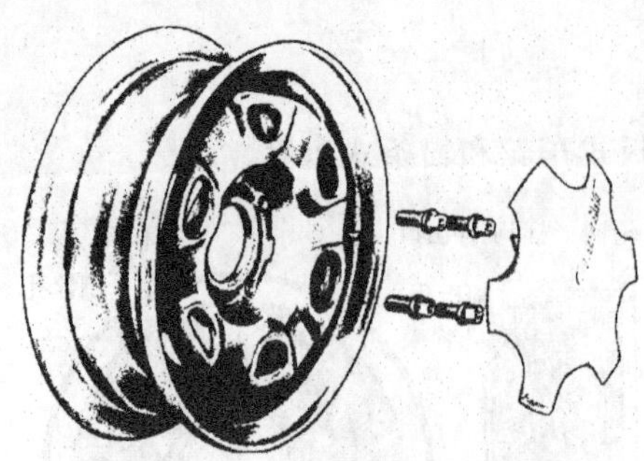

图 6-36　轿车铝合金车轮

目前广泛采用的轿车车轮为铝合金车轮，如图 6-36所示。多为整体式，即轮辋和轮辐铸成一体。它质量轻，尺寸精度高，生产工艺好，美观大方，可以明显改善车轮的空气动力学特性，降低汽车油耗。

(2) 辐条式车轮。

按辐条结构的不同，辐条式车轮又分为钢丝辐条式车轮和铸造辐条式车轮，如图 6-37 所示。钢丝辐条式车轮的结构与自行车车轮完全一样，由于其价格昂贵、维修安装不便，故仅用于赛车和某些高级轿车上。另外，辐条式车轮还不能与无内胎轮胎组合使用。铸造辐条式车轮常用于重型货车上，辐条与轮毂铸成一体，轮辋是用螺栓和特殊形状的衬块固定在辐条上，为了使轮辋和辐条很好的对中，在轮辋和辐条上都加工出配合锥面。

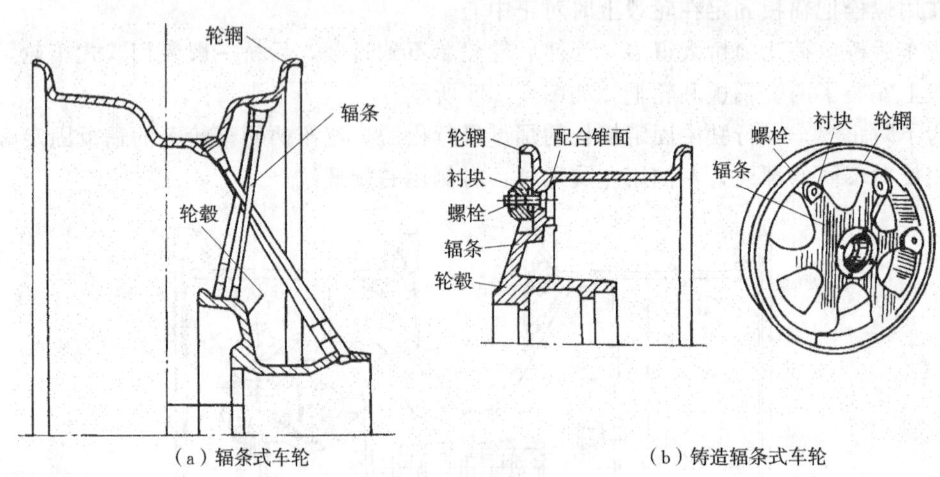

(a) 辐条式车轮　　(b) 铸造辐条式车轮

图 6-37　辐条式车轮

2. 轮辋

(1) 轮辋的类型和结构。

轮辋用于安装和固定轮胎。按其结构不同，轮辋的常见结构形式有：深槽轮辋、平底轮辋和对开式轮辋，如图 6-38 所示。此外，还有半深槽轮辋、深槽宽轮辋、平底宽轮辋、全斜底轮辋等。

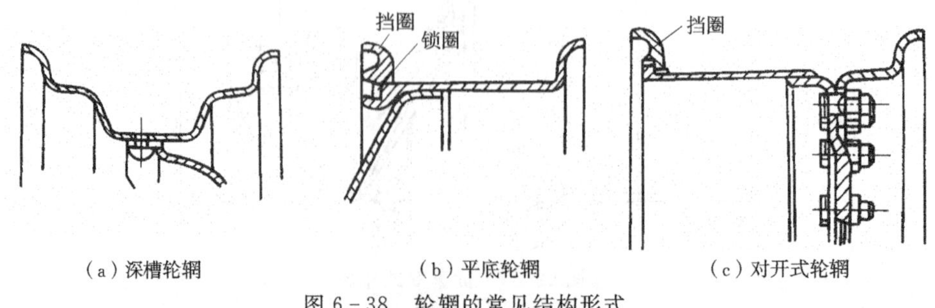

(a) 深槽轮辋　　(b) 平底轮辋　　(c) 对开式轮辋

图 6-38　轮辋的常见结构形式

(2) 国产轮辋规格的表示方法。

国产轮辋规格用一组数字、字母和符号组合表示，分为几部分，结构如图 6-39 所示。各部分的含义及具体内容如下：

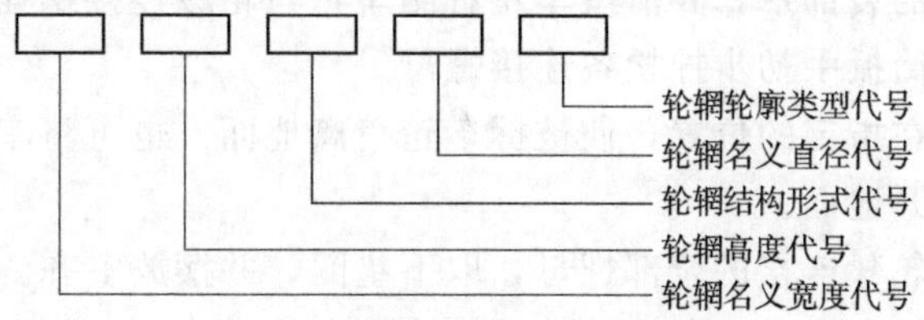

图 6-39 轮辋规格表示方法示例

1) 轮辋宽度代号：以数字表示，一般取小数点后两位，单位为 in（当以 mm 表示时，要求轮胎与轮辋的单位一致）。

2) 轮辋高度代号：用一个或几个拉丁字母表示，如 C、D、E、F、J、K、L、V 等。常用代号及相应高度值（mm）见表 6-1。

表 6-1 **轮辋的高度代号及高度值** 单位：mm

C	D	E	F	G	H	J	K
15.88	17.45	19.81	22.23	27.94	33.73	17.27	19.26
L	P	R	S	T	V	W	
21.59	25.40	28.58	33.33	38.10	44.45	50.80	

3) 轮辋结构形式代号：用符号“×”表示一件式轮辋；用“—”表示多件式轮辋。一件式轮辋是指轮辋为整体式的，只有一件，而多件式轮辋由轮辋体、挡圈、锁圈等多个部件组成。

4) 轮辋直径代号：以数字表示，单位为 in（当以 mm 表示时，要求轮胎与轮辋的单位一致）。

5) 轮辋轮廓类型代号：用几个字母表示，每个代号所表示的轮辋轮廓类型如图 6-40 所示。

对于不同形式的轮辋，以上代号不一定同时出现。例如，解放 CA1092 型汽车轮辋的规格为 6.5—20，表明该轮辋宽度为 6.5in，轮辋直径为 20in，属于多件式轮辋；上海桑塔纳轿车轮辋的规格为 5.5J×13，表明其轮辋宽度为 5.5in，轮辋高度为 17.27mm，轮辋直径为 13in，属于一件式轮辋；上海桑塔纳 2000GSi 轿车轮辋的规格为 6J×14，表明其轮辋宽度为 6in，轮辋高度为 17.27mm，轮辋直径为 14in，属于一件式轮辋。

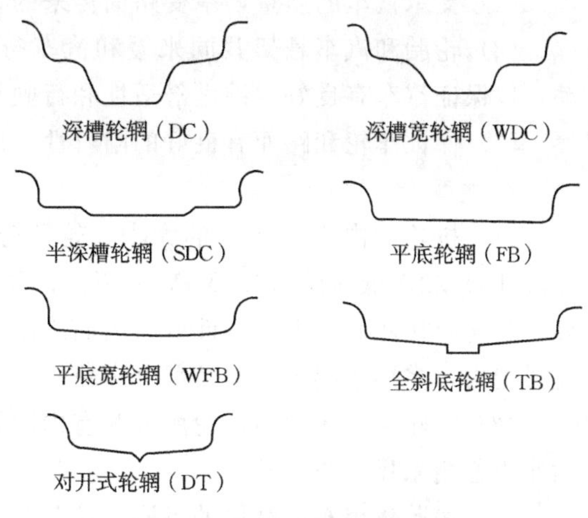

图 6-40 轮辋轮廓类型及代号

三、车轮总成的拆装

1. 车轮总成的拆卸

(1) 停稳车辆，用三角木掩住各车轮。

(2) 取下车轮上的装饰罩，弄清汽车左右侧车轮与轮毂连接螺栓的螺旋方向，使用车轮螺母拆装机或用套筒扳手初步拧松各连接螺母。

(3) 用千斤顶顶在指定的位置，使被拆车轮稍离地面。也可将车辆停在举升架上，升起车辆，使车轮稍离开地面。

(4) 拧下车轮与轮毂连接的全部螺母，取下垫圈，并摆放整齐。

(5) 边向外拉边左右晃动车轮，从车轴上取下车轮总成。

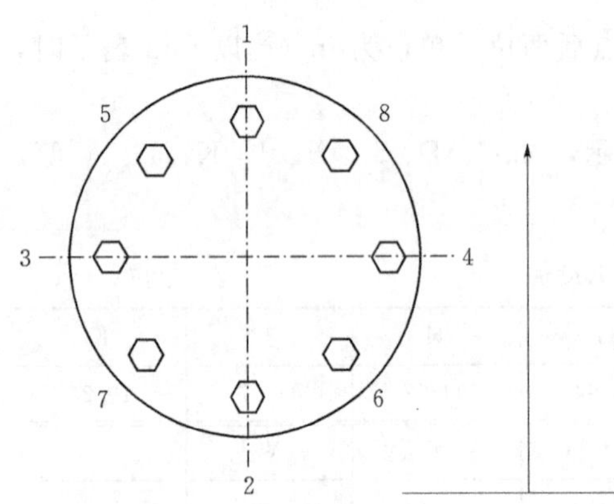

图 6-41　车轮螺母紧固顺序（数字为顺序）

2. 车轮总成的安装

(1) 顶起车桥，套上车轮，将螺母初步拧在螺柱上。

(2) 放下车轮并在车轮前后用三角木掩住，用扭力扳手或车轮螺母拆装机，按对角线顺序分 2～3 次拧紧车轮螺母，最后一次要按规定力矩拧紧，如图 6-41 所示。

(3) 安装后轮双胎时，要先拧紧内侧车轮的内螺母，再装外侧轮胎。在安装过程中，应用千斤顶分两次顶起车桥，分别安装内、外两个车轮。双轮胎高低搭配要合适，一般较低的胎装于里侧，较高的胎装于外侧。应注意内侧轮胎和外侧轮胎的气门嘴应互成 180°位置。

四、轮胎的功用和类型

1. 功用

现代汽车都采用充气式轮胎，轮胎安装在轮辋上，直接与路面接触，它的功用是

(1) 支承汽车的质量，承受路面传来的各种载荷的作用。

(2) 轮胎和汽车悬架共同来缓和汽车行驶中所受到的冲击，并衰减由此而产生的振动，以保证汽车有良好的乘坐舒适性和行驶平顺性。

(3) 保证车轮和路面有良好的附着性，以提高汽车的动力性、制动性和通过性。

2. 类型

(1) 按轮胎内空气压力的大小，轮胎分为高压胎（0.5～0.7MPa）、低压胎（0.2～0.5MPa）和超低压胎（0.2MPa 以下）3 种。低压胎弹性好、减振性能强、壁薄散热性好、与地面接触面积大附着性好，因而广泛用于轿车。超低压胎在松软路面上具有良好的通过能力，多用于越野汽车及部分高级轿车。

(2) 按轮胎有无内胎，轮胎分为有内胎轮胎和无内胎轮胎（俗称真空胎）两种。目前轿车上普遍采用无内胎轮胎。

(3) 按胎体帘布层结构的不同，轮胎分为斜交轮胎和子午线轮胎。目前，子午线胎在汽车上广泛应用。

五、轮胎的结构

1. 有内胎轮胎

有内胎轮胎由外胎、内胎和垫带等组成，使用时安装在汽车车轮的轮辋上，如图 6-42 所示。

内胎是一个环形的橡胶管，上面装有气门嘴，以便充入或排出空气，为使内胎在充气状态下不产生褶皱，其尺寸应稍小于外胎的内壁尺寸。

垫带是一个环形的橡胶带，它垫在内胎与轮辋之间，以保护内胎不被轮辋和胎圈磨伤。

2. 无内胎轮胎

无内胎轮胎俗称真空胎，在外观上与普通轮胎相似，但是没有内胎及垫带。它的气门嘴用橡胶垫圈和螺母直接固定在轮辋上，空气直接充入外胎中，其密封性由外胎和轮辋来保证，如图 6-43 所示。

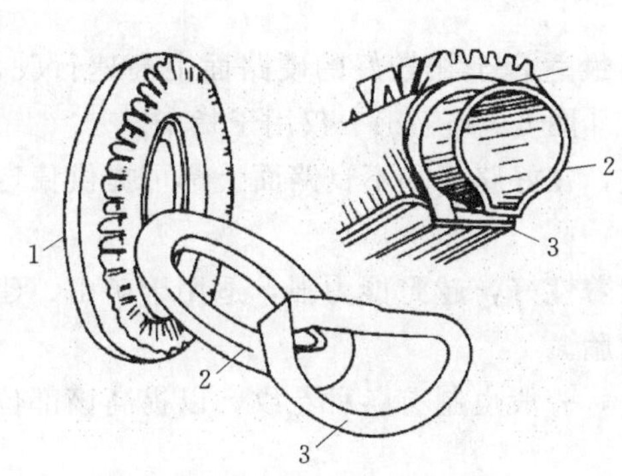

图 6-42　有内胎轮胎

1—外胎；2—内胎；3—垫带

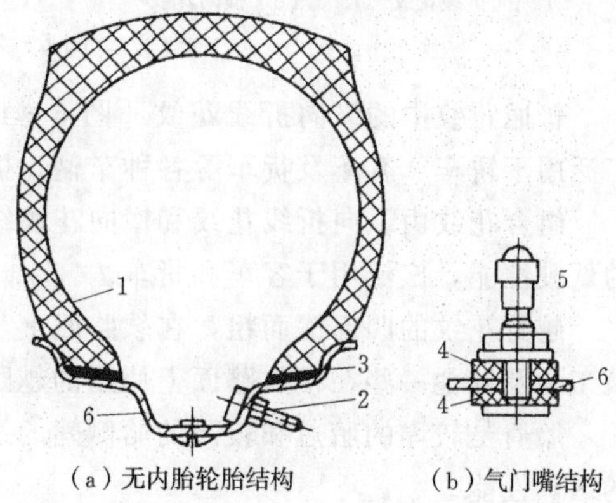

（a）无内胎轮胎结构　（b）气门嘴结构

图 6-43　无内胎轮胎

1—橡胶密封层；2—气门嘴；3—胎圈橡胶密封层；4—橡胶垫圈；5—气门螺母；6—轮辋

无内胎轮胎的内壁有一层橡胶密封层，有的在该层下面还有一层自粘层，能自行将刺穿的孔黏合。在胎圈外侧也有一层橡胶密封层，用以加强胎圈与轮辋之间的气密性。

无内胎轮胎一旦被刺破，穿孔不会扩大，故漏气缓慢，胎压不会急剧下降，仍能继续行驶一定距离，可消除爆胎的危险。因无内胎，摩擦生热少、散热快，适用于高速行驶；此外，结构简单，质量较轻，维修也方便。但密封层和自粘层易漏气，途中修理也较困难。无内胎轮胎必须配用深槽轮辋，故目前在轿车上应用较多。

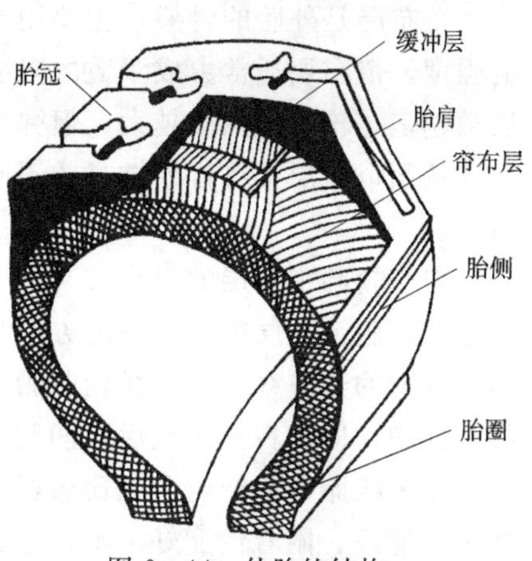

图 6-44　外胎的结构

3. 外胎的结构

外胎由胎面、帘布层、缓冲层和胎圈组成，如图 6-44 所示。

(1) 胎面。

胎面是轮胎的外表面，可分为胎冠、胎肩和胎侧 3 部分。

胎冠与路面直接接触，并产生附着力，使车辆行驶和制动。为使轮胎与地面有良好的附着性能，防止纵、横向滑移，在胎面上制有各种形状的花纹。如图 6-45 所示，主要有普通花纹、组合花纹、越野花纹等。

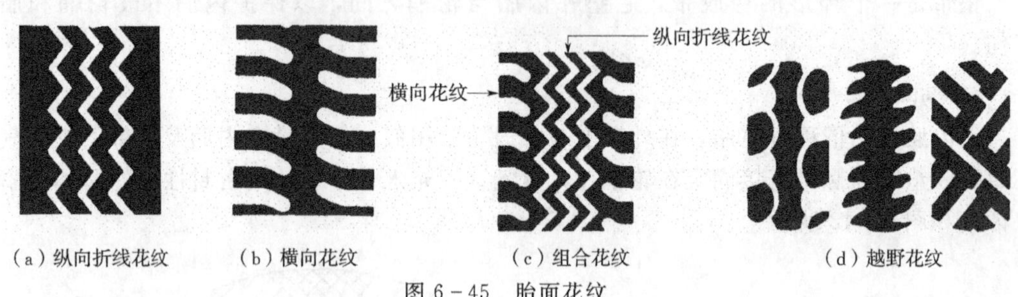

图 6-45 胎面花纹

普通花纹中的纵向折线花纹［图 6-45 (a)］最适合于在较好的硬路面上高速行驶，广泛用于轿车、客车及货车等各种车辆；横向花纹［图 6-45 (b)］仅用于货车。

组合花纹由纵向折线花纹和横向花纹组合而成，在好路面和不良路面上都可提供稳定的驾驶性能，广泛用于客车和货车。

越野花纹的凹部深而粗，在软路面上与地面附着性好，越野能力强，适用于矿山、建筑工地及其他一些在松软路面上使用的越野汽车轮胎。

胎肩是较厚的胎冠和较薄的胎侧间的过渡部分，一般也制有各种花纹，以提高该部位的散热性能。

胎侧又称胎壁，它由数层橡胶构成，覆盖轮胎两侧，保护内胎免受外部损坏。胎侧在行驶过程中，不断地在载荷作用下挠曲变形。胎侧上标有厂家名称、轮胎尺寸及其他资料。

(2) 帘布层。

帘布层是外胎的骨架，主要用于承受载荷，保持外胎的形状和尺寸，并使其具有足够的强度。帘布层通常由成双数的多层帘布用橡胶贴合而成，相邻层的帘线交叉排列。帘布层数越多，轮胎的强度越大，但弹性下降。帘线可以是棉线、人造丝、尼龙和钢丝。

按照帘布层帘线排列方式的不同，外胎可以分为斜交轮胎和子午线轮胎，如图 6-46 所示。

斜交轮胎帘布层的帘线按一定角度交叉排列，帘线与轮胎横断面的交角通常为 50°。子午线轮胎帘布层帘线排列的方向与轮胎横断面一致，即垂直于轮胎胎面中心线，类似于地球仪上的子午线。子午线轮胎胎侧比斜交轮胎软，在径向上容易变形，可以增加轮胎的接地面积，即使在充足气后，两侧壁上也有一个特殊的凸起部，如图 6-47 (b) 所示。

子午线胎与斜交轮胎相比较具有行驶里程长、滚动阻力小、节约燃料、承载能力大、减振性能好、附着性能好、不易爆胎等优势，目前在汽车上应用广泛。

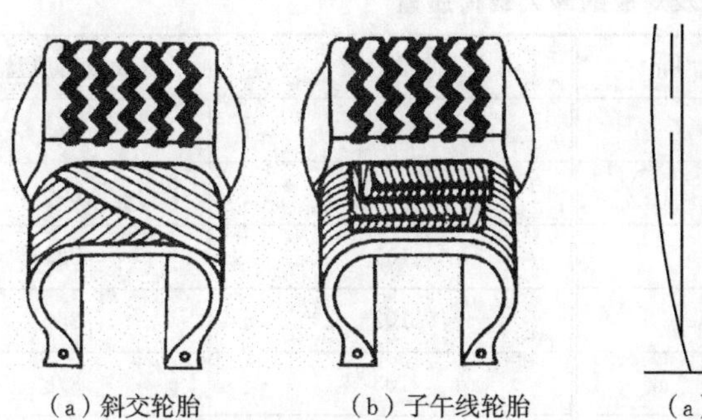

图 6-46 轮胎的结构形式

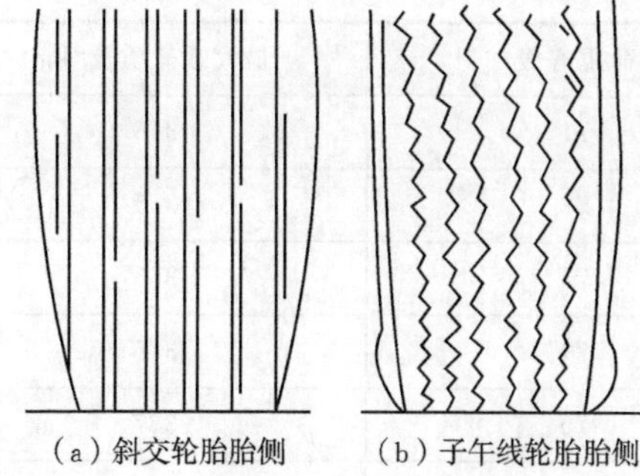

图 6-47 子午线轮胎与斜交轮胎胎侧比较

（3）缓冲层。

缓冲层夹在胎面和帘布层之间，由两层或数层较稀疏的帘布和橡胶制成，弹性较大。其作用是加强胎面与帘布层之间的结合，防止汽车紧急制动时胎面与帘布层脱离，并缓和汽车行驶时所受到的路面冲击。

（4）胎圈。

胎圈由钢丝圈、帘布层包边和胎圈包布组成，有很大的刚度和强度，可以使外胎牢固地安装在轮辋上。

六、常见轮胎品牌和轮胎规格的表示方法

1. 常见轮胎品牌

世界著名的轮胎品牌主要有美国的固特异（Goodyear）、日本的普利司通（Bridgestone）和凡世通（Firestone）、英国的邓禄普（Dunlop）、法国的米其林（Michelin）、意大利的倍耐力（Pirelli）、韩国的韩泰（Hankook）和锦湖（Kumho）、德国的马牌（Continental）、我国的回力等。

2. 轮胎规格的表示方法

轮胎的尺寸标注如图 6-48 所示。

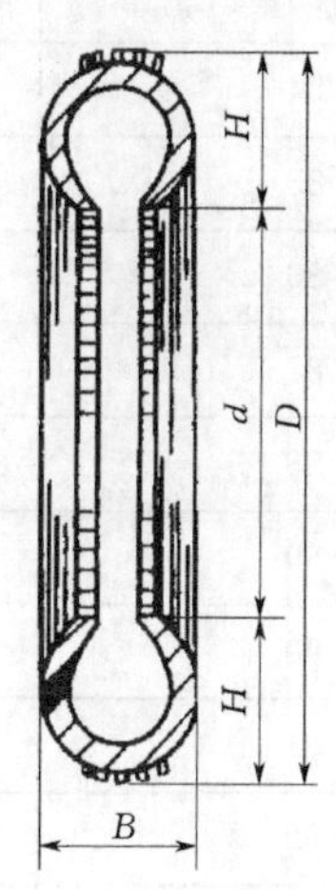

图 6-48 轮胎的尺寸标注

D—轮胎外径；*d*—轮胎内径或轮辋直径；*B*—轮胎宽度；*H*—轮胎高度

（1）斜交轮胎的规格。我国和大多数国家一样，斜交轮胎的规格用 $B—d$ 表示，载货汽车斜交轮胎和轿车斜交轮胎的尺寸 B 和 d 均使用英寸（in）为单位，例如 9—20 表示轮胎宽度为 9in、轮胎内径为 20in 的斜交轮胎。

（2）子午线轮胎的规格。以上海桑塔纳 2000GSi 轿车轮胎的规格 195/60 R 14 85 H 为例进行说明。195 表示轮胎宽度 195mm，货车子午线轮胎的宽度一般用英寸（in）为单位。60 表示扁平比为 60%，扁平比为轮胎高度 H 与宽度 B 之比，有 60、65、70、75、80 五个级别。R 表示子午线轮胎，即“Radial”的第一个字母。14 表示轮胎内径 14in。85 表示荷重等级，即最大载荷质量。荷重等级为 85 的轮胎的最大载荷质量为 515kg。常见的荷重等级及对应的最大载荷质量见表 6-2。

表 6-2　　荷重等级及对应的最大载荷质量

荷重等级	最大载荷质量/kg	荷重等级	最大载荷质量/kg
71	345	99	775
72	355	100	800
73	365	101	825
74	375	102	250
75	387	103	875
76	400	104	900
77	412	105	925
78	425	106	950
79	437	107	975
80	450	108	1000
81	462	109	1030
82	475	110	1060
83	487	111	1095
84	500	112	1129
85	515	113	1164
86	530	114	1200
87	545	115	1237
88	560	116	1275
89	580	117	1315
90	600	118	1355
91	615	119	1397
92	630	120	1440
93	650	121	1485
94	670	122	1531
95	690	126	1578
96	710	124	1627
97	730	125	1677
98	750		

H 表示速度等级，表明轮胎能行驶的最高车速。常见的速度等级及对应的最高车速见表 6-3。

表 6-3 速度等级及对应的最高车速

速度等级	最高车速/（km/h）	速度等级	最高车速/（km/h）
L	120	T	190
M	130	U	200
N	140	H	210
P	150	V	240
Q	160	Z	240 以上
R	170	W	270 以下
S	180	Y	300 以下

另外，在轮胎规格前加“P”表示轿车轮胎；在胎侧标有“REINFORCED”表示经强化处理；“RADIAL”表示子午线胎；“TUBELESS”（或 TL）表示无内胎（真空胎）；“M+S”（Mud and Snow）表示适于泥地和雪地；“→”表示轮胎旋向，不可装反。

七、轮胎的拆装、检查及故障诊断

1. 轮胎的拆装

（1）拆装轮胎要在清洁、干燥、无油污的地面上进行。

（2）拆装轮胎要用专用工具，不允许用大锤敲击或其他尖锐的用具拆胎。

（3）外胎、内胎、垫带、轮辋必须符合规格要求，才能组装。要特别注意子午线轮胎胎圈部分的完好。

（4）内胎装入外胎前，须紧固气门嘴，以防漏气，并在外胎内部和垫带上涂上滑石粉。

（5）气门嘴的位置应装在轮辋气门嘴孔中。胎侧有平衡标记（彩色胶片）的，标记应在与气门嘴相对的位置上，以便于平衡。轮辋上有平衡块的，应用动平衡机进行平衡调整。

（6）安装有向花纹的轮胎，应注意滚动方向的标记。拆装子午线胎应做记号，使安装后的子午线胎滚动方向保持不变。

提示：目前轿车几乎都是采用无内胎的子午线轮胎，最常见的拆装轮胎的专用设备是轮胎拆装机。

2. 轮胎的检查

轮胎的检查主要是检查轮胎的磨损程度和轮胎气压，轮胎的磨损程度的检查包括胎面花纹深度的检查和轮胎异常磨损的检查。

轮胎磨损过甚，花纹过浅，是行车重要的不安全因素。过度磨损的轮胎，除容易爆破外，还会使汽车操纵稳定性变坏。汽车在雨中高速行驶时，由于不能把水全部从胎下排出，轮胎将会出现水滑现象，致使汽车失控。花纹越浅，水滑的倾向越严重。而轮胎（包括备胎）气压的检查对于行车也是非常重要的。轮胎气压不足，会导致轮胎过热，并因轮胎的接地面积不均匀，而产生不均匀磨损或胎肩和胎侧快速磨损，缩短轮胎的使用寿命。同时会增加滚动阻力、加大耗油，而且影响车辆的操控，严重时甚至引发交通事故；轮胎气压过高则使车身重量集中在胎面中心上，导致胎面中心快速磨损，不但缩短轮胎的使用寿命，而且降低车辆的舒适性。所以日常维护和各级维护时，对于轮胎的检查是非常必要的。

（1）胎面花纹深度的检查。

GB 7258—1997《机动车运行安全技术条件》规定，轿车轮胎胎冠上花纹磨损至花纹深度小于 1.6mm（磨损标志），载货汽车转向轮胎冠上的花纹深度小于 3.2mm，其余轮胎胎冠花纹深度小于 1.6mm 时，应停止使用。

轮胎花纹深度可用深度尺进行测量。

胎面磨耗标志位于胎面花纹沟底部，当胎面磨损到此处时，花纹沟断开，表明轮胎必须停止使用并送去翻新。为便于用户找到磨耗标志所在的位置，通常在磨耗标志对应的胎肩处标出“TWI”或者“△”等符号。这种磨耗标志按国家标准的规定，每条轮胎应沿周向等距离地设置不少于 4 个。

（2）轮胎异常磨损的检查。

检查轮胎的异常磨损，可以发现故障的早期征兆和原因，以便及时排除影响轮胎寿命的不良因素，防止早期磨损和损坏。具体内容见下面的轮胎常见故障诊断。

（3）轮胎气压的检查。

轮胎气压可用气压表进行检查。

提示：不同的车辆，轮胎的气压值也许不同，检查时应参看相应车辆的维修手册。一般桑塔纳 2000 轿车前轮的胎压为 0.18MPa，后轮的胎压为 0.22MPa，即平时我们所说的前轮 1.8 个大气压，后轮 2.2 个大气压。

任务二　车轮换位和轮胎更换

【任务分析】

按时换位可使轮胎磨损均匀，约可延长 20% 的使用寿命，应结合车辆二级维护定期换位。

请按要求在 2 节课内完成以下任务。

（1）能对轮胎进行正确的换位。

（2）会对轮胎进行动平衡试验。

（3）了解轮胎维护的要点。

【任务准备】

（1）实习车辆。

（2）套筒（19mm）、可调式扭力扳手、短接杆、气动冲击扳手。

（3）胎压表、胎纹深度尺、汽源、举升机、干净抹布。

【任务实施】

1. 拆下车轮

拆下车轮的步骤同任务一拆下车轮步骤。

2. 轮胎换位

（1）将左前轮移至左后，如图 6-49 所示。

图 6－49　左前轮移至左后

（2）将左后轮移至右前，如图 6－50 所示。

（3）将右前轮移至左后，如图 6－51 所示。

（4）将右后轮移至左前，如图 6－52 所示。

图 6－50　左后轮移至右前

图 6－51　右前轮移至左后

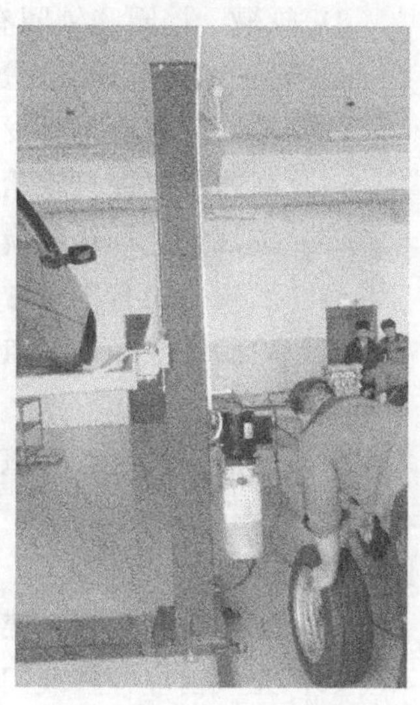

图 6－52　右后轮移至左前

3. 安装车轮

安装车轮的步骤同任务一安装车轮步骤。

车轮和轮胎的维护应结合车辆的维护强制执行。因为车轮和轮胎的维护以轮胎的维护侧重，所以我们将详述轮胎的维护。车辆分日常维护、一级维护和二级维护。轮胎维护的分级和周期与车辆维护相同。

一、一级维护轮胎作业项目

（1）紧固轮胎螺母，检查气门嘴是否漏气、气门帽是否齐全，如发现损坏或缺少应立即修理或补齐。

（2）挖出轮胎夹石和花纹中的石子、杂物，如有较深伤洞应用生胶填塞。特别是子午线胎，刺伤后若不及时修补，水气进入胎体锈蚀钢丝帘线，造成早期损坏。

（3）检查轮胎磨损情况，如有不正常磨损或起鼓、变形等现象，应查找原因，予以排除。

（4）如需检查外胎内部，应拆卸解体，如有损伤应及时修补。

(5) 检查轮胎搭配和轮辋、挡圈、锁圈是否正常。

(6) 检查轮胎（包括备胎）气压，并按标准补足。

(7) 检查轮胎有无与其他机件刮碰现象，备胎架是否完好、紧固，如不符合要求，应予排除。

(8) 必要时（如单边偏磨严重）应进行一次轮胎换位，以保持胎面花纹磨耗均匀。

二、二级维护轮胎作业项目

除执行一级维护的各项作业外，还应进行下列项目：

(1) 拆卸轮胎，按轮胎标准测量胎面花纹磨耗、周长及断面宽的变化，作为换位和搭配的依据。

(2) 轮胎解体检查。

1) 胎冠、胎肩、胎侧及胎内有无内伤、脱层、起鼓和变形等现象。

2) 内胎、垫带有无咬伤、折皱现象，气门嘴、气门芯是否完好。

3) 轮辋、挡圈和锁圈有无变形、锈蚀，并视情涂漆。

4) 轮辋螺栓承孔有无过度磨损或损裂现象。

(3) 排除解体检查所发现的故障后，进行装合和充气。

(4) 高速车应进行轮胎的动平衡试验。

(5) 按规定进行轮胎换位。

(6) 发现轮胎有不正常的磨损或损坏，应查明原因，予以排除。

三、轮胎维护操作要点

1. 充气

(1) 轮胎充气应按照该型汽车使用说明书上规定的标准气压执行，并在冷态时用气压表测量，若在热态时测量，应略高于标准气压，取适当的修正值。气压表应定期校准，以保证读数准确。

(2) 轮胎装好后，先充入少量空气，待内胎充气伸展后再继续充至要求气压。

(3) 充气前应检查气门芯与气门嘴是否配合平整，并擦净灰尘。充气后应检查是否漏气，并将气门帽装紧。

(4) 充入的空气不得含有水分和油雾。

(5) 充气时应注意安全防护，充气开始时用手锤轻击锁圈，使其平稳嵌入轮辋圈槽内，以防锁圈跳出。

2. 轮胎换位

(1) 按时换位可使轮胎磨损均匀，约可延长20%的使用寿命，应结合车辆二级维护定期换位。在路面拱度较大的地区或夏季，轮胎磨损差别较大，可适当增加换位次数。

提示：厂家一般推荐8000～10000km应将轮胎换位一次。

(2) 轮胎换位方法常用的有交叉换位法、循环换位法和单边换位法，如图6-53和图6-54所示。

装用普通斜交轮胎的六轮二桥汽车，常用图6-53中的交叉换位法，具体做法：左右两交叉，主胎（后内）换前胎，前胎换帮胎（后外）、帮胎换主胎。这样，通过3次换位每只轮胎就可轮到一次担负内挡（主力）胎。

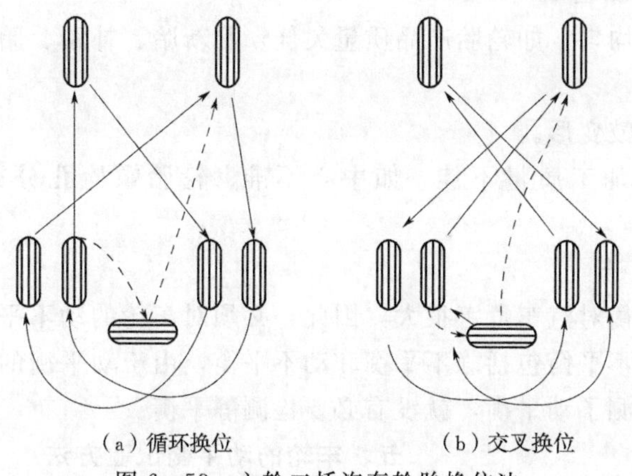

图 6 - 53　六轮二桥汽车轮胎换位法

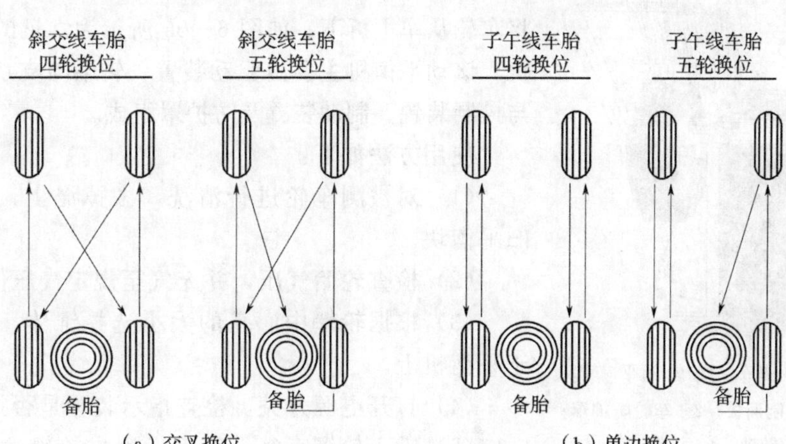

图 6 - 54　四轮二桥汽车轮胎换位法

四轮二桥汽车，斜交胎也可采用交叉换位法，如图 6 - 54（a）所示。子午线胎宜用单边换位法如图 6 - 54（b）所示。

子午线轮胎的旋转方向应始终不变。若反向旋转，会因钢丝帘线反向变形产生振动，汽车平顺性变差。所以一些轿车使用手册推荐单边换位法。

（3）轮胎换位后，应按所换的胎位要求，重新调整气压。

（4）轮胎换位后须做好记录，下次换位仍要按上次选定的换位方法换位。

四、车轮不平衡的危害及原因

1. 车轮不平衡的危害

汽车车轮是旋转构件。如果车轮不平衡，在高速行驶时会引起车轮上下跳动和横向摇摆，不仅影响汽车乘坐舒适性，而且使驾驶员难以控制行驶方向，以及汽车制动性能变差，影响行车安全。车轮不平衡还会大大增加各部件所受的力，加大轮胎的磨损和行驶噪声等。因此，汽车在使用和维修中必须进行车轮平衡试验和校准。

2. 车轮不平衡的原因

(1) 质量分布不均匀，如轮胎产品质量欠佳，翻新胎、补胎、胎面磨损不均匀及在外胎与内胎之间垫带等。

(2) 轮辋、制动鼓变形。

(3) 轮毂与轮辋加工质量不佳，如中心不准、轮胎螺栓孔分布不均、螺栓质量不佳等。

3. 车轮动平衡试验

由于车轮动不平衡对汽车危害很大，因此，必须对车轮的动不平衡进行试验，并进行调平衡工作。车轮的不平衡包括静不平衡和动不平衡，由于动平衡的车轮一定处于静平衡状态，因此，只要检测了动平衡，就没有必要检测静平衡。

五、车轮的动平衡试验方法

1. 离车式车轮动平衡机及使用方法

用离车式车轮动平衡机对车轮进行动平衡检测时，需将车轮从车上拆下。如图 6-55 所示为常见的车轮动平衡机。该动平衡机主要由驱动装置、转轴与支承装置、显示与控制装置、制动装置及防护罩组成。

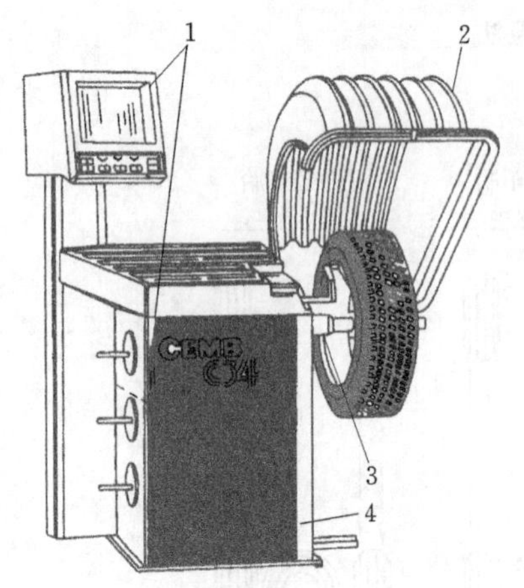

图 6-55 离车式车轮动平衡机

1—显示与控制面板；2—车轮防护罩；3—转轴；4—机箱

使用方法如下：

(1) 对被测车轮进行清洗，去掉泥土、砂石，拆掉旧平衡块。

(2) 检查轮胎气压，并充气至规定气压值。

(3) 根据轮辋中心孔的大小选择锥体，将车轮安装于平衡机上。

(4) 打开电源开关，检查指示装置是否指示正确。

(5) 键入轮辋直径、宽度，测出轮辋边缘到机箱之间的距离并键入。

(6) 放下防护罩，按下启动键，开始测量。

(7) 当车轮自动停转后，从指示装置读出车轮内、外动不平衡量和位置。

(8) 抬起车轮防护罩，用手慢慢旋转车轮，当动平衡机指示装置发出信号时，停止转动车轮。

(9) 根据动平衡机显示的动不平衡量，在轮辋内侧或外侧的上部（时钟十二点位置）的边缘加装平衡块。内、外侧要分别进行，平衡块要装卡牢固。

(10) 重新启动动平衡机，进行动平衡试验，直至动不平衡量小于5g，机器显示“00”或“OK”时为止。

(11) 取下车轮，关闭电源，测试结束。

2. 就车式车轮动平衡机及使用方法

就车式车轮动平衡机可以在汽车不拆卸车轮前提下，对汽车进行车轮平衡检测，其结构与测量原理如图 6-56 所示。

对车轮进行动平衡检测时，方法如下：

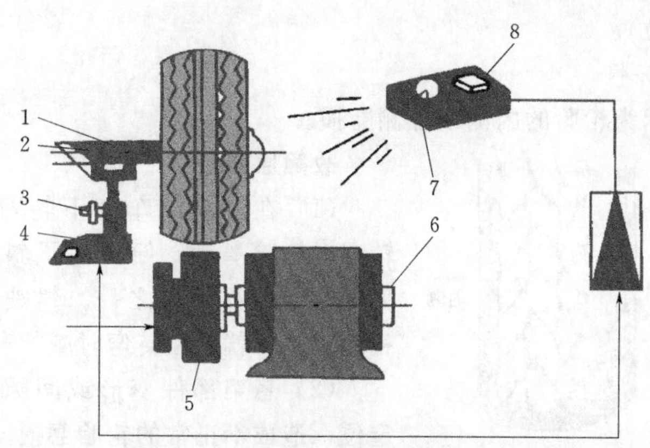

图 6－56　就车式车轮动平衡机示意图

1—转向节；2—传感磁头；3—可调支杆；4—底座；5—转轮；6—电动机；7—频闪灯；8—不平衡度表

(1) 应对车轮进行清洁，并去掉旧平衡块，将轮胎充气到规定气压，轮毂轴承松紧度合适，支起前桥，使两侧车轮离地间隙相等，然后，用粉笔在轮胎任意位置做出标记。

(2) 将传感器头吸附在制动底板边缘，并使车轮在规定转速下旋转。

(3) 观察轮胎标记位置，在指示装置上读取不平衡量，停转车轮，加装平衡块，再进一步复查，直至合格，测试结束。

(4) 测从动轮时，利用平衡机转轮驱动车轮转动；测驱动车轮时，则直接用汽车发动机传动系统来驱动车轮转动。

六、轮胎常见故障诊断

轮胎的常见故障是轮胎的异常磨损。

1. 胎肩或胎面中间磨损

如图 6－57 所示，轮胎的胎肩和胎面出现了磨损。

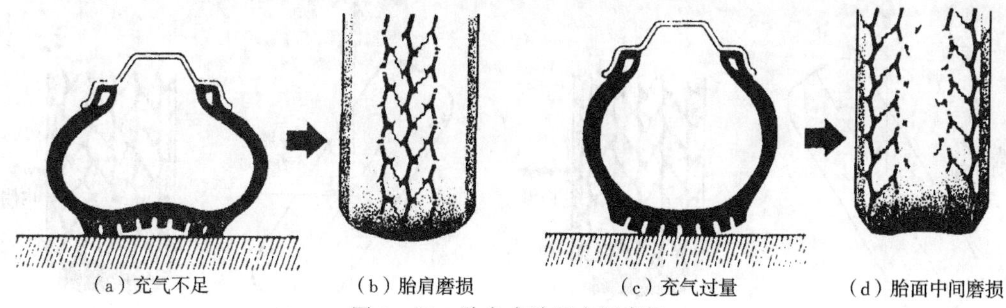
(a) 充气不足　(b) 胎肩磨损　(c) 充气过量　(d) 胎面中间磨损

图 6－57　胎肩或胎面中间磨损

故障原因：

集中在胎肩上或胎面中间的磨损，主要是由于未能正确保持充气压力所致。如果轮胎充气压力过低，轮胎的中间便会凹入，将载荷转移到胎肩上，使胎肩磨损快于胎面中间。另一方面，如果充气压力过高，轮胎中间便会凸出，承受了较大的载荷，使轮胎中间磨损快于胎肩。

故障排除步骤：

(1) 检查是否超载。

(2) 检查充气压力。如果充气过量或充气不足，应调整充气压力。

（3）调换轮胎位置。

2. 内侧或外侧磨损

如图 6－58 所示为轮胎的内侧或外侧磨损。

图 6－58 内侧或外侧磨损

故障原因：

（1）在过高的车速下转弯会造成转弯磨损。转弯时轮胎滑动，便产生了斜形磨损。这是较常见的轮胎磨损原因之一。驾驶员所能采取的唯一补救措施，就是在转弯时减低车速。

（2）悬架部件变形或间隙过大，会影响前轮定位，造成不正常的轮胎磨损。

（3）如果轮胎面某一侧的磨损，快于另一侧的磨损，其主要原因可能是外倾角不正确。由于轮胎与路面接触面积大小因载荷而异，对具有正外倾角的轮胎而言，其外侧直径要小于其内侧直径。因此胎面必须在路面上滑动，以便其转动距离与胎面的内侧相等。这种滑动便造成了外侧胎面的过量磨损。反之，具有负外倾角的轮胎，其内侧胎面磨损较快。

故障排除步骤：

（1）询问驾驶员是否高速转弯，如果是则要避免。

（2）检查悬架部件。如松动则将其紧固；如变形和磨损，应修理或更换。

（3）检查外倾角。如不正常，应校正。

（4）调换轮胎位置。

3. 前束和后束磨损（羽状磨损）

如图 6－59 所示，车轮出现了前束和后束磨损。

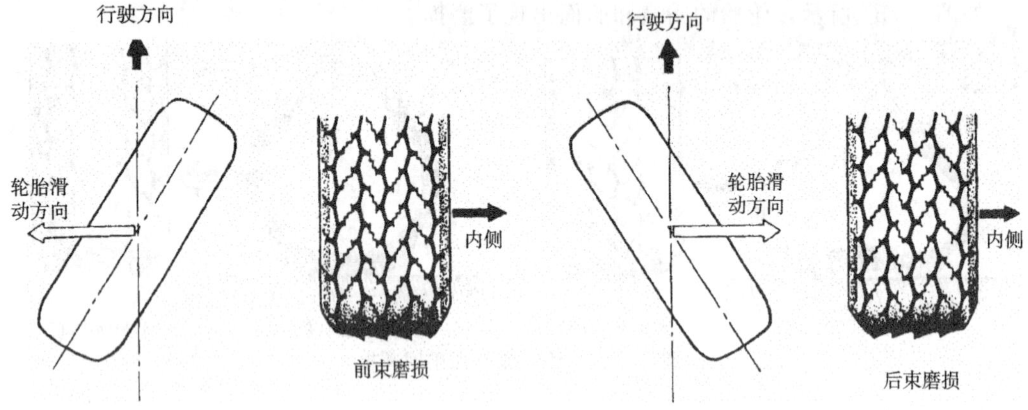

图 6－59 前束和后束磨损

故障原因：

胎面的羽状磨损，主要是由于前束调节不当所致，过量的前束，会迫使轮胎向外滑动，并使胎面的接触面在路面上朝内拖动，造成前束磨损。如图 6－59 所示，胎面呈明显的羽毛形。用手指从轮胎的内侧至外侧划过胎面，便可加以辨别。另一方面，过量的后束，会将轮胎向内拉动，并使胎面的接触面在路面上朝外拖动，造成如图 6－59 所示的后束磨损。

故障排除步骤：

（1）检查前束和后束。如果前束过量或后束过量，应该加以调整。

（2）调换轮胎位置。

4. 前端和后端磨损

如图 6－60 所示为前端和后端磨损。

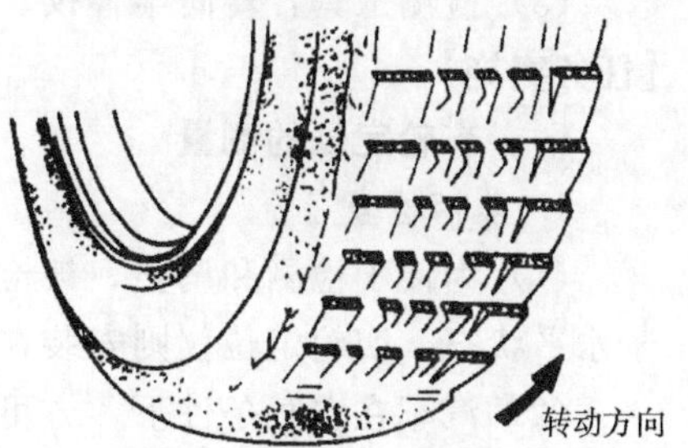

图 6－60　前端和后端磨损

故障原因：

（1）前端和后端磨损是一种局部磨损，常常出现在具有横向花纹和区间花纹的轮胎上，胎面上的区间发生斜向磨损（与鞋跟的磨损方式相同），最终变成锯齿状。

（2）具有纵向折线花纹的胎面，磨损时会产生波状花纹。

（3）非驱动轮的轮胎只受制动力的影响，而不受驱动力的影响，因此往往会有前后端形式的磨损，如反复使用和放开制动器，便会使轮胎每次发生短距离滑动而磨损，前后端磨损的形式便与这种磨损相似。

（4）另一方面，如果是驱动轮的轮胎，则驱动力所造成的磨损，会在制动力所造成的磨损的相反的方向上出现，所以驱动轮轮胎极少出现前后端磨损。客车和大货车由于制动时产生了大得多的摩擦力，故具有横向花纹的轮胎，便会出现与非驱动轮相似的前后端磨损。

故障排除步骤：

（1）检查充气压力。如果充气不足，调整至规定值。

（2）检查车轮轴承。如果磨损或松动，应更换或调整。

（3）检查外倾角和前束。如果不正确，应加以调整。

（4）检查轴颈或悬架部件。如果损坏，应修理或更换。

（5）调换轮胎位置。

任务三　四轮定位测量与调整

【任务分析】

四轮定位的作用是使汽车保持稳定的直线行驶和转向轻便，并减少汽车在行驶中轮胎和转向机件的磨损。做四轮定位就是通过四轮定位仪，检测出被测车辆的各轮倾角和束值是否符合原厂标准，如不符合可做适当调整。

请按要求在 2～4 节课内完成以下任务。

（1）会对车辆做四轮定位。

（2）掌握四轮定位的内容。

（3）会调整车辆的四轮定位值。

【任务准备】

（1）车辆：丰田卡罗拉汽车。

（2）普通工具：组合工具、百斯巴特 V. A. G1995K 型定位仪，扭力扳手。

（3）检测工具：转向半径仪、前轮定位测定仪、前束检测仪、定位检测仪。

【任务实施】

一、车轮定位的测量

1. 车辆检查

（1）为便于检测和调整，被检汽车需放在地沟上或举升平台上，地沟或举升平台应处于水平状态，四轮定位仪则安装在地沟两旁或举升平台上。

（2）汽车在空载条件下，方可进行车轮定位的检查或调整。

（3）轮胎气压符合规定要求。

（4）汽车悬架系统性能正常

（5）汽车转向系无间隙与损伤。

（6）车轮动平衡正常。

（7）同一车桥的两侧轮胎花纹深度差不超过 2mm。

（8）正确操作车轮定位仪。

（9）汽车车轮定位角度应符合规定要求。

图 6－61　停驶车辆

2. 仪器安装

（1）汽车进入工位前，将工位清理干净，准备好相关的器材。

（2）套上转向盘护套、变速杆手柄套和座位套，铺设脚垫。

（3）如图 6－61 所示，将汽车行驶到检测仪上。汽车驶上时，应保证转角盘和后滑板的销子都销到位，使前轮正好位于转角盘中心时停车；车停稳后，拉紧驻车制动以确保车辆不移动，松开转盘的锁紧销。

（4）检查底盘各零部件，包括胶套、轴承、摆臂、三脚架球头、减振器、拉杆球头和转向盘是否有松动及磨损。

（5）将快速卡具安装在 4 个车轮上，如图6－62 所示。依照轮胎所标记的尺寸，调节两个较低位置的卡爪，将其卡在轮辋边缘，移动顶部的卡爪到轮辋边缘并用星形手柄锁紧，将可调整的夹紧臂放在轮胎上，用力向车轮方向压下两侧夹紧用的杠杆，把夹紧臂移到胎纹中，在松开夹紧臂之前确信两端都已调好。

图 6－62　安装快速卡具

对于前轮，当夹紧臂安装好之后，应将夹紧用的杠杆取出（因为在车轮转向过程中，此杆可能碰撞到翼子板）。为了更好地在无沿铝合金钢圈上安装，可在卡爪上插上专用的卡爪套管。

（6）将传感器安装到卡具上，如图 6－63 所示。前轴车轮上的传感器小端指向车头前进方向，后轴车轮上的传感器小端指向与前轴传感器相反的方向。

图 6 - 63　安装传感器

(7) 依照水平气泡指示调整传感器水平，并拧紧卡具上的固定螺栓，如图 6 - 64 中箭头所示。

传感器上粘贴的图标指示出传感器的安装位置，如图 6 - 65 所示。

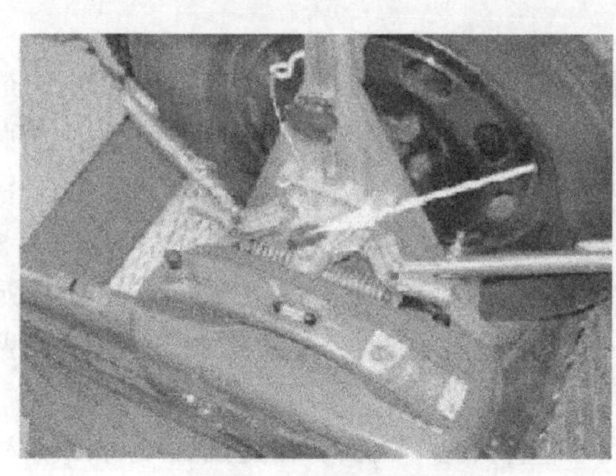

图 6 - 64　调整传感器

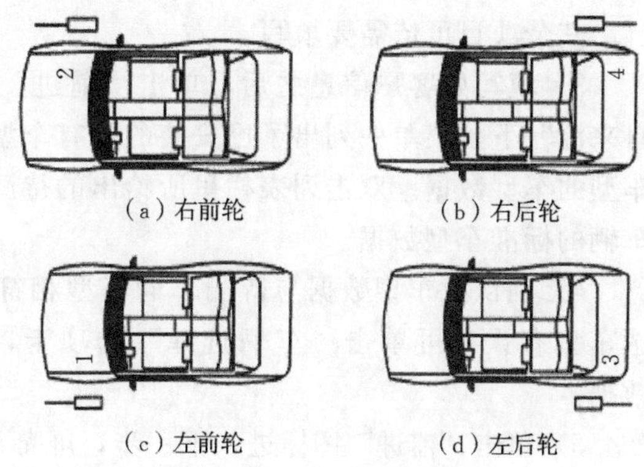

(a) 右前轮　(b) 右后轮

(c) 左前轮　(d) 左后轮

图 6 - 65　传感器安装位置

(8) 分别将 4 根电缆线连接到 4 个传感器的接线插座上，如图 6 - 66 所示。2 根长通信电缆用来连接 2 个前部传感器到定位仪主机。稍短些的两根通信电缆用来连接前后传感器。

图 6 - 66　连接电缆

图 6-67 安装制动踏板固定架

(9) 将四轮定位仪接上电源。

(10) 将转向盘固定架放在驾驶座座椅上，压下手把使之顶住转向盘以锁定转向盘。

(11) 将制动踏板固定架下端顶在制动踏板上，上端卡在座椅上，使车辆制动，如图 6-67 所示。

(12) 给定位仪接通 220V 电源，打开计算机电源开关，系统自动启动，进入“登录”界面。单击“进入”按钮后，系统自动引导进入定位程序初始状态。

3. 操作步骤

(1) 调整前准备。

1) 单击工具栏中的指向右侧的绿色“前进”图标，进入“客户选择”界面。在“客户选择”界面中，首先看到的是“客户挡案列表”选项卡。

2) 单击“当前维修单信息”选项卡，进入用户信息输入画面。黄颜色条目为必填项目，其余项目可依需要填写。

3) 填写好客户信息之后，单击“前进”图标，即可进入车型选择画面。在“车型资料来源”下拉菜单中列出了已安装的所有车型数据资料。选中 USER 选项，即可见到各种车型的车型数据。双击列表栏里所给出的待测车辆所属的车型，不久屏幕上会显示出选中车辆的标准车型数据。

4) 确认此车型数据与待测车辆车型相符，单击“前进”图标，进入下一步；如果所选车型有误，可单击“车辆选择”选项卡，返回车辆选择画面，重新选择正确的车型数据。

5) 单击“前进”图标进入下一步，屏幕显示“车辆状况”画面。在此画面下可以输入待测车辆的各部分已知存在的故障，用以在定位之前对车辆进行总体状况描述。

6) 单击“前进”图标可进入“准备工作”画面。准备工作的说明包括对举升机平台的要求，传感器的安装以及卡具的安装说明及注意事项。

7) 单击“前进”图标接着进入“偏位补偿”画面，在此画面下可以进行钢圈偏位补偿的操作。具体操作方法见“偏位补偿操作”。

说明：如果使用的是快速卡具，则只在下列情况下才需要进行钢圈偏位补偿的操作：①钢圈存在有较明显的失圆；②卡具的卡爪存在磨损的状况；③特殊钢圈，例如边缘呈弧形凸起表面或无沿钢圈，需要配合使用卡爪套管才能装卡的情况；④需要保证足够高的测量精度的情况。

8) 如果不需要进行钢圈的偏位补偿操作，则可直接单击“前进”图标进入“调整前检测”操作。

(2) 调整前检测。

1) 正前打直。

a. 转动转向盘，使白色箭头对到半圆形区中央黑线处，如图 6-68 所示。请尽可能把方向对准到中央黑线位置，以得到更高的测量精度。

b. 图 6－69 所示为对中方向之后的屏幕显示。定位程序先进行后轴数据测量。

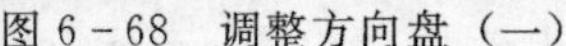

图 6－68　调整方向盘（一）

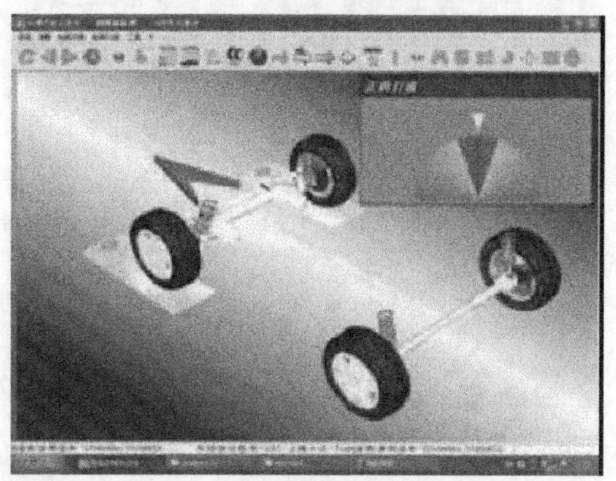

图 6－69　调整方向盘（二）

c. 一旦正前打直方向之后，屏幕提示会提醒操作员安装制动锁，然后程序就会检查传感器是否处于水平状态。传感器水平状态提示画面如图 6－70 所示，依照屏幕提示，调整相应传感器的水平。当所有传感器都处于水平状态之后，程序就会自动进入后轴数据测量步骤。

2）20°转向操作。

a. 依照屏幕图标提示，向左侧转动转向盘，直到方向对中中央黑线位置，如图 6－71 所示。

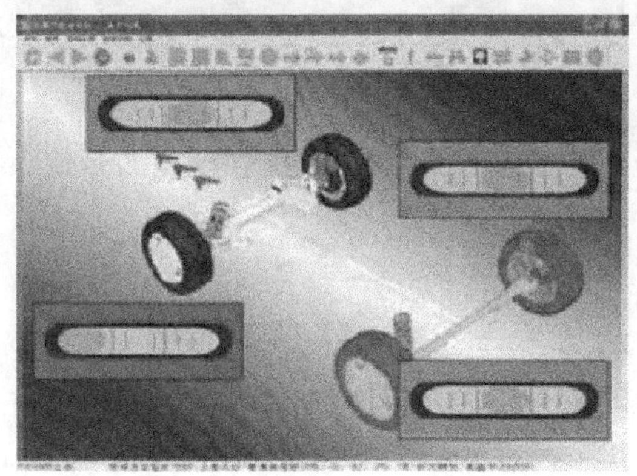

图 6－70　调整传感器水平

图 6－71　调整方向盘（三）

b. 然后再依照屏幕白色箭头所示，向右侧转动转向盘，直到方向对中中央黑线位置。

c. 按程序引导进入正前打直操作，方向对中之后，屏幕上就会显示出调整前检测所测量出的前轮前束值，如图 6－72 所示。

d. 单击“前进”图标，进入“最大总转角”检测界面。

3）测量最大总转角。

a. 依照白色箭头提示，将转向盘打到使车轮处于正前打直位置，如图 6－73 所示。为防止前部传感器臂碰到车辆挡泥板，正前打直方向之后，请把两个前部传感器从卡具上取下来。最大总转角的测量只与电子转角盘相关。

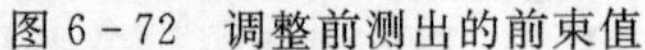

图 6-72　调整前测出的前束值

图 6-73　调整方向盘（四）

b. 如图 6-74 所示，当白色箭头处于最右侧时，向左将转向盘打到尽头并保持住转向盘位置以等待测量完成。

c. 屏幕显示如图 6-75 所示。之后，白色箭头会转到最左侧，再向右将转向盘打到尽头并保持住转向盘位置以等待测量完成。

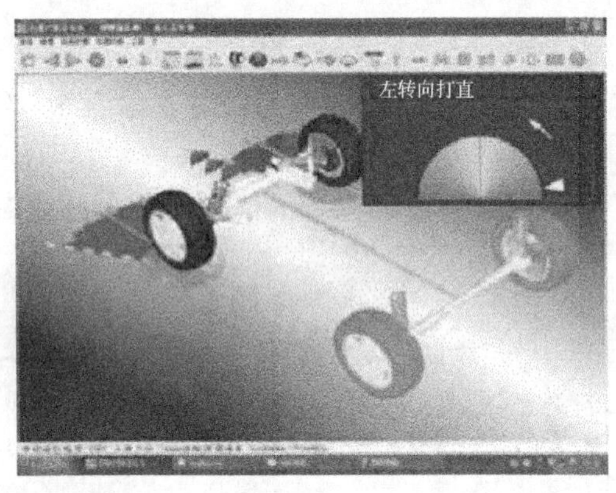

图 6-74　调整方向盘（五）

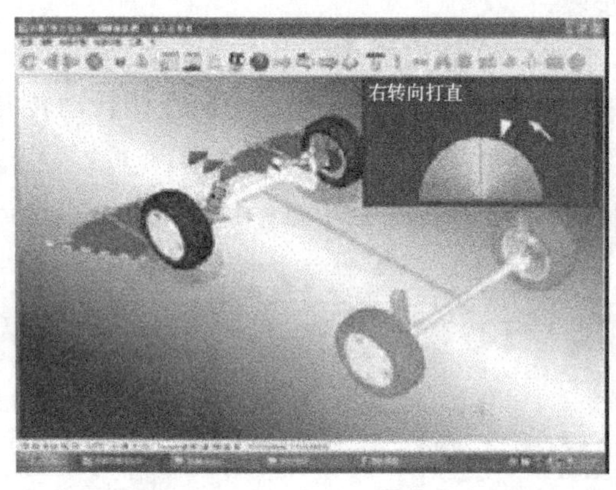

图 6-75　调整方向盘（六）

d. 依照白色箭头提示，将转向盘打到使车轮回到正前打直状态。然后重新把两个前部传感器装到卡具上。

e. 屏幕上自动出现调整前检测的检测数据报告，检测报告有表格形式和图形方式。

f. 单击“前进”图标可进入“定位调整”操作。

(3) 定位的检查与调整。

1) 转向轮的定位检查。

a. 使车辆处于正前打直方向。

b. 检查转向盘是否处于水平状态。如果转向盘完全水平，则可直接在此位置下安装转向盘锁；如果转向盘不水平，则需要把转向盘调整到完全水平的状态，然后安装制锁。

c. 把车辆举升到定位调整的高度。

d. 如果后轴车轮定位数据不合格需要调整，并且该定位数据是可调整的话，则可在图 6 - 76 所示画面下调整后轮的外倾角和前束。否则单击“前进”图标进入下一步。

e. 程序进入“调整前轴后倾角”画面，如图 6 - 77 所示。如果前轴车轮的后倾角可调整，则可在此画面下调整前轮的后倾角。否则单击“前进”图标进入下一步。

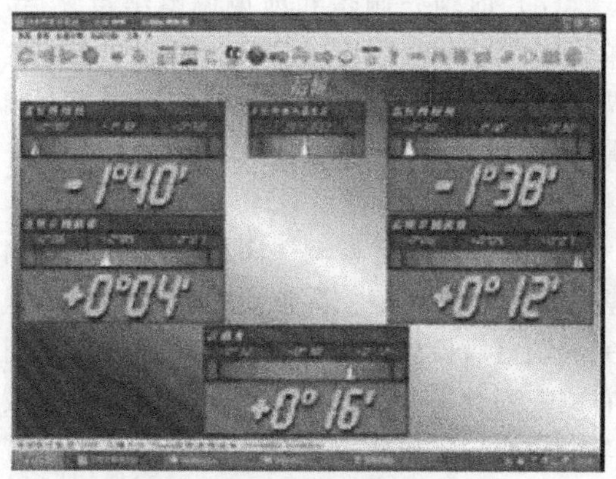

图 6 - 76　后轮调整后的外倾角和前束

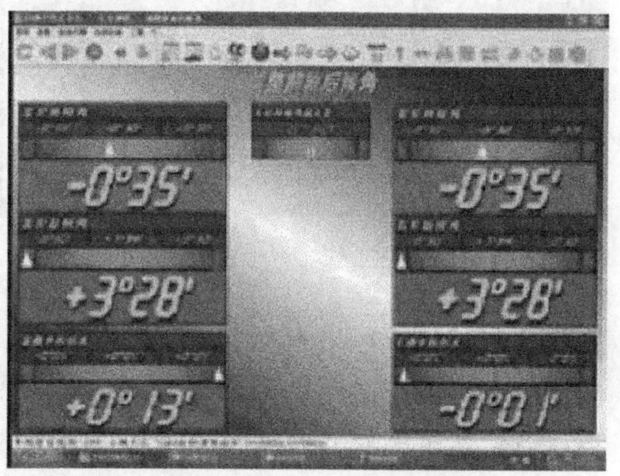

图 6 - 77　调整前轴后倾角

2）前轮外倾角和前束的调整。前轮外倾角和前束的调整顺序是先调整外倾角，再调整前束，因为外倾角的调整会影响前束的数值。

车轮外倾角的调整方式一般有两种：举升车辆前轮至悬空，调整外倾角；不必举升车辆前轮就直接调整外倾角。对于第二种情况，在“前轴”画面下可直接调整外倾角，然后再调整前束。前轴调整画面如图 6 - 78 所示，在此画面下分别调整前轮的外倾角和前束。

如果需要举升车辆前轴来调整外倾角，则可按下列步骤进行操作：

a. 举升调整前轮外倾角。单击工具栏中的竖直向上的箭头“举升车辆”图标（或按键盘上的 F7 键），则屏幕给出举升车辆提示框。此时应当用二次举升器把车辆前轴平稳顶起至前轮悬空状态。然后单击提示框中的“OK”图标。屏幕显示出外倾角顶升悬空调整画面。

图 6 - 78　前轮外倾角和前束

b. 外倾角顶升调整。

（a）如图 6 - 79 所示，在此画面下调整左右两侧的前轮外倾角。当外倾角的数值都达到合格范围之后，单击工具栏中的红色“退出”图标。

（b）此时屏幕显示出结束顶升调整的提示框，这时再放下二次举升器，使两前轮回到转角盘上。然后上下拉动副车架几次，以使车辆前悬挂回位。再单击提示框中的“OK”图标。

图 6-79　前轮外倾角

（c）程序重新返回“前轴检测数据”画面。如果外倾角数值是合格的，则可继续调整前束。如果外倾角仍不合格，则需重新举升前轴调整外倾角操作，直至外倾角数据合格。外倾角调整结束后，可接着调整前束。

（d）前轴外倾角和前束调整结束之后，单击工具栏中的红色“退出”图标结束定位调整操作。程序返回“常规调整”画面，接着可进行调整后检测。

（4）调整后检测及打印输出。

选择“调整后检测”图标，就可进入调整后检测操作步骤。调整后检测的操作流程与调整前检测完全相同。可依照屏幕操作引导完成调整后检测。调整后检测完成之后得到的检测报告即为最终的检测报告。此报告的最右侧一列数据就是调整后的车辆实际定位数据。通常还可以看到用图形方式显示的调整后车辆的四轮定位数据。单击工具栏内的“打印机”图标即可打印出完整的四轮定位检测调整报告。

（5）偏位补偿操作。

1）准备工作。

a. 拉紧车辆手刹，然后用二次举升器举升车辆前轴，使前轮高出检测平台约 6cm。转动转向盘使车辆大致处于正前打直方向。

b. 在偏位补偿过程中请勿转动转向盘。

c. 松开卡具上用来固定传感器销的紧固螺栓，使传感器能自由转动。

d. 在偏位补偿过程中，请保持传感器处于大致水平的状态。

操作说明：偏位补偿对车轮的顺序没有要求，可以先对悬空车轮中的任意一个车轮进行偏位补偿，也可对两个悬空的车轮同时进行偏位补偿。如果二次举升器可使车辆的 4 个车轮同时悬空，则 4 个车轮可同时进行偏位补偿。

2）操作步骤。

a. 转动左前轮，使快速卡具的 3 个卡爪之一指向正上方。参照水平气泡把传感器大致调水平，然后按一下传感器面板上的偏位补偿键，等待偏位补偿灯闪亮。

b. 偏位补偿灯熄灭之后，屏幕上的左前轮图标会有一块变为绿色，如图 6-80 所示，按照车轮行驶的方向把车轮大致转动 90°。把传感器调成水平状态，按一下偏位补偿键，等待偏位补偿灯闪亮。

c. 偏位补偿灯熄灭之后，屏幕上的车轮图标会有两块变为绿色，如图 6-81 所示。按照车轮行驶的方向把车轮再转动 90°，此时卡具卡爪转过 180°。把传感器调成水平状态，按一下偏位补偿键，等待偏位补偿灯闪亮。

d. 偏位补偿灯熄灭之后，屏幕上的车轮图标会有三块变为绿色，如图 6-82 所示。按照车轮行驶的方向把车轮再转动 90°，此时卡具卡爪转过 270°。把传感器调成水平状态，按一下偏位补偿键，等待偏位补偿灯闪亮。

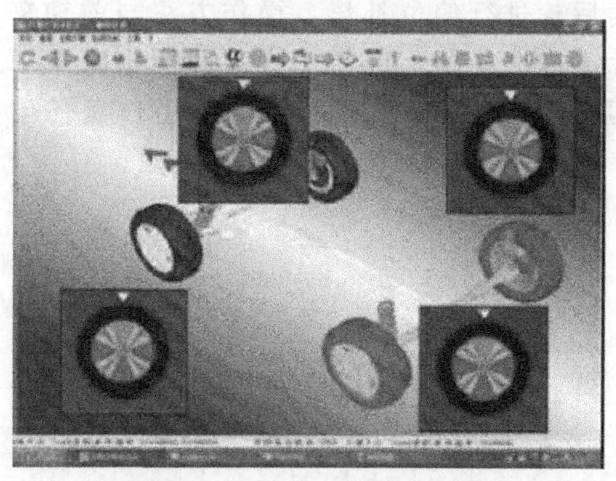
图 6-80　偏位补偿（一）

图 6-81　偏位补偿（二）

e. 偏位补偿灯熄灭之后，车轮图标圆环上的所有 4 个部分都变成绿色，如图 6-83 所示。按照车轮行驶的方向把车轮再转动 90°，使卡具卡爪重新回到起始位置，卡爪指向正上方。

图 6-82　偏位补偿（三）

图 6-83　偏位补偿（四）

f. 把左前传感器调成水平状态，然后拧紧卡具上紧固传感器销的螺栓。按下传感器上的偏位补偿计算键。相应的偏位补偿计算灯会闪亮。

g. 屏幕上左前轮的图标上会出现偏位补偿的最大数值，并用黄色指针指示出最大偏位补偿量出现的位置，如图 6-84 所示。

h. 同样的方法，对右前轮做偏位补偿。右前轮偏位补偿完成之后，把左右前轮恢复到按偏位补偿计算键时车轮所处的位置，放下前轴。

注意：车轮落回转角盘之后，前轮位置仍应当保留在按偏位补偿计算键时车轮所处的位置。

i. 晃动车辆前部，放松车辆前部悬挂。

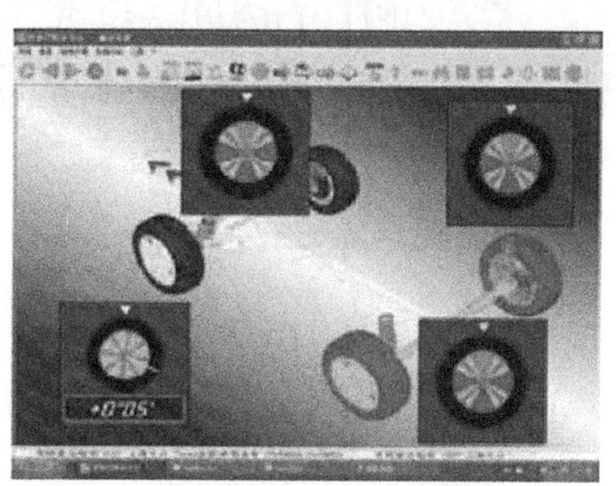

图 6-84　偏位补偿（五）

g. 用二次举升器顶起车辆的后轴，对两后轮进行偏位补偿，操作方法与前轴车轮相同。4 个车轮的偏位补偿数据得到之后，单击屏幕上的“前进”图标进入下一步操作。程序会自动记录此偏位补偿数据用于修正测量数据，不需要用户做任何操作。

二、车轮定位的调整

1. 车轮定位调整方法

(1) 前轮定位检查与调整。

检查车轮定位前，应将车辆高度调整至规定值；一定要在水平表面上进行测量；压车辆几次以稳定悬架。

(2) 测量车辆高度。

(3) 检查车轮转角。

1) 在转向半径仪的最后点上做胎面中心标记。

2) 将转向盘向左、向右转到完全锁止位置并测量其转角。

(4) 检查外倾角、后倾角和转向轴线倾角。

1) 安装前轮定位测定仪或将前轮放至车轮定位检测仪中央。

2) 检查外倾角、后倾角和转向轴线倾角。

(5) 调整外倾角。

注意：调整外倾角后检查前束。

1) 拆下前轮。

2) 拆下前减振器下侧的 2 个螺母，如图 6-85 所示。

注意：保持螺栓插入。

3) 清洁前减振器和转向节的安装表面。

4) 暂时安装 2 个螺母。

5) 按所需的调整方向将前桥轮毂推到底或拉到底，如图 6-86 所示。

6) 拧紧螺母。力矩为 240N·m。

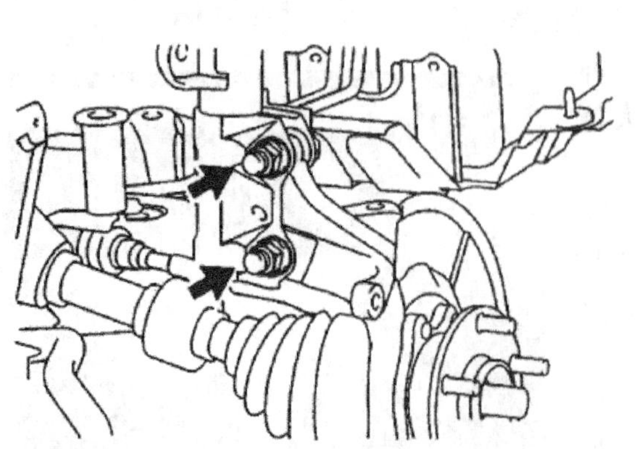

图 6-85　拆下前减振器下侧的 2 个螺母

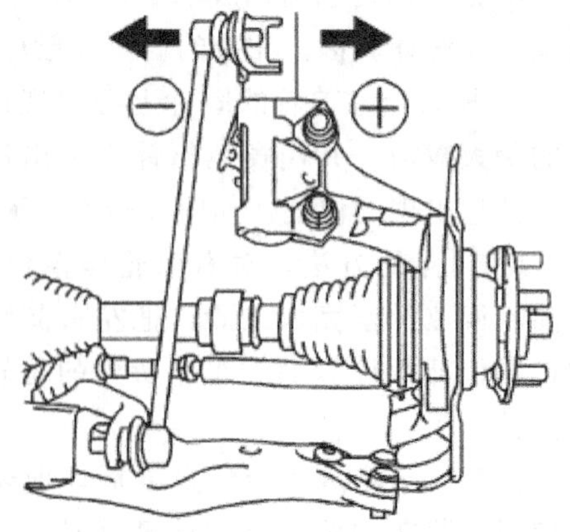

图 6-86　调整前桥轮毂

7）安装前轮。力矩为 103N·m。

8）检查外倾角。如果测量值不在规定范围内，用下面的公式计算所需的调整量。

外倾角调整量＝规定值范围的中间值－测量值。

检查安装螺栓的组合。选择适当的螺栓将外倾角调整至规定值［参见丰田卡罗拉维修手册（悬架－前轮定位）］。

提示：尽量将外倾角调整至规定值的中间值。

如果外倾角不能按上述螺栓组合正确调整，则可能损坏车身和悬架。

（6）检查前束。

1）按压车辆各角使其上下弹跳几次以稳定悬架。

2）松开驻车制动器并将换挡杆移至空挡位置。

3）向正前方推动车辆约 5m。（＊1）

4）在前轮最靠后的部位做好胎面中心标记，并测量标记间的距离（尺寸 *B*），如图 6－87 所示。

5）以前轮胎气门为参考点，向正前方缓慢推动车辆使前轮旋转 180°。

提示：不要使车轮旋转超过 180°。如果车轮旋转超过 180°，再从（＊1）开始执行本程序。

6）测量车轮前侧胎面中心标记间的距离（尺寸 *A*），如图 6－89 所示。

前束的标准值见表 6－4。如果前束不在规定范围内，则通过调整左右齿条接头进行调整。

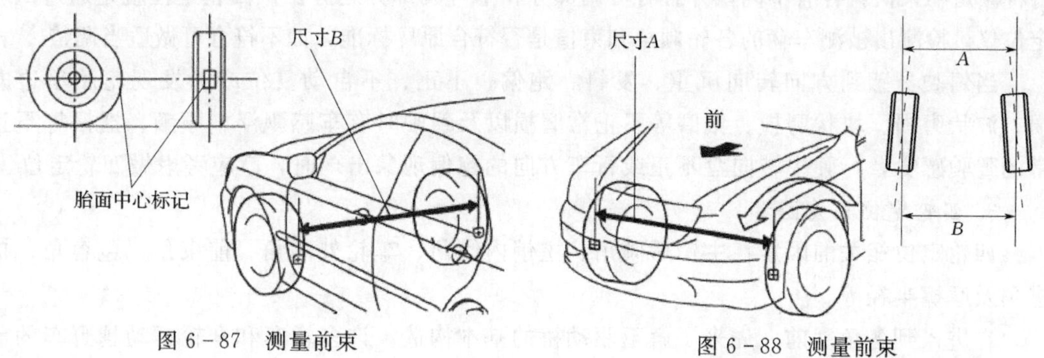

图 6－87　测量前束

图 6－88　测量前束

A—车轮前端距离；*B*—车轮后端距离

表 6－4　前束标准值

项　目	规定状态
前束（总）	*B*－*A*：2.0±2mm

（7）调整前束。

1）确保左右齿条接头的长度基本相同，如图 6－89 所示。标准差异不大于 1.5mm。

2）拆下 2 个防尘套卡子。

3）松开横拉杆接头锁紧螺母。

4）等量转动左、右齿条接头，以调整前束至中间值，如图 6－90 所示。

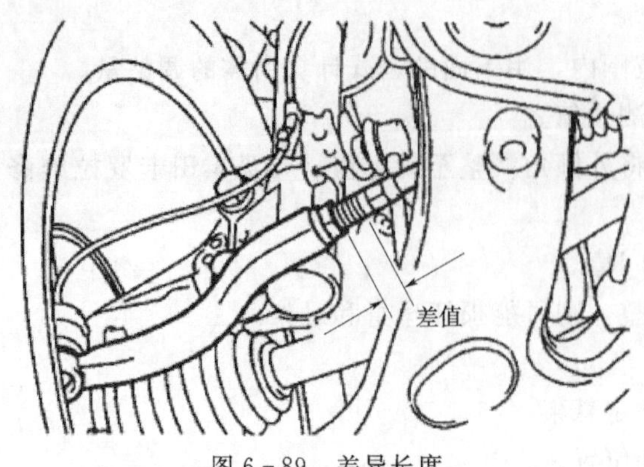

图 6-89　差异长度

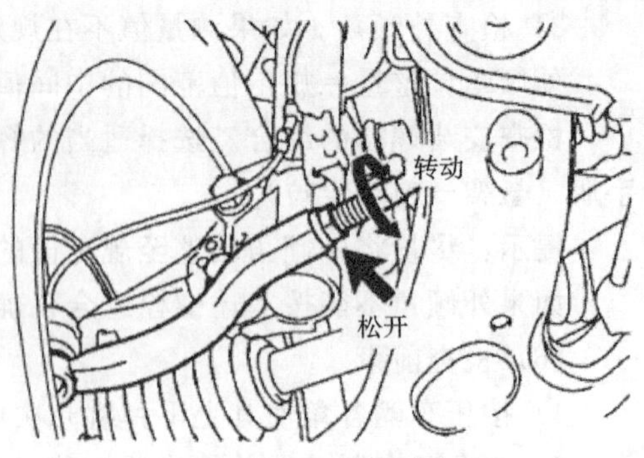

图 6-90　调整前束

5）拧紧横拉杆接头锁紧螺母。力矩为 74N·m。

6）将防尘套放到座椅上并安装防尘套卡子。

提示：确保防尘套未发生扭曲。

（8）使前轮处于正前位置。

2. 四轮定位基本原理

四轮定位的作用是使汽车保持稳定的直线行驶和转向轻便，并减少汽车在行驶中轮胎和转向机件的磨损。由于各汽车生产厂家对四轮定位原设计的不同、制造的不同，使得各轮的各种倾角和束值就各有不同，并且有可调部分和不可调部分之分。做四轮定位就是通过四轮定位仪，检测出被测车辆的各轮倾角和束值是否符合原厂标准，如不符合可做适当调整。

当驾驶员感到方向转向沉重、发抖、跑偏、不正、不自动复位或者发现轮胎单边磨损、波状磨损、块状磨损、偏磨等不正常磨损以及驾驶时有车感飘浮、颠颤、摇摆等不正常的驾驶感觉，行驶中转向盘不正或行车方向的跑偏现象出现时，就应考虑做四轮定位。

3. 四轮定位相关因素

四轮定位相关的因素：主销后倾角、主销内倾角、车轮外倾角、前束角、包容角、推进角及摩擦半径等。

在进入到各角度前，先来了解下驱动桥的基本构造。许多轿车和全轮驱动越野车的前桥既是转向桥又是驱动桥，称为转向驱动桥。如图 6-91 所示，转向驱动桥主要由主减速器、差速器、万向节、转向节、主销等组成。

前轮轮毂固定在转向节上，汽车转向时转向节绕主销旋转，带动前轮绕主销旋转。转向驱动桥为了将动力传给前轮，又能使前轮偏转，必须在转向节内加装万向节，且主销的轴线必须通过万向节中心，以确保不发生运动干涉。

（1）主销后倾角：从车辆的侧面观察上球头或支柱顶端与下球头之连线（假设的转向轴线）向前或向后倾斜，即转向轴线与地面的垂线之间的夹角。后倾角包括正的后倾角与负的后倾角以及零的后倾角 3 种。

主销后倾角的作用是使车轮复位以及提高直线行驶的稳定性，产生的回正力矩使汽车在行驶中若偶遇外力作用能自动回正。后倾角的主要功能是使车辆保持向正前方行驶。后倾角的角度不会影响轮胎磨，它是用来稳定车行方向和转向时能自动回正。主销后倾示意图见图 6-92。

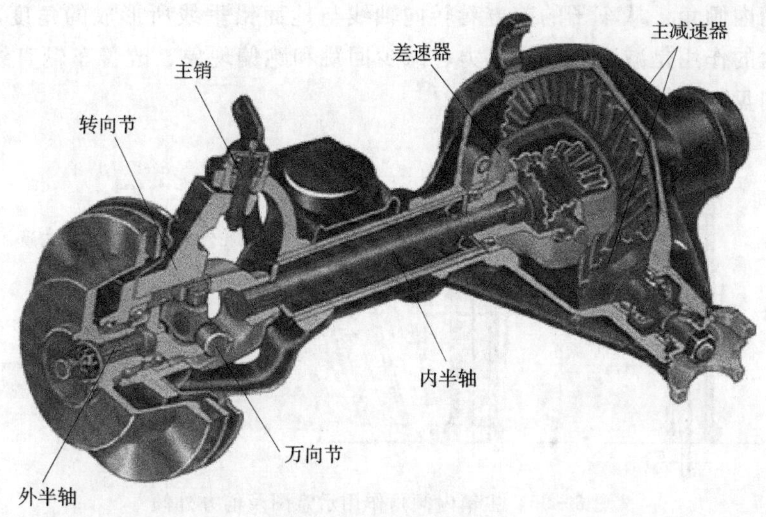

图 6-91　转向驱动桥

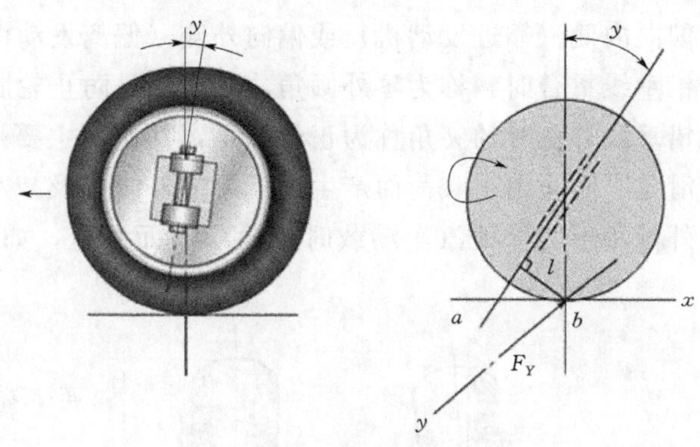

图 6-92　主销后倾示意图

主销有一定的后倾角，使主销延长线与地面的交点 a 向前偏移了一段距离 l，转向后地面作用在车轮上的侧向力 F_Y 对主销形成一个转矩，该转矩具有使前轮回正的作用。图 6-93、图 6-94 则分别表示了直行和转弯时主销后倾角的作用。

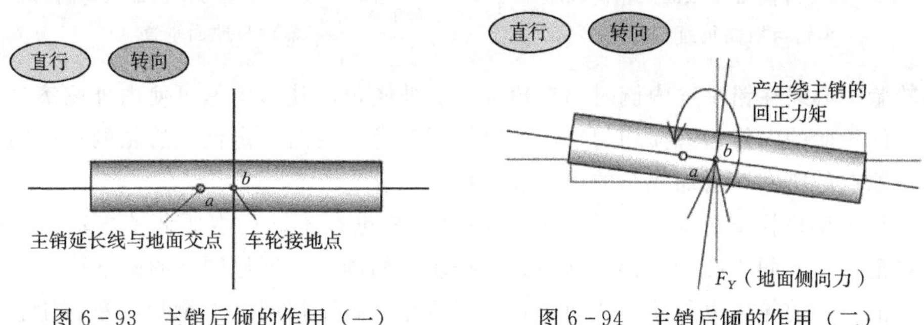

图 6-93　主销后倾的作用（一）　　图 6-94　主销后倾的作用（二）

对于后倾角的调整，应根据车型不同首先进行分析判断，然后进行调整，其调整方法有下列几种：垫片、不同心凸轮轴、偏心球头、大梁槽孔、平衡杆等。

（2）主销内倾角：从车子的前方看转向轴线与地面铅垂线所形成的角度。如图 6－95 所示，内倾角的作用是减少转向操纵力、减少回跳和跑偏现象、改善车辆直线行驶的稳定性、减小转向盘上的冲击力。

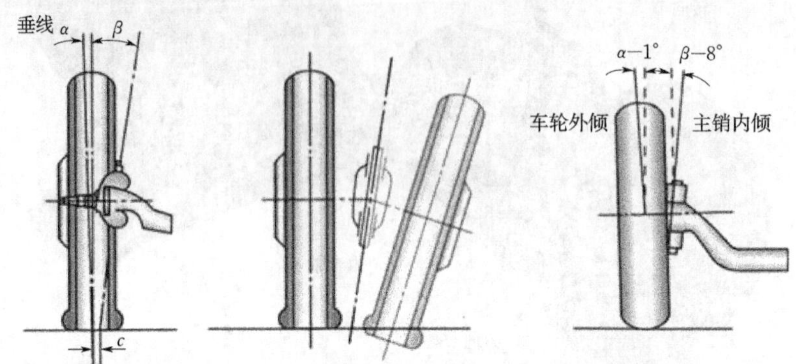

图 6－95　主销内倾角作用示意图及前办外倾

（3）前后轮外倾角：从汽车的前方看轮胎的几何中心线与地面的铅垂线的夹角，称为外倾角。轮胎的上缘偏向内侧（靠近发动机）或偏向外侧（偏离发动机）。

当轮胎中心线与铅垂线重合时，称为零外倾角，其作用是防止轮胎的不均匀磨损。

当轮胎中心线在铅垂线外侧时的夹角称为正外倾角，其作用主要是减低作用于转向节上的负载、防止车轮滑落、防止由于载荷而产生不需要的外倾角及减小转向操纵力且便于与拱形路面接触。正外倾角可以保证汽车满载时车轮与地面垂直，如图 6－96、图 6－97 所示。

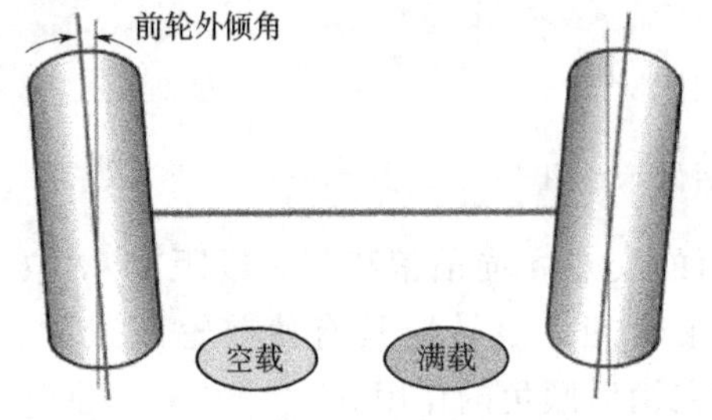

图 6－96　外倾可以保证汽车满载时车轮与地面垂直（一）

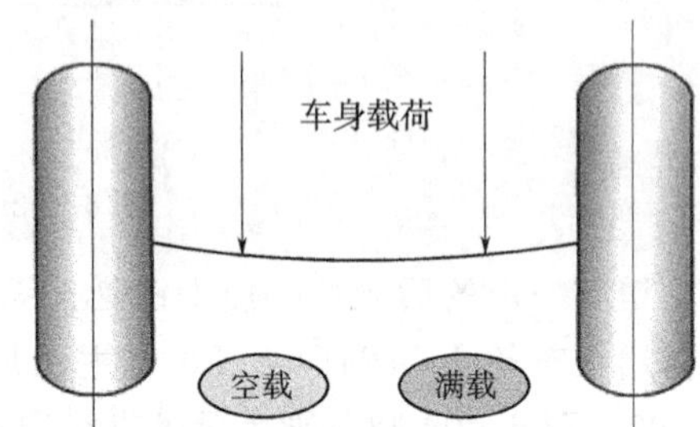

图 6－97　外倾可以保证汽车满载时车轮与地面垂直（二）

当轮胎中心线在铅垂线内侧时的夹角称为负外倾角，其作用是可使内外侧滚动半径近似相等，使轮胎的内外侧磨损均匀，还可以提高车身的横向稳定性。后轮的负外倾角可增加车轮接地点的跨度，增加汽车的横向稳定性。

外倾角的调整根据各车型各有不同，调整方法也有不同。主要调整方法有：调整垫片、大梁槽孔、不同心凸轮、偏心球头、上控制臂的调整、下控制臂的调整等。

（4）前束：前轮前束是从车辆前方看，于两轮轴高度相同之下测量，左右轮胎中心线其前端与后端距离之差值称为总前束。

如图 6－98 所示，从俯视图看，两侧前轮最前端的距离 B 小于后端的距离 A，$(A-B)$ 称为前轮前束。前轮前束的作用是消除前轮外倾造成的前轮向外滚开趋势，减轻轮胎磨损。

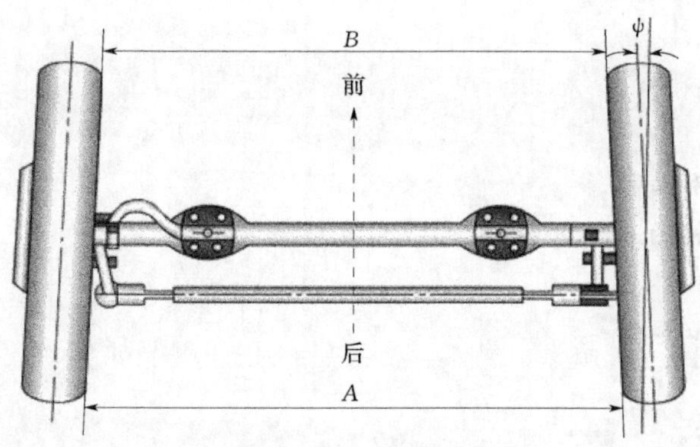

图 6-98　前轮前束

后轮前束可抵消汽车高速行驶且驱动力 F 较大时，车轮出现的负前束（前张），减少轮胎的磨损。

当正前束太大时，轮胎外侧磨损会有正外倾角太大所形成的磨损状态，胎纹磨损形式为羽毛状。当用手从内侧向外侧抚摸，胎纹外缘有锐利的刺手感觉。

当负前束太大时，轮胎内侧会有负外倾角太大所形成的磨损形态，胎纹磨损形式为羽毛状。当用手从外侧向内侧抚摸，胎纹外缘有锐利的刺手感觉。

前轮前束的调整方法：调整可调式拉杆，在调整前先将左右两边球头销止螺栓松开，夹紧转向盘正中位置。再根据电脑提供的资料进行同时调整。如果原来的转向盘是在正中位置，同时调整前束转向盘可能不会变动。直至调整到标准数值，然后路试看其是否有变动，如有变动应将其调正为止。

【项目检测与评估】

项目检测	分值	评分标准	学生自评	教师评估
车轮和轮胎	10	能说出车轮和轮胎的功用和类型		
车轮拆装	20	会正确的拆装车轮		
车轮换位	10	能够进行轮胎换位		
四轮定位检测	20	会使用定位仪进行检测		
四轮定位调整	20	会调整定位参数		
安全操作	10	正确使用工具，文明拆装		
现场管理	10	实习后整理现场，无漏装、损坏实习用具		
合计	100			

【项目小结】

1. 汽车车轮的功用、组成
2. 车轮的构造

(1) 轮辐：

1) 辐板式车轮。

2) 辐条式车轮。

(2) 轮辋：

1) 轮辋的类型和结构。

2) 国产轮辋规格的表示方法。

3. 车轮的拆装

4. 轮胎的功用和类型

5. 轮胎的结构

(1) 有内胎轮胎。

(2) 无内胎轮胎。

(3) 外胎的结构。

6. 常见轮胎品牌和轮胎规格的表示方法

7. 轮胎的拆装、检查及故障诊断

8. 一级维护轮胎作业项目

9. 二级维护轮胎作业项目

10. 轮胎维护操作要点

(1) 充气。

(2) 轮胎换位。

11. 车轮不平衡的危害及原因

12. 轮胎常见故障诊断

13. 四轮定位基本原理

14. 四轮定位相关的因素

四轮定位相关的因素包括主销后倾角、主销内倾角、车轮外倾角、前束角、包容角、推进角及摩擦半径等。

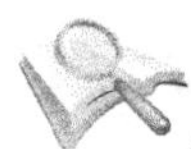

思考与练习

1. 车轮的功用和分类？

2. 轮胎的功用是什么？

3. 多长时间检查一次轮胎气压？多长时间进行一次轮胎换位？

4. 轮胎换位有哪些方法，如何进行？

5. 轮胎的检查项目包括哪些？如何检查？

6. 轮胎的常见故障的现象、原因及排除方法？

7. 四轮定位的主要内容和原理是什么？

项目七 转向机构的拆装与检修

【项目学习目标】

1. 能对转向机构间隙和固定螺栓紧固状况检查并转向横拉杆及球头检查与更换。
2. 能对转向助力液检查与更换。
3. 能对转向助力泵更换。

1. 掌握汽车机械转向系的类型、组成和功用。
2. 掌握液压动力转向系的组成、分类和工作原理。
3. 了解电控式动力转向系的分类与组成。

任务一 转向机构间隙和固定螺栓紧固状况检查和转向横拉杆及球头检查与更换

【任务分析】

随着汽车行驶里程的增加，转向系各零部件的磨损和固定螺栓的松动，转向横拉杆的弯曲变形和球头磨损，会导致汽车转向沉重、行驶跑偏等一系列故障的发生。应定期检查和维护转向系的固定螺栓紧固状况、转向横拉杆及球头。

请按要求在 6 节课内完成以下任务。

（1）会调整转向器的间隙。

（2）检查转向系的固定螺栓紧固状况。

（3）检查和更换转向横拉杆和球头。

【任务准备】

（1）实习车辆。

（2）常用维修工具、扭力扳手、球头拆卸专用工具、翼子板布及格栅布、车内清洁四件套。

【任务实施】

（1）安装车内清洁四件套、拉紧驻车制动器、安装翼子板布、格栅布，并用高压空气清洁引擎仓，如图 7－1 所示。

（2）齿轮齿条转向器的间隙调整。转向盘处于中间位置。如图 7－2 所示。

1）松开转向器上的调整螺钉的锁紧螺母，如图 7－3 所示。

图 7-1　实施任务准备

图 7-2　转向盘在中间位置

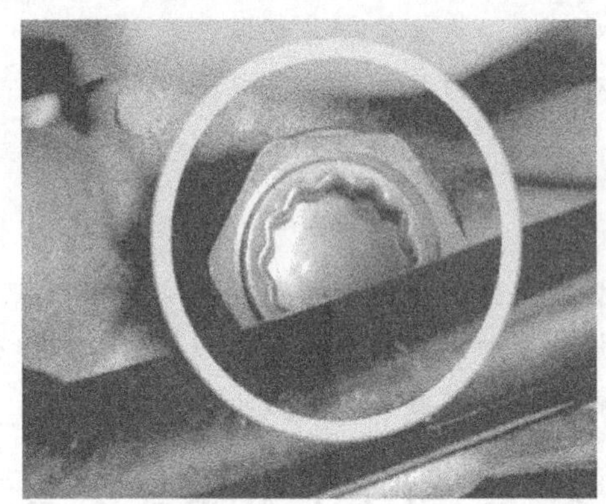

图 7-3　松开转向器上的调整螺钉的锁紧螺母

2）旋入调整螺钉，直到螺钉与压块相接触。此时，如果方向沉重，则旋松调整螺钉；如果仍有旷量，则旋紧调整螺钉。如此反复调整，直到转动转向盘轻便灵活为止。如图 7-4 所示。

3）使用扭力扳手旋紧调整螺钉的锁紧螺母。如图 7-5 所示。

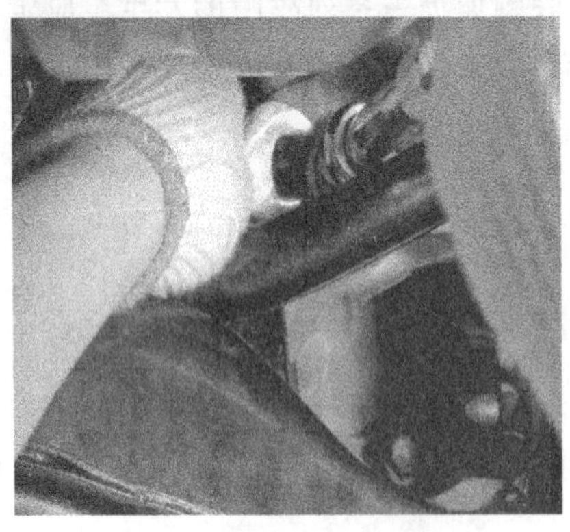

图 7-4　调整螺钉松紧度

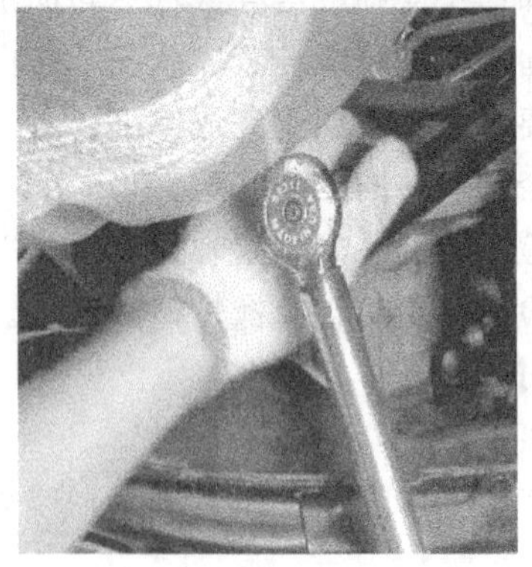

图 7-5　旋紧调整螺钉的锁紧螺母

（3）检查转向系的固定螺栓。

1）用手晃动转向器，检查转向器有无松动。如图 7-6 所示。

2）使用套筒、扭力扳手检查转向器的两条圆柱体内六角螺栓紧固情况。拧紧到规定力矩。如图 7-7 所示。

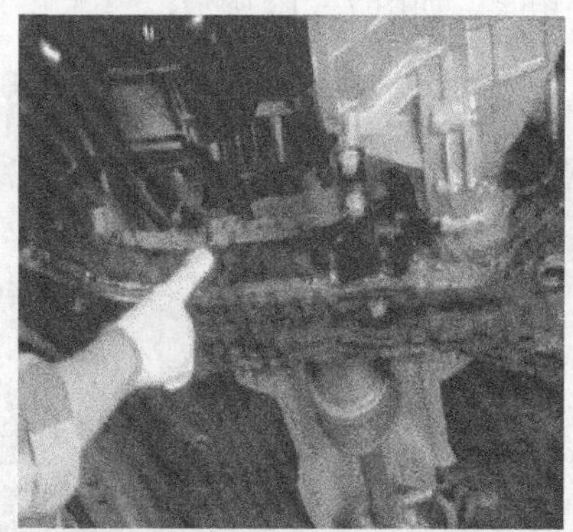

图 7-6　检查转向器松动情况

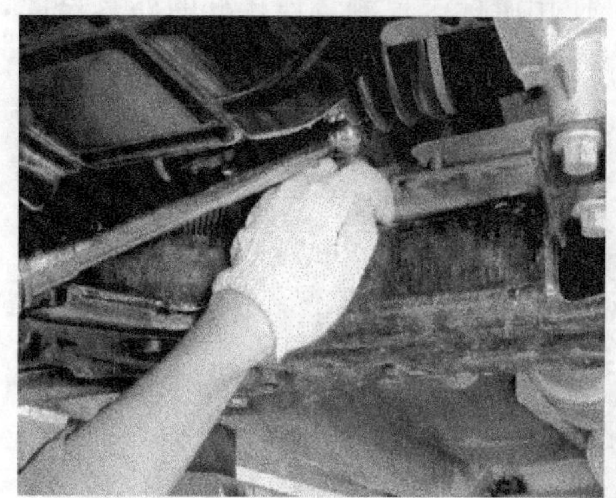

图 7-7　检查转向器螺栓紧固情况

(4) 检查和更换转向横拉杆和球头。

1) 进入驾驶室，解除转向盘锁止后，将转向盘调整到中间位置。如图 7-8 所示。

2) 使用车轮扳手，拧松车轮的固定螺栓。取下车轮，并将其放到车轮支架上。如图 7-9 所示。

图 7-8　调整转向盘至中间位置

图 7-9　拧松车轮固定螺栓

3) 使用 16～17mm 梅花扳手，拧松转向横拉杆球头固定螺母。如图 7-10 所示。

4) 用手旋下球头固定螺母，将螺母摆放到零件车上。如图 7-11 所示。

图 7-10　拧松转向横拉杆球头固定螺母

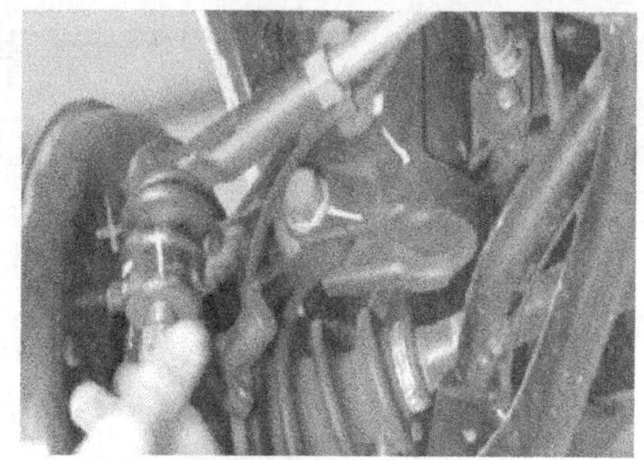

图 7-11　用手旋下球头固定螺母

5) 将球头拆卸工具固定在球头销和转向节上。一手扶住球头拆卸工具，一手使用 19～21mm 梅花扳手旋出丝杆，直到压出球头为止。如图 7-12 所示。

6）使用游标卡尺测量连接杆的外露长度，并记录。如图 7－13 所示。

图 7－12　拆卸球头

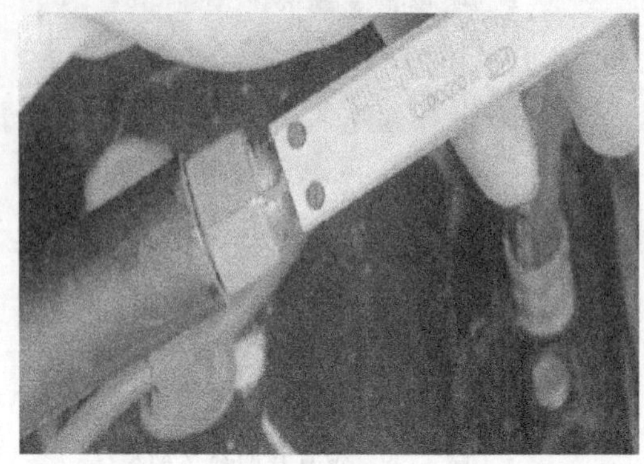

图 7－13　测量连接杆外露长度

7）使用开口扳手固定连接杆。使用开口扳手拧松连接杆两端的锁紧螺母。最后从转向臂上脱出转向球头销。用手旋下转向横拉杆球头。如图 7－14 所示。

8）检查转向横拉杆球头应无明显旷量。如图 7－15 所示。

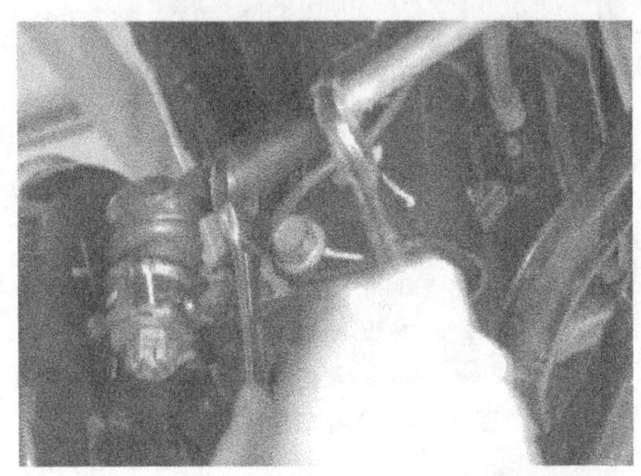

图 7－14　拧松连接杆两端锁紧螺母

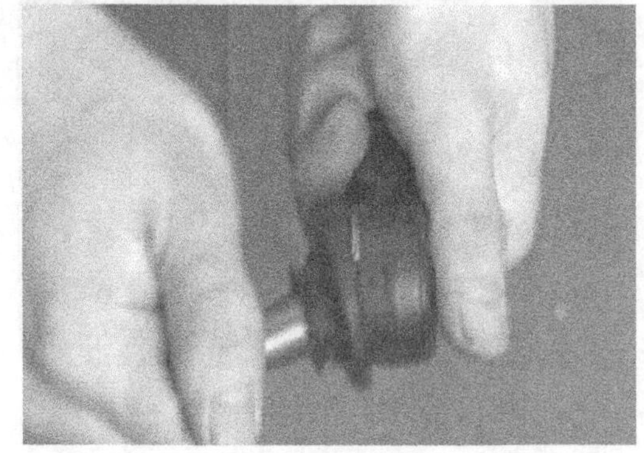

图 7－15　检查转向横拉杆球头旷量

9）安装转向横拉杆球头。将转向球头销插入转向臂的安装孔内。如图 7－16 所示。

图 7－16　安装转向横拉杆球头

10）后面安装顺序和拆卸时相反。注意测量左右转向横拉杆的连接杆的外露长度，将连接杆长度调整到记录数值后，使用扳手固定连接杆；使用开口扳手，固定两端的锁止螺母锁紧。

一、转向系的作用

通过驾驶员的操作根据需要改变汽车行驶的方向。

二、转向系统的原理

转向系通过驾驶员对转向盘的转动，使得转向柱转动，从而使转向器及转向节转动，实现转向。

三、机械式转向系统

机械式转向系统由转向操纵机构、机械转向器和转向传动机构 3 大部分组成，如图 7－17 所示。

特点：结构简单、工作可靠、路感好，但操纵较费力。

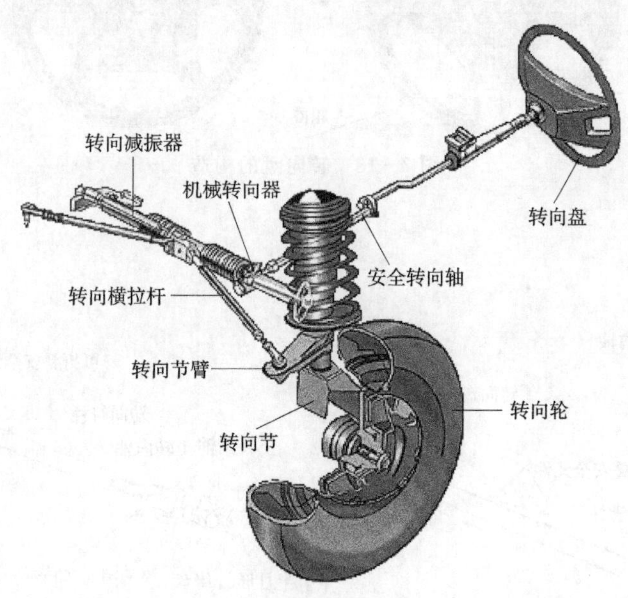

图 7－17　红旗 CA7220 型轿车机械转向系统

1. 转向操纵机构

由转向盘、转向轴、转向管柱等组成。

（1）转向盘。它主要由轮毂、轮辐和轮圈组成。如图 7－18 所示。

（2）安全式转向盘柱。轿车除要求装有吸能式转向盘外，还要求转向盘柱必须装备能够缓和冲击的吸能装置。转向轴和转向柱管吸能装置的基本工作原理：当转向轴受到巨大冲击而产生轴向位移时，通过转向柱管或支架产生塑性变形、转向轴产生错位等方式，吸收冲击能量。

图 7－19 所示为上海桑塔纳轿车采用的可分离式安全转向操纵机构。

2. 机械转向器

转向器的作用是增大由转向盘传到转向节的力并改变力的传递方向，并获得所要求的

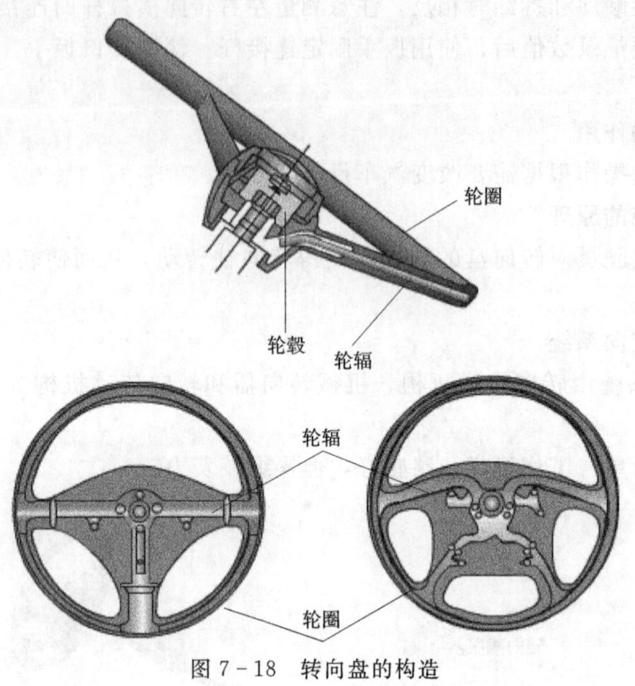

图 7-18 转向盘的构造

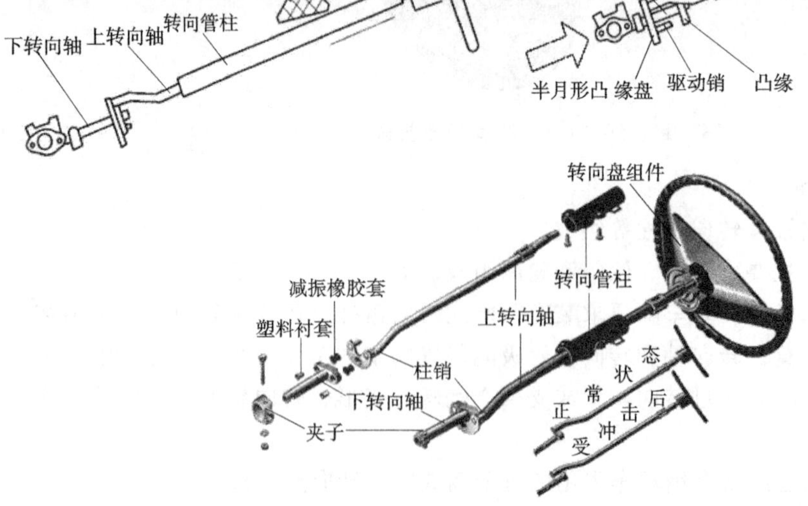

图 7-19 可分离式安全转向操纵机构

摆动速度和角度。转向器按结构型式，可分为齿轮齿条式、循环球式和蜗杆曲柄指销式等几种。

（1）齿轮齿条式转向器。

1）作为传动副主动件的转向齿轮垂直安装在壳体中，其上端通过花键与转向轴上的柔性万向节连接。与转向齿轮啮合的转向齿条水平布置。弹簧通过压块将齿条压靠在齿轮上，保证无间隙啮合。弹簧的预紧力可用调整螺栓调整，如图 7-20 所示。

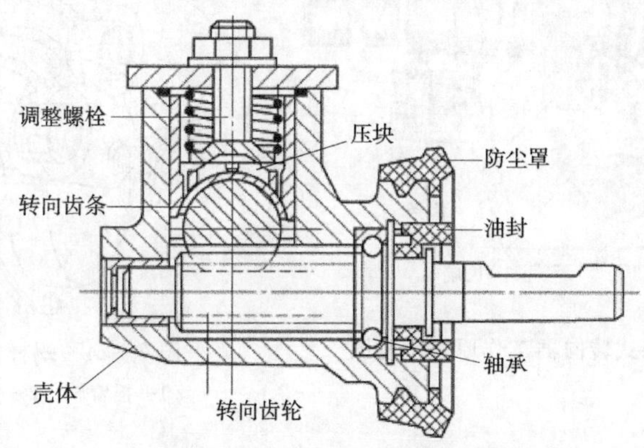

图 7-20　齿轮齿条式转向器

2）齿轮齿条转向器工作原理示意图如图 7-21 所示。

齿轮齿条转向器工作过程动力路径为：方向盘——转向轴——转向齿轮——转向齿条——转向拉杆

齿轮齿条转向器适合与麦弗逊式独立悬架配用，常用于轿车、微型货车和轻型货车。

（2）循环球式转向器。

1）结构。循环球式转向器中一般有两级传动副：第一级是螺杆螺母传动副，第二级是齿条齿扇传动副。如图 7-22 所示。

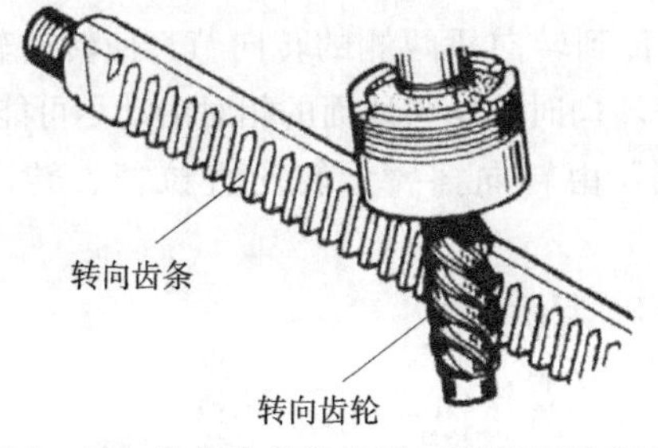

图 7-21　齿轮齿条转向器工作原理示意图

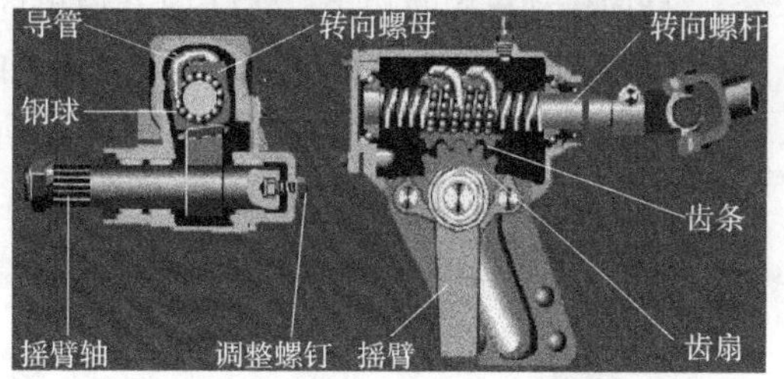

图 7-22　循环球式转向器

2）循环球式转向器工作原理示意图如图 7-23 所示。

循环球式转向器工作过程动力路径为：转向螺杆——循环球——螺母——齿扇——摇臂

常用于各种轻型和中型货车，也用于部分轻型越野汽车。

（3）蜗杆曲柄指销式转向器。

1）蜗杆曲柄指销式转向器的传动副以转向蜗杆为主动件，其从动件是装在摇臂轴和曲柄端部的指销。如图 7-24 所示。

2）工作过程：转向蜗杆转动→指销绕摇臂轴轴线沿圆弧运动→带动摇臂轴转动，工作原理示意图如图 7-25 所示。

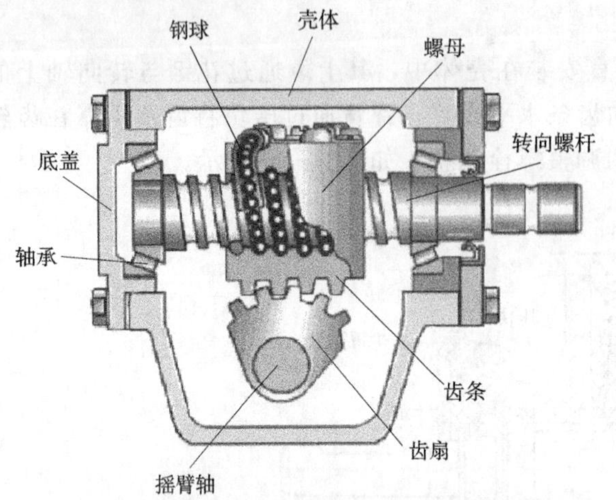

图 7-23　循环球式转向器工作原理示意图

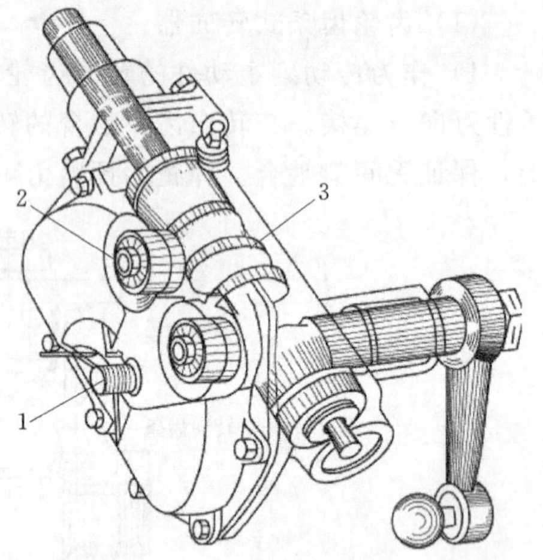

图 7-24　蜗杆曲柄指销式转向器

1—摇臂轴；2—指销；3—转向蜗杆

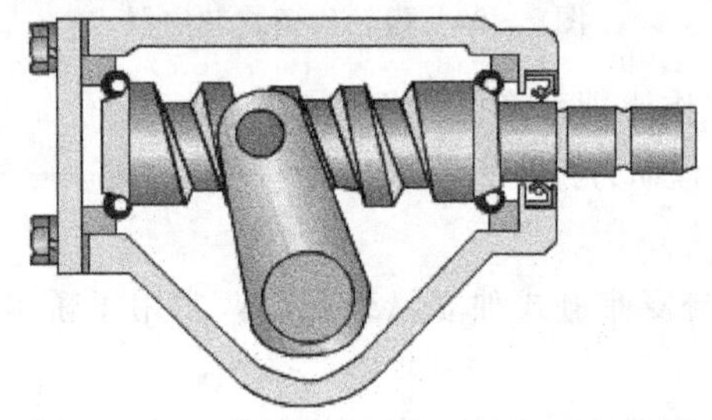
图 7-25　蜗杆曲柄指销式转向器工作原理示意图

3. 转向传动机构

转向传动机构的功用：将转向器输出的力和运动传到转向桥两侧的转向节，使转向轮偏转，并使两转向轮偏转角按一定关系变化，以保证汽车转向时车轮与地面的相对滑动尽可能小。

(1) 与非独立悬架配用的转向传动机构。组成：由转向摇臂、转向直拉杆、转向节臂、两个梯形臂和转向横拉杆等组成。

(2) 与独立悬架配用的转向传动机构。如图 7-26 所示。

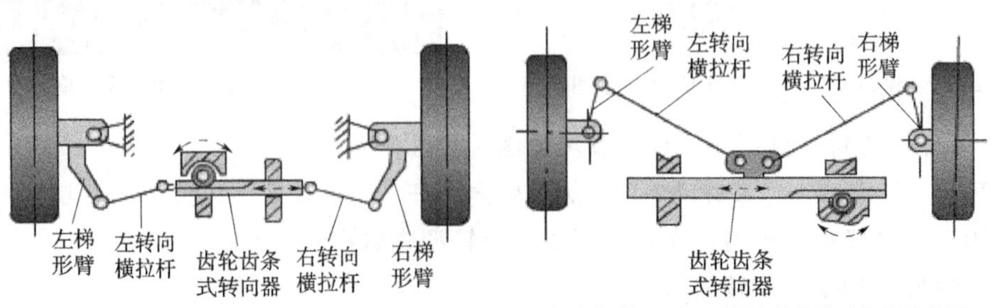

(a) 捷达轿车转向传动机构示意图　(b) 红旗CA7220型轿车转向传动机构示意图

图 7-26　与齿轮齿条式转向器相配合的转向传动机构示意图

当转向轮采用独立悬架时，为了满足转向轮独立运动的需要，转向桥是断开式的，转向传动机构中的转向梯形也必须断开。

与独立悬架配用的多数是齿轮齿条式转向器，转向器布置在车身上，转向横拉杆通过球头销与齿条及转向节臂相连。

（3）转向横拉杆。转向横拉杆是联系左、右梯形臂并使其协调工作的连接杆。在旋松锁紧螺栓以后，转动横拉杆体，即可改变转向横拉杆的总长度，从而调整转向轮前束。如图 7－27 所示。

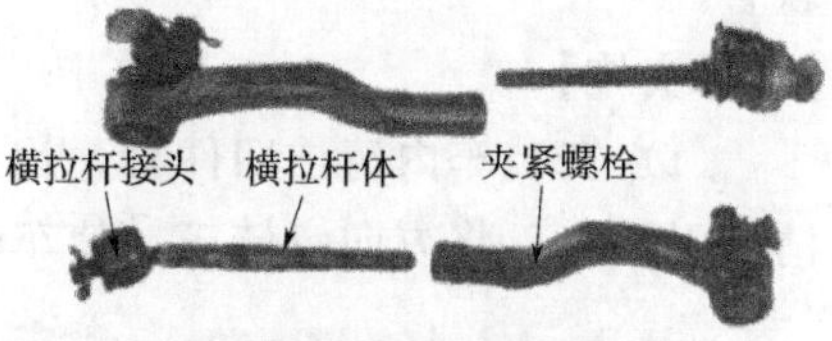

横拉杆接头　横拉杆体　夹紧螺栓

图 7－27　转向横拉杆

（4）转向摇臂。把转向器输出的力和运动传给直拉杆或横拉杆，进而推动转向轮偏转。

转向摇臂的大端用锥形三角细花键与转向器中摇臂轴的外端连接，并用螺母固定；小端通过球头销与转向直拉杆作空间铰链连接。如图 7－28 所示。

转向摇臂安装后从中间位置向两边摆动的角度应大致相等，故在把转向摇臂安装到摇臂轴上时，两者相应的角度位置应正确。为此，常在摇臂大孔外端面上和摇臂轴的外端面上各刻有短线，或是在两者的花键部分上都少铣一个齿作为装配标记。装配时应将标记对齐。如图 7－29 所示。

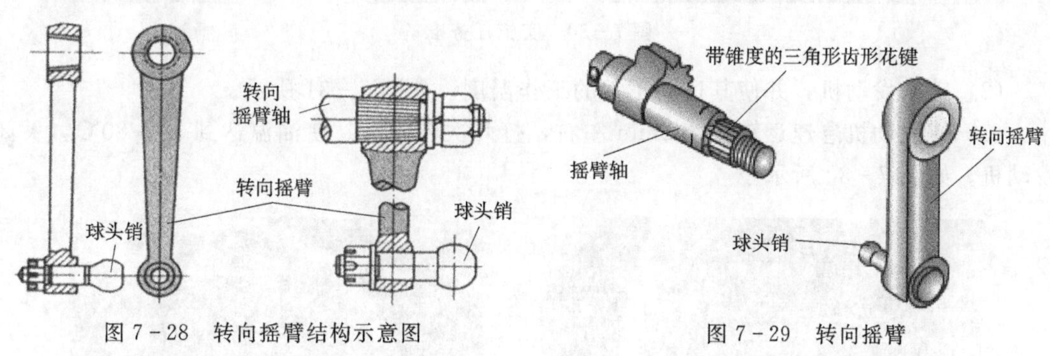

图 7－28　转向摇臂结构示意图　　图 7－29　转向摇臂

任务二　转向助力液检查与更换

【任务分析】

对于液压动力转向装置而言，在使用过程中会出现助力油变白、起泡、浑浊、液位下降等现象，致使动力转向装置性能下降或丧失，造成汽车转向沉重。其主要原因是助力油与空气混合、转向助力液达到更换周期和管路存在泄漏。因此，应定期检查、添加或更换转向助力液，保证转向助力装置能够正常工作。

请按要求在 4 节课内完成以下任务。

（1）学会前期准备工作。

（2）学会检查助力转向液及液面高度。

（3）学会更换转向助力液。

（4）能正确使用工具和设备。

（5）能安全文明操作，具有卫生和环保意识。

【任务准备】

（1）准备实习用车。

（2）准备工具：吸液器、转向助力液1桶、干净的抹布、吸管、鲤鱼钳、适当长度的软管。

【任务实施】

（1）安装车内清洁四件套、拉紧驻车制动器、安装翼子板布、格栅布，并用高压空气清洁引擎仓。将方向盘转正，使车轮处于直线行驶状态。打开引擎盖。如图7-30所示。

图7-30　实施任务准备

（2）启动发动机，并使其达到正常的工作温度。如图7-31所示。

（3）使发动机怠速运转大约2min左右，打几次转向盘。使油温达到40～80℃，关闭发动机。如图7-32所示。

图7-31　启动发动机

图7-32　打转向盘

（4）观察储油罐的液面，此时液面应处于“MAX”（上限）与“MIN”（下限）之间，液面低于“MIN”时，应加至“MAX”。如图7-33所示。

（5）旋下储液罐盖，使用吸管吸出储液罐内的助力液。如图7-34所示。

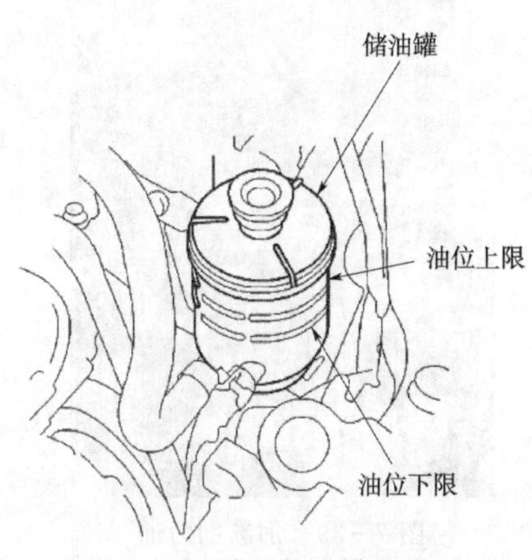

图 7-33　检查储油罐的液面

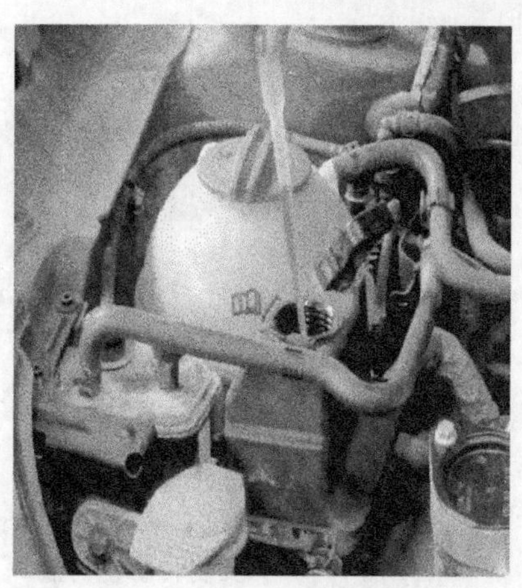

图 7-34　吸出助力液

(6) 用鲤鱼钳旋松转向器油管与储液罐连接端的压紧卡箍，拉离油管与管接头接触部件，用手转动并拉出回油管。一般接有出回两根油管。较细的油管是回油管。如图 7-35 所示。

(7) 在回油管接头上接上排油延长管，并将排油延长管放入废油容器内。如图 7-36 所示。

图 7-35　鲤鱼钳松开卡箍

图 7-36　接上排油延长管

(8) 堵住储油罐的回油管接口，启动发动机并怠速运转。如图 7-37 所示。

(9) 依次将转向盘向左、向右反复转动到极限位置，直到旧助力油排尽 1～2s 后。如图 7-38 所示。

(10) 关闭点火开关接好回油管，将新助力油加到规定液面为止。如图 7-39 所示。

图 7-37　启动发动机

液压式动力转向系统

1. 组成方式

动力式转向系统除机机械装置之外，主要包括转向助力油（液压油）、储油罐、转向油泵（助力油泵）、转向控制阀、转向动力缸等。如图 7-40 所示。

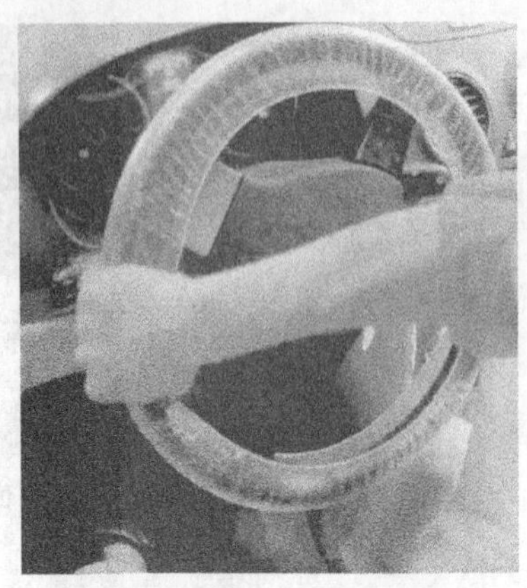

图 7-38 反复转动转向盘

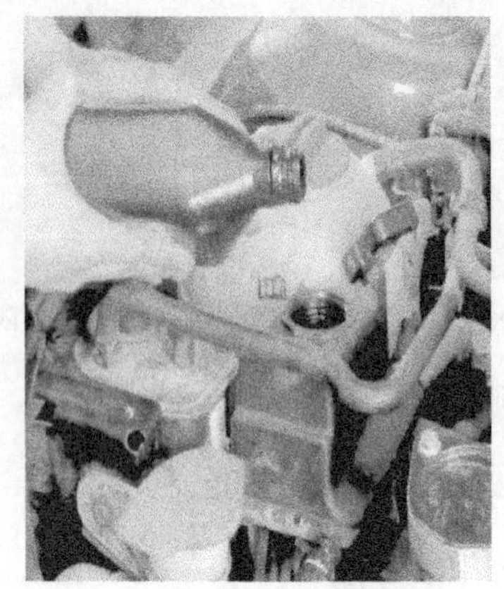

图 7-39 加新助力油

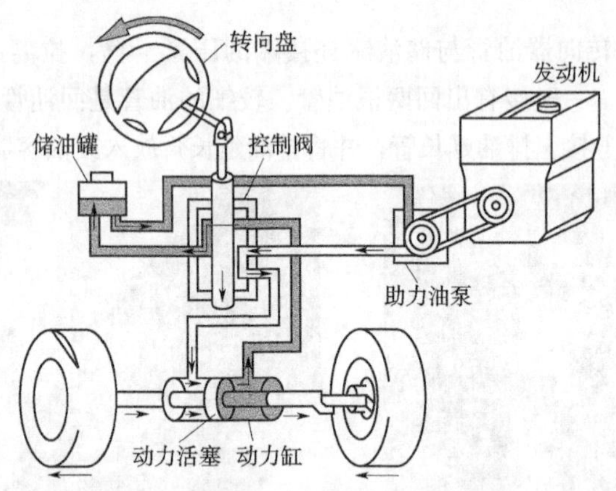

图 7-40 液压式动向转向系统组成

2. 液压式动力转向的分类

液压式动力转向装置按液流型式分为常流式和常压式两种。常流式液压助力转向系统根据机械式转向器、转向动力缸和转向控制阀三者在转向装置中的布置和连接关系的不同，液压动力转向装置分为整体式（机械转向器、转向动力缸和转向控制阀三者设计为一体）、半整体式（机械转向器和转向控制阀组合成一个整体，转向动力缸是单独设置）和转向加力器（机械转向器独立，转向控制阀和转向动力缸组合成一体）3 种结构型式。如图 7-41 所示。

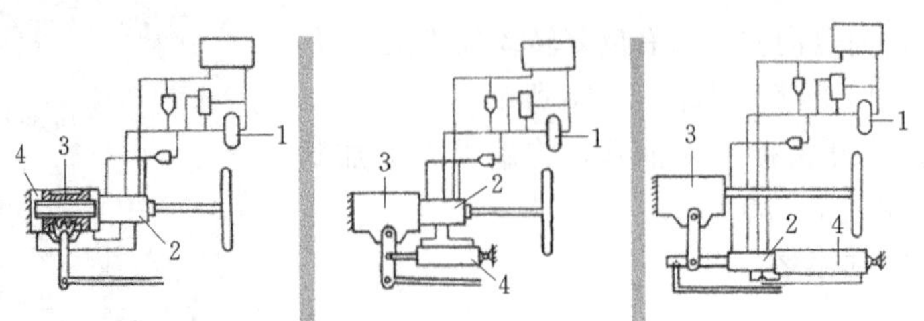

（a）整体式动力转向器 （b）半整体式动力转向器 （c）转向加力器

图 7-41 按布置和连接关系分类

1—转向液压泵；2—转向控制阀；3—机械转向器；4—转向动力缸

液压式动力转向装置按其转向控制阀阀芯的运动力式，还可分为滑阀式和转阀式两种形式。

3. 液压动力转向工作原理

(1) 常压式液压助力转向系统特点。

无论转向盘处于中立位置还是转向位置，也无论转向盘保持静止还是运动状态，系统工作管路中总是保持高压。如图 7-42 所示。

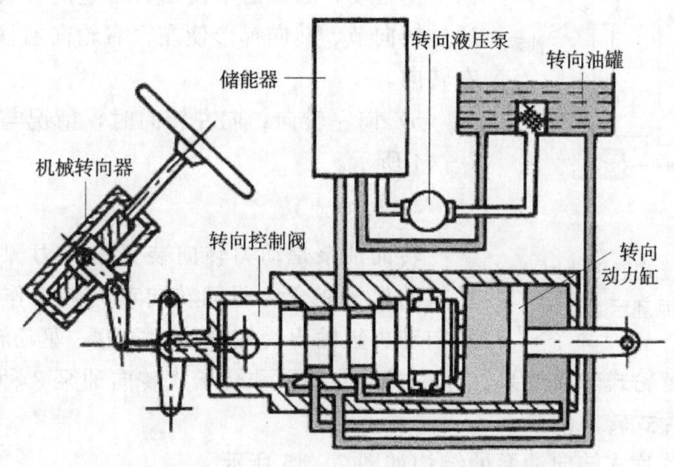

图 7-42　常压式液压转向加力装置示意图

(2) 常流式液压助力转向系统特点。

转向油泵始终处于工作状态，但液压助力系统不工作时，基本处于空转状态。多数汽车都采用常流式液压助力转向系统。如图 7-43 所示。

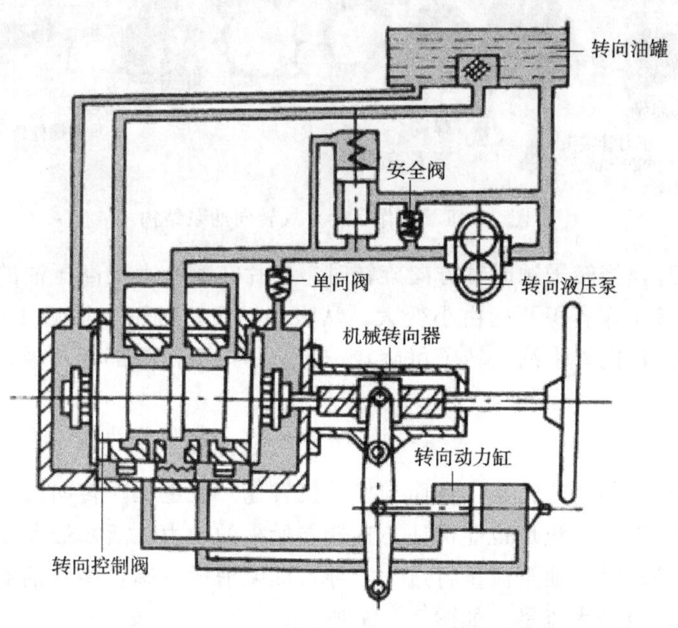

图 7-43　常流式液压转向加力装置示意图

(3) 常流式液压动力转向系工作原理。

1) 直线行驶时：转向控制阀将转向油泵泵出来的工作液与油罐相通，转向油泵处于卸荷状态，动力转向器不起助力作用。

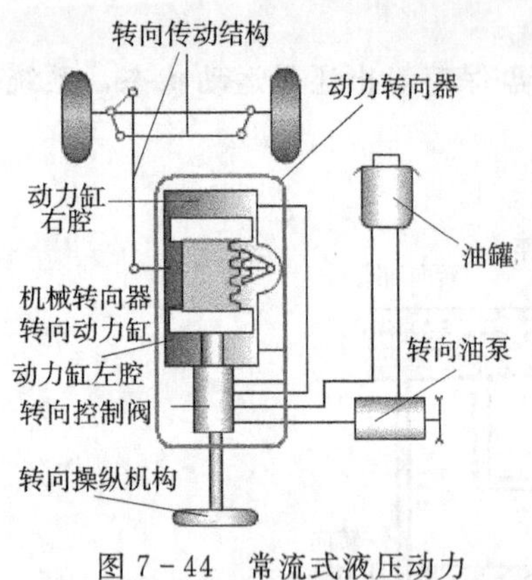

图 7-44 常流式液压动力转向系工作原理示意图

2) 向右转向：当汽车需要转弯时，如右转弯，驾驶员向右转动方向盘，转向控制阀将转向油泵泵出来的工作液与右腔接通，将左腔与油罐接通，在油压的作用下，齿条活塞移动，通过齿扇使摇臂轴逆时针转动，拉动主拉杆通过转向节、转向梯形使左、右轮向右摆动，从而实现向右转向。

3) 向左转向：向左转向时，情况与上述相反。如图 7-44 所示。

4. 转向油泵

转向油泵是动力转向装置的动力源。转向油泵将发动机的机械能变为驱动转向动力缸工作的液压能，再由转向动力缸输出受控制的转向力，驱动转向车轮转向。

转向油泵有齿轮式转向油泵、叶片式转向油泵和转子式转向油泵 3 种类型。目前最常用的是双作用叶片式转向油泵。

(1) 双作用叶片式转向油泵的结构如图 7-45 所示。

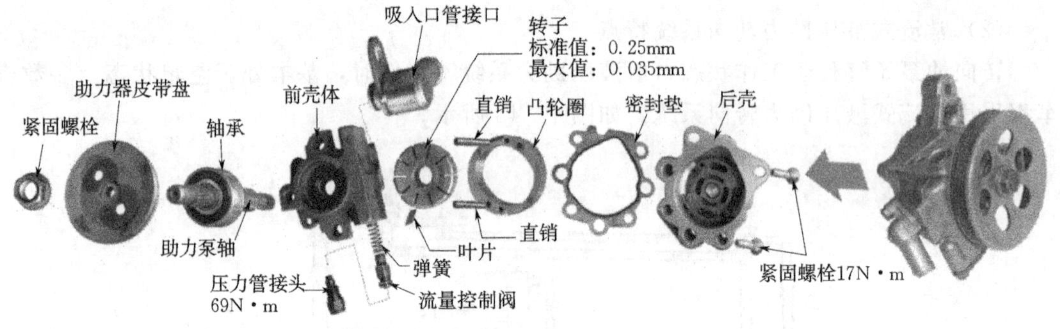

图 7-45 双作用叶片式转向油泵结构

(2) 工作原理。当转子顺时针方向旋转时，叶片在离心力及高压油的作用下紧贴在定子的内表面上。其工作容积开始由小变大，从吸油口吸进油液；而后工作容积由大变小，压缩油液，经压油口向外供油。转子每旋转一周，每个工作腔都各自吸、压油两次。如图 7-46 所示。

5. 流量控制阀

转向油泵的流量与齿轮转速（进而与发动机转速）成正比。转向油泵一般设计得即使在发动机怠速运转时，其流量也能保证急速转向所需的动力缸活塞最大移动速度。

当发动机转速高时，油泵流量将过大，导致油泵消耗功率过多和油温过高。流量控制阀用来限制转向油泵最大流量。如图 7-47 所示。

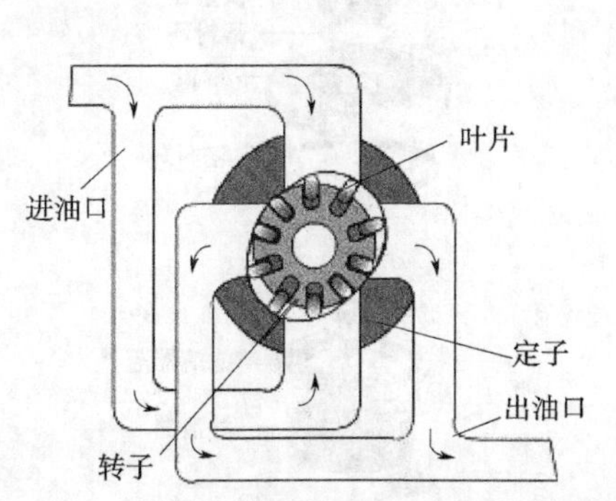

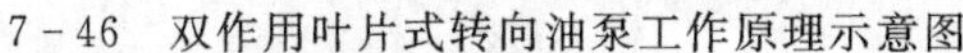
7－46　双作用叶片式转向油泵工作原理示意图

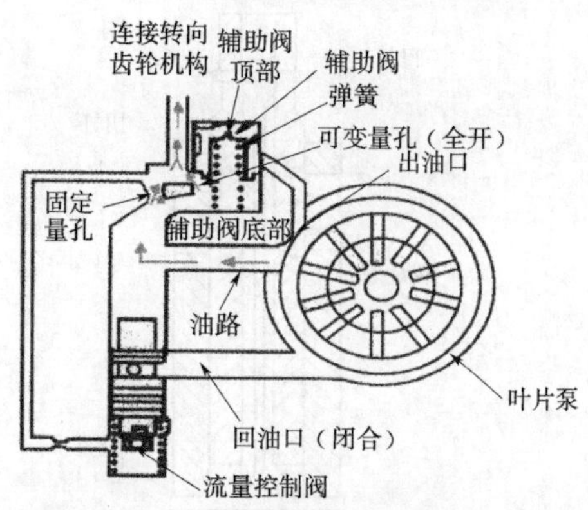

图 7－47　流量控制阀工作原理示意图

6. 转向控制阀

根据驾驶员的转向意图控制油流方向，将油泵输出的工作油液引入到转向助力缸的相应腔室中，由助力缸活塞产生的推力使车轮转向。它装于转向器主动齿轮轴靠上的位置。常为转阀式结构。

(1) 滑阀式转向控制阀。阀体沿轴向移动来控制油液流量的转向控制阀，称为滑阀式转向控制阀，简称滑阀。常见于货车。如图 7－48 所示。

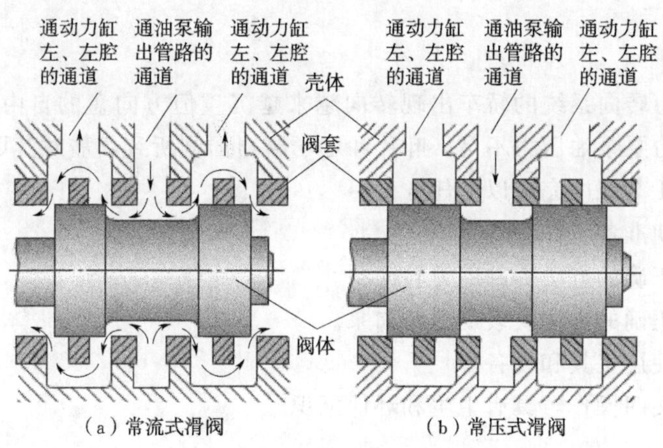

图 7－48　滑阀式转向控制阀

(2) 转阀式转向控制阀。阀体绕其圆心转动来控制油液流量的转向控制阀，称为转阀式转向控制阀，简称转阀。常见于轿车。由阀套、阀芯、扭杆、阀壳、销组成。如图 7－49 所示。

7. 转向油罐

储存、滤清并冷却液压助力转向系统的工作油液。转向油罐一般单独安装，但有的也直接装在转向油泵上。中心油管接头座专门用以装接转向控制阀的回油管路。另外两个油管接头座则分别装接转向油泵的进油管和半整体动力转向器的漏泄回油管路。滤芯套装在中心螺柱上。如图 7－50 所示。

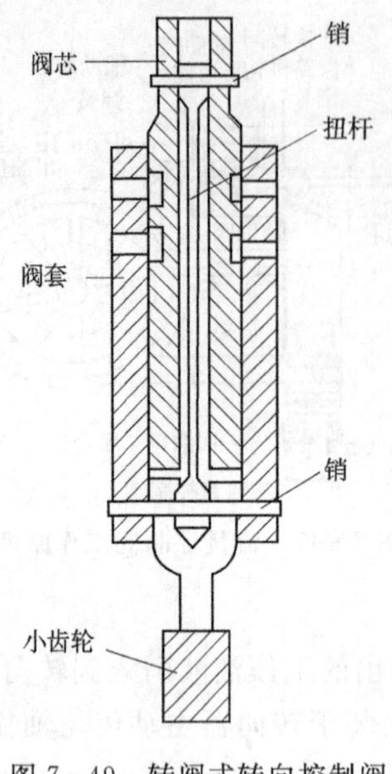

图 7-49　转阀式转向控制阀

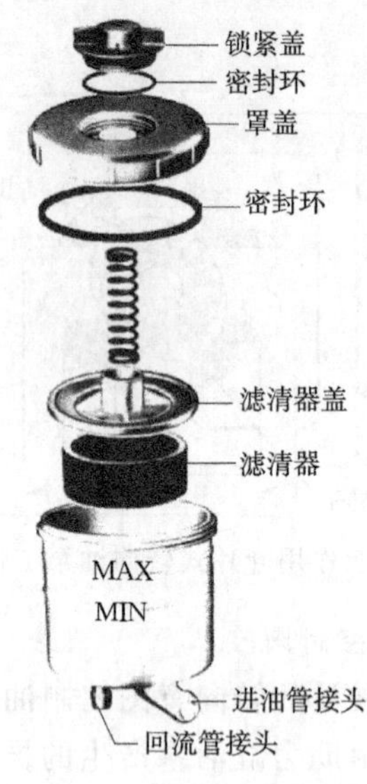

图 7-50　转向油罐

任务三　转向助力泵更换

【任务分析】

普通液压动力转向系统的轿车出现转向越来越沉重但方向盘的自由行程正常的情况，经诊断为转向助力泵泵油压力不足，叶片和定子磨损加剧所致，需对其更换。

请按要求在 4 节课内完成以下任务。

(1) 学会前期准备工作。

(2) 能按照正确的方法拆卸助力转向泵。

(3) 能按照正确的方法安装助力转向泵。

(4) 能正确使用工具和设备。

(5) 能安全文明操作，具有卫生和环保意识。

【任务准备】

(1) 实习车辆。

(2) 常用维修工具、游标卡尺、间隙规、平口尺、翼子板布及格栅布、车内清洁四件套、集油盘一个。

(3) 油压表一块。

(4) 磁力护裙、转向盘护套、变速杆手柄套、脚垫和座位套。

(5) 举升机、常用工、量具一套、塑料锄头一个。

【任务实施】

(1) 安装车内清洁四件套、拉紧驻车制动器、安装翼子板布、格栅布，并用高压空气清洁引擎仓。如图 7-51 所示。

图 7-51　实施任务准备

（2）转向油泵的拆卸。

1）按照学习任务二中的步骤，先将液压系统中的油液排放干净。

2）松开连接在液压泵上的储液罐出油管卡箍，并将出油管拔出。如图 7-52 所示。

3）按箭头方向转动张紧轮，拆下液压泵皮带轮上的皮带。如图 7-53 所示。

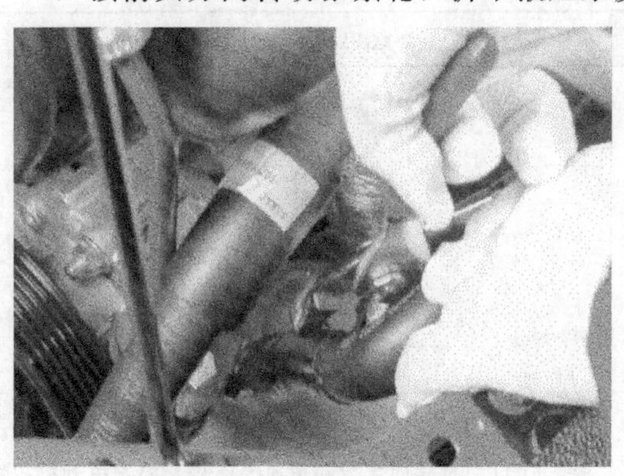

图 7-52　鲤鱼钳松开卡箍

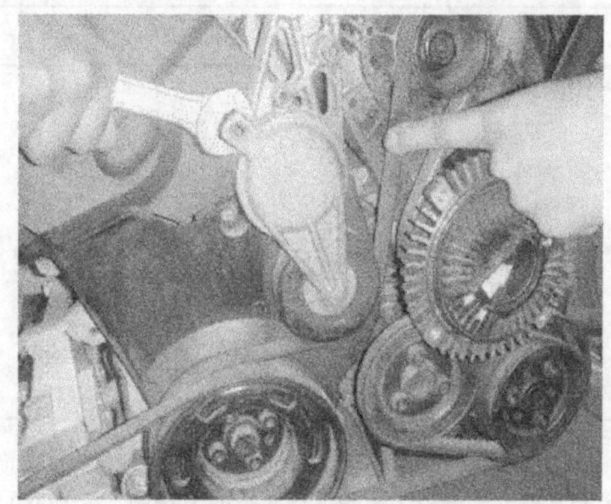

图 7-53　转动张紧轮

4）拆下转向助力泵支座的两个固定螺栓，选用套筒、短接杆、棘轮扳手，通过带轮上的孔依次旋松转向助力泵两个固定螺栓；用手旋出两个固定螺栓。如图 7-54 所示。

5）拆下转向助力泵。向外拉出转向泵，使其与双头螺柱分离，向上取出转向助力泵。如图 7-55 所示。

图 7-54　卸下转向助力泵支座的固定螺栓

图 7-55　拆下转向助力泵

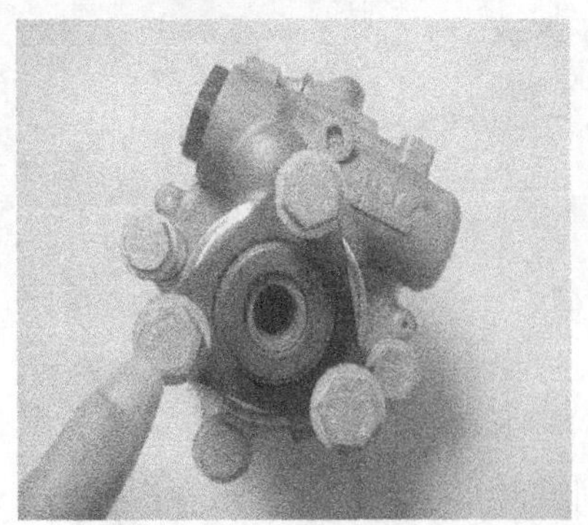

图 7-56　检查转向助力泵的零件号

(3) 安装转向助力泵顺序按拆卸相反的顺序进行。

注意事项：

1) 检查转向助力泵的零件号，确认新的转向助力泵零件号是否正确，如图 7-56 所示。

2) 检查转向助力泵的外观。检查助力转向泵的外观有无损伤，皮带轮转动是否卡滞。

一、电控式动力转向系 (EPS)

EPS 是英文 Electric Power Steering 的缩写，即电动助力转向系统，是一种直接依靠电动机提供辅助扭矩的动力转向系统。

二、电控动力转向系统的分类

(1) 根据助力转动的直接动力源不同，电控动力转向系统分为电动液压式 EHPS 和纯电动式 EPS 两种，现在汽车上配置的主要是纯电动式的动力转向系统，详见表 7-1。

表 7-1　　按助力转动的直接动力源分类

电动液压式转向系统	纯电动式转向系统
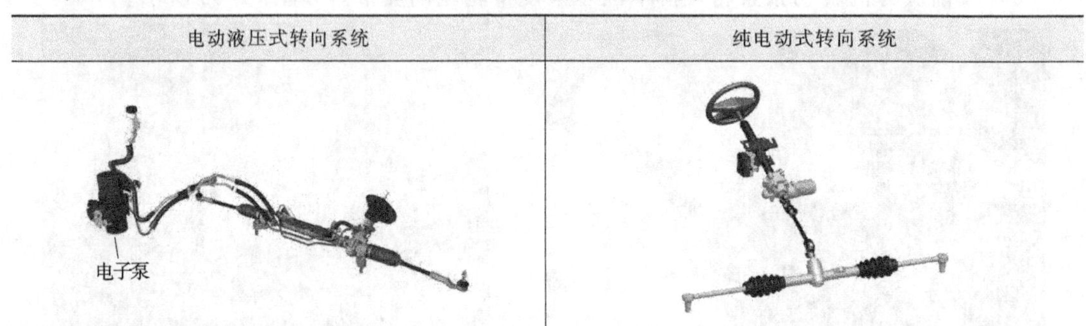	
电动液压式转向系统 EHPS 是在传统的液压动力转向系统的基础上，增设了控制液体流量的电磁阀、车速传感器和 ECU 等器件，由电动机代替了发动机提供液压动力源	纯电动式转向系统 EPS 是利用直流电动机作为动力源，ECU 根据转向参数和车速等信号，控制电动机扭矩的大小和方向，提供合适的转向助力

(2) 根据助力电动机布置位置的不同，可以大致将汽车电动助力转向系统分为转向柱助力式（Column-assist type EPS）、齿轮助力式（Pinion-assist type EPS）、齿条助力式（Rack-assist type EPS）3 种。详见表 7-2。

表 7-2　　按助力电动机布置位置分类

转向柱助力式（C—EPS）	齿轮助力式（P—EPS）	齿条助力式（R—EPS）
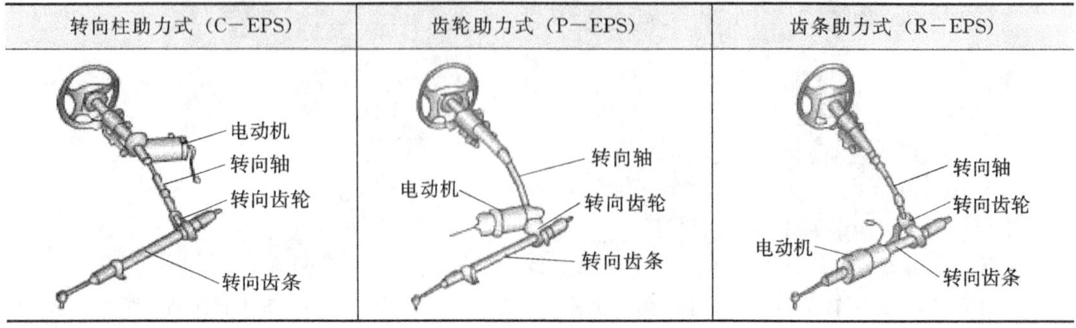		

续表

转向柱助力式（C-EPS）	齿轮助力式（P-EPS）	齿条助力式（R-EPS）
结构简单紧凑、易于安装；助力电机安装在驾驶舱内，受到空间布置和噪声的影响电机的体积较小，输出扭矩不大，一般只用在小型及紧凑型车辆	助力电机和减速增扭机构与小齿轮相连，直接驱动齿轮实现助力转向，可以使用较大的电机以获得较高的助力扭矩，该类型转向器可用于中型车辆	助力电机和减速增扭机构直接驱动齿条提供助力，位置比较自由，可以提供更大的助力值，所以一般用于大型车辆上

三、电控式动力转向系统的组成

电控式动力转向系统在不同的汽车上采用的部件的结构形式不太一样，但是其主要功能是相同的。一般是由传统的机械式转向系统加上电子控制系统两大部分组成。具体地说电控动力转向系统由以下部分组成：

机械转向器、转矩（转向）传感器、电子控制单元（ECU）、助力电动机及减速器、以及畜电池、EPS显示指示装置（仪表）构成。如图 7-57 所示。

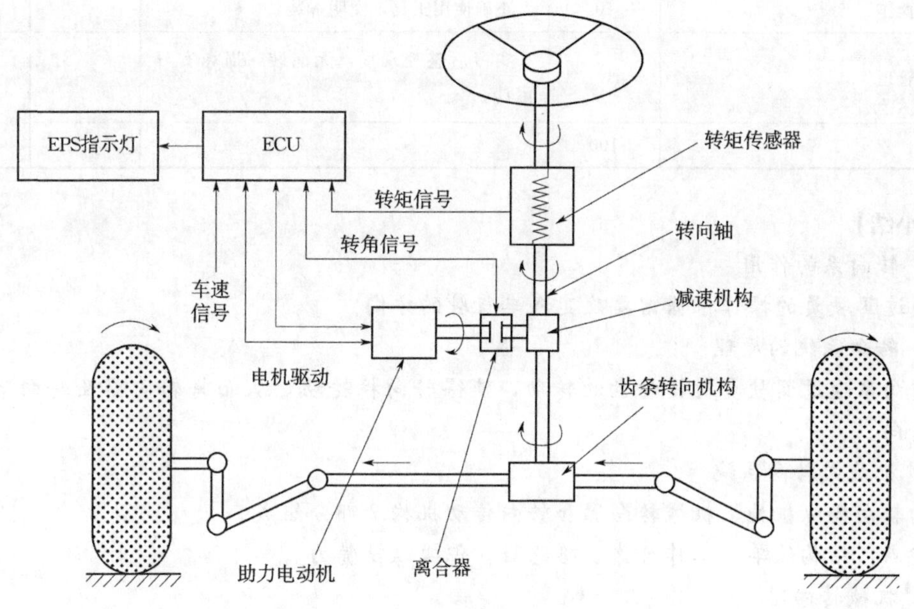

图 7-57 电动助力转向系统组成

四、电动助力转向系统的优点

(1) 效率高，能耗低。因为 EPS 仅在转向时启动电机产生助力，液压助力系统是只要发动机工作，液压泵就在工作消耗发动机的能量。

(2) 助力特性优越。由于 EPS 系统集成了电子控制系统，能根据车速、路况等不同工况给出不同的助力特点，低速时助力强，中速时助力弱，高速时没有助力甚至可以有反向阻尼，防止高速时“发飘”的现象；车轮的自动回正性更佳。

(3) 对环境污染少。因为 EPS 系统没有液压回路，不存在漏油问题，减小对环境的污染。

（4）结构简单，易于装配。因为EPS系统没有液压回路，调整和检测更容易，装配自动化程度更高，且可通过设置不同的程序，快速与不同车型匹配，缩短生产和开发周期。

【项目检测与评估】

项目检测	分值	评分标准	学生自评	教师评估
转向机构间隙和固定螺栓紧固状况检查和转向横拉杆及球头检查与更换	20	调整齿轮齿条转向器的间隙 检查转向系的固定螺栓 检查和更换转向横拉杆和球头		
转向助力液检查与更换	20	检查助力转向油面和品质 正确更换助力转向油		
转向助力泵更换	20	正确使用工具 按顺序拆装转向助力泵		
在车上找到转向系统的相关部件，并说明其作用	20	能找到转向系统相关部件并说明作用		
安全操作	10	正确使用工具，文明拆装		
现场管理	10	实习后整理现场，无漏装，损坏实习用具		
合计	100			

【项目小结】

1. 转向系的作用

通过驾驶员的操作根据需要改变汽车行驶的方向。

2. 转向系统的原理

转向系通过驾驶员对转向盘的转动，使得转向柱转动，从而将转向器及转向节转动，实现转向。

3. 机械式转向系统

由转向操纵机构、机械转向器和转向传动机构3部分组成。

特点：结构简单、工作可靠、路感好，但操纵较费力。

4. 机械转向器

转向器的作用是增大由转向盘传到转向节的力并改变力的传递方向，获得所要求的摆动速度和角度。转向器按结构型式，可分为齿轮齿条式、循环球式和蜗杆指销式等几种。

5. 动力式转向系统组成方式

动力式转向系统除机械装置之外，主要包括转向助力油（液压油）、储油罐、转向油泵（助力油泵）、转向控制阀、转向动力缸等。

6. 液压式动力转向的分类

液压式动力转向装置按液流型式分为常流式和常压式两种。

液压式动力转向装置按其转向控制阀阀芯的运动力式，还可分为滑阀式和转阀式两种形式。

7. 液压动力转向工作原理

(1) 直线行驶时：转向控制阀将转向油泵泵出来的工作液与油罐相通，转向油泵处于卸荷状态，动力转向器不起助力作用。

(2) 向右转向：当汽车需要转弯时，如右转弯，驾驶员向右转动方向盘，转向控制阀将转向油泵泵出来的工作液与右腔接通，将左腔与油罐接通，在油压的作用下，齿条活塞移动，通过齿扇使摇臂轴逆时针转动，拉动主拉杆通过转向节、转向梯形使左、右轮向右摆动，从而实现向右转向。

(3) 向左转向：向左转向时，情况与上述相反。

8. 电控式动力转向系（EPS）

EPS是英文Electric Power Steering的缩写，即电动助力转向系统，是一种直接依靠电动机提供辅助扭矩的动力转向系统。

思考与练习

一、判断题

1. 转向系统的作用是保证汽车转向。 ( )

2. 动力转向系是在机械转向系的基础上加设一套转向加力装置而形成的。 ( )

3. 为了提高行车的安全性，转向轴可以有少许轴向移动。 ( )

4. 转向操纵机构产生转动转向器所必需的操纵力，并具有一定的调节和安全性能。 ( )

5. 根据国家交通安全规定，转向盘应布置于汽车驾驶室的左侧。 ( )

6. 为获得最佳的驾驶位置，有些汽车的转向柱长度可作伸缩调整。 ( )

7. 为了保证碰撞时驾驶员安全，需要采用安全式转向盘柱。 ( )

8. 安装转向垂臂与轴时，应对准其装配记号。 ( )

9. 为了满足调整前轮前束的需要，横拉杆两端接头的螺纹一般为左端左螺纹，右端右螺纹。 ( )

10. 由于齿轮齿条式转向器的优点多，国内大部分轿车如：富康、桑塔纳等均采用齿轮齿条式转向器。 ( )

11. 在液压动力转向系中，主要靠液压力来克服转向阻力。 ( )

12. 当汽车直线行驶时，动力转向不工作。 ( )

13. 动力转向实际上是依靠发动机输出的动力来帮助转向的。 ( )

14. 采用动力转向系的汽车，当转向油泵失效时，汽车也就无法转向了。 ( )

15. 常流式液压转向系中，油泵始终处于工作状态，故系统中常保持高压。 ( )

16. 汽车液压动力转向系中，流量控制阀既可限制最大压力，又可限制多余的油液。 ( )

17. 流量控制阀用来限制转向油泵最大流量。 ( )

18. 滑阀是直接由转向传动轴驱动的。 ( )

19. 普通液压动力转向系通过转向控制阀控制高压油流向转向动力缸的左腔或右腔。 ( )

20. 储油罐油液高度低于规定要求会导致动力转向系转向沉重。 （ ）

21. 转向油罐的作用是储存液压助力转向系统的工作油液。 （ ）

二、选择题

1. 循环球式转向器是（ ）转向器。

A. 单传动比 B. 双传动比 C. 三传动比

2. 以下那个部件不属于转向传动机构（ ）。

A. 转向摇臂 B. 转向节臂 C. 转向轮 D. 转向横拉杆

3. 转向盘出现“打手”现象，主要是（ ）。

A. 方向盘自由行程小 B. 方向盘自由行程大 C. 车速太高

三、简答题

1. 目前在轻型及微型轿车上为什么大多数采用齿轮齿条式转向器？

2. 为什么常流式液压转向加力装置广泛应用于各种汽车？

项目八 制动系统的拆装与检修

【项目学习目标】

1. 能够检查、调整制动踏板位置。
2. 能够检查、添加和更换制动液。
3. 能够检查和调整驻车制动器。
4. 能够检查和更换制动蹄、制动鼓。
5. 能够检查和更换制动衬块、制动盘。
6. 能够检修制动跑偏故障。
7. 能够检查和更换 ABS 轮速传感器。

1. 掌握制动系统的工作原理。
2. 掌握车轮制动器、驻车制动器的结构和工作原理。
3. 掌握制动防抱死系统的结构和工作原理。
4. 了解制动器的制动过程。

任务一 制动踏板位置检查、调整

【任务分析】

制动踏板是车辆制动系统的组成部件，它受驾驶员踏板力的控制。驾驶员通过制动踏板将踏板力转换成液压或气压，使制动系统产生让车辆减速或停止的制动力。

制动力的大小主要取决于踏板力，而踏板力的大小又与踏板位置有直接关系。如果踏板位置不当，制动系统就不能够产生理想的制动效果，就会使车辆操控性能、安全性能下降，安全驾驶难以保证。

请按要求在 2～4 节课内完成以下任务。

（1）会测量制动踏板的自由行程。

（2）会调整制动踏板的自由行程。

【任务准备】

（1）实习车辆。

（2）直板尺（300mm），底盘工具套装一套，维修手册。

（3）磁力护裙、转向盘护套、变速杆手柄套、脚垫和座位套。

（4）举升机。

【任务实施】

1. 实施任务准备

安装车内清洁四件套和磁力护裙，如图 8－1 所示。

图 8－1　实施任务准备

2. 制动踏板自由行程的检查

（1）熄灭发动机，反复踩制动踏板，释放助力器中的残余真空度。如图 8－2 所示。

（2）取出制动踏板下面的脚垫，露出车内地板。

（3）制动踏板处于自然状态，将钢尺垂直于踏板下方的地板面放置，同时使钢尺靠近踏板，此时测量值为制动踏板高度 A。如图 8－3 所示。

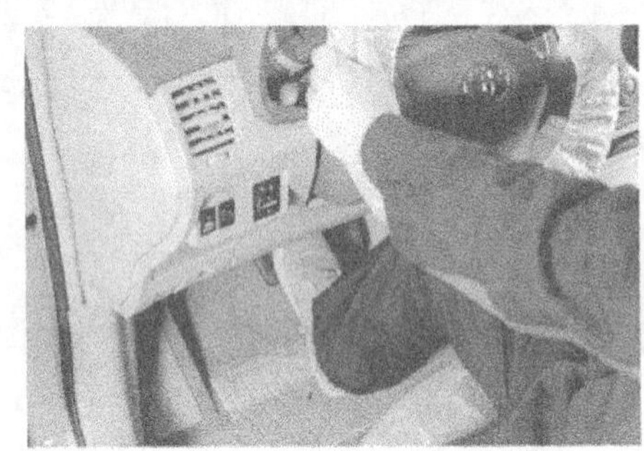

图 8－2　反复踩制动踏板

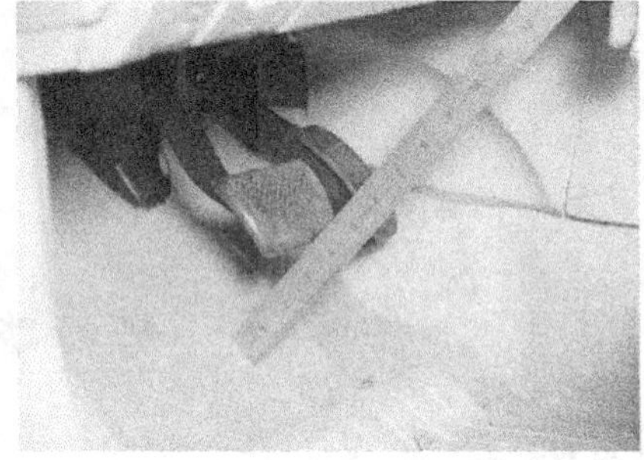

图 8－3　自然状态下制动踏板高度 A

（4）钢尺保持不动，用手稍用力下压踏板，当感到阻力增大时停止下压，读取测量值 B。如图 8－4 所示。

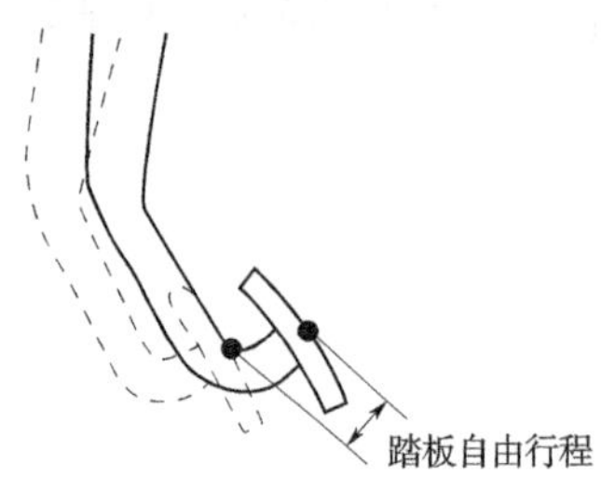

（a）制动踏板自由行程示意图

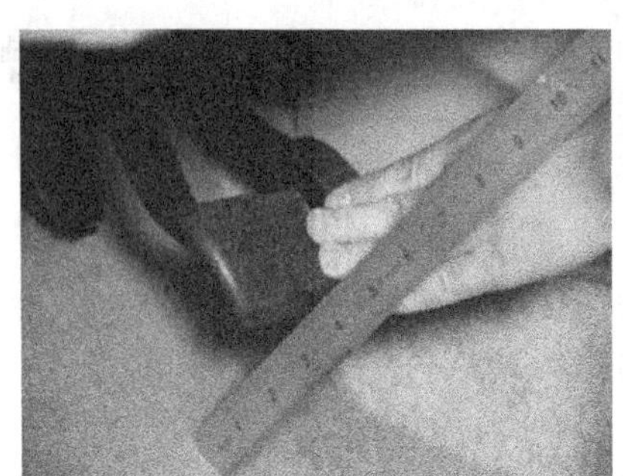

（b）施压状态下制动踏板高度B

图 8－4　制动踏板自由行程检查

(5) 计算 A 与 B 的差，即为制动踏板自由行程。常见轿车制动踏板自由行程见表 8-1。

表 8-1　　常见车制动踏板自由行程表　　单位：mm

车　型	桑塔纳	捷达	卡罗拉
自由行程	10～15	15～25	1～6

3. 制动踏板高度的调整

(1) 顺着制动踏板找到制动踏板高度调整螺母。如图 8-5 所示。

(2) 使用扳手拧松调整螺母进行调整，边调整边测量，直到自由行程符合要求值，拧紧调整螺母。如图 8-6 所示。

图 8-5　制动踏板高度调整螺母

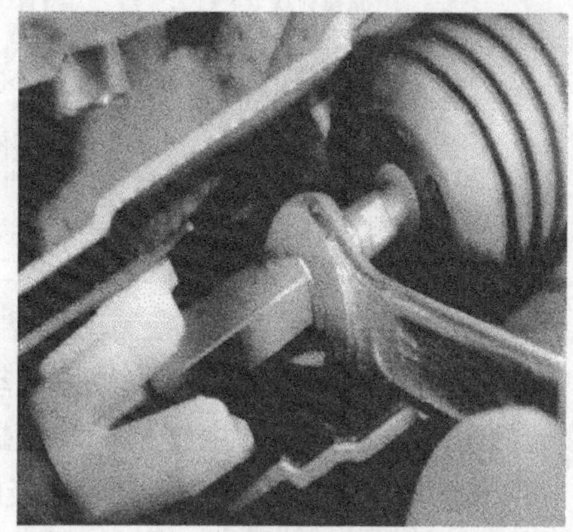

图 8-6　制动踏板高度的调整

一、汽车制动系统的作用

按照需要使汽车减速或在最短距离内停车；下坡行驶时保持车速稳定；使停驶的汽车可靠驻停。

二、汽车制动系统的组成

汽车制动系统包括行车制动系统和驻车制动系统两大部分。如图 8-7 所示。

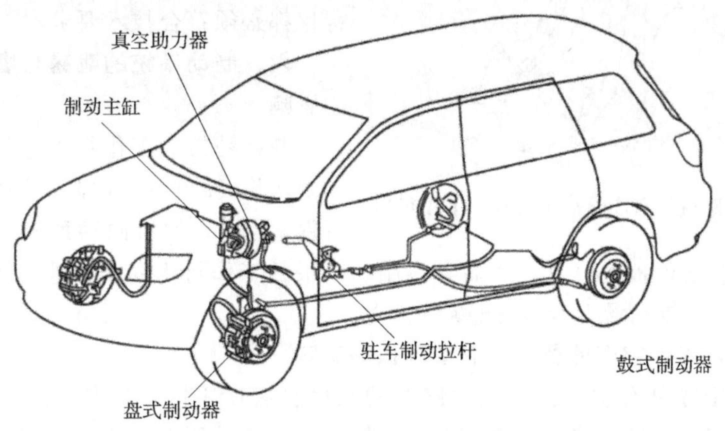

图 8-7　汽车制动系统的组成

三、制动系统的工作原理

将汽车的动能通过摩擦转换成热能，并释放到大气中。制动时，踩下制动踏板，制动主缸向各制动轮缸供油，活塞在油压的作用下把摩擦材料压向制动盘实现制动。如图8-8所示。

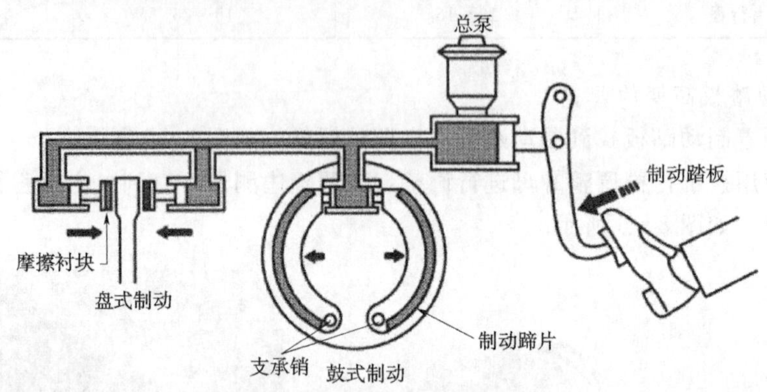

图8-8　制动系统的工作原理

四、制动踏板的高度、自由行程、工作行程

(1) 制动踏板的高度，是指制动踏板在自由状态下，车内地板到制动踏板之间的距离。

(2) 制动踏板的自由行程，是指制动踏板踩下时，推杆接触到主缸活塞的过程中，踏板移动的距离，它是制动主缸推杆与主缸活塞之间的间隙在踏板上的反映。

(3) 制动踏板的工作行程=制动踏板的高度-制动踏板的自由行程，如图8-9所示。

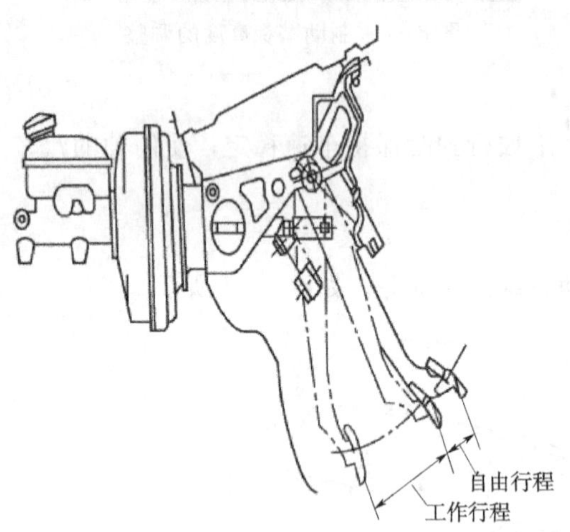

图8-9　制动踏板的高度、自由行程和工作行程

五、制动踏板的位置和制动效果

制动力的大小主要取决于踏板力，而踏板力的大小又与制动踏板位置有直接关系。如果制动踏板位置不当，制动系统就不能够产生理想的制动效果，就会使车辆操控性能、安全性能下降，安全驾驶难以保证。因此，需要制动踏板的高度、自由行程、工作行程都必须符合技术要求。

六、制动系统的泄露与磨损对制动踏板的影响

制动踏板的工作行程=制动踏板的高度-制动踏板的自由行程。当制动踏板的自由行程适当时，如果制动系统泄漏或者磨损过度，就会降低制动踏板的高度，从而导致制动踏板的工作行程变小，进而就会导致制动不灵、制动力不足、制动滞后等不良现象的发生。

七、制动管路中空气的留存对制动踏板的影响

制动管路中如果有空气：①制动踏板的高度会有所下降，但是，连续踩几次制动踏板，踏板高度又会逐渐升高；②在制动时，管路内气体受压缩，压力升高，其反作用力使压缩的活塞组件及推杆等出现反弹，造成制动踏板抖动；③在制动时，由于空气的可压缩

性，使制动液的出油压力达到有效压力值滞后，制动踏板工作行程增加。

八、一般轿车制动踏板机械故障的检查

一般轿车制动踏板机械故障的检查有以下几个方面：

(1) 检查制动踏板衬套的磨损情况，如果明显松旷则应更换。

(2) 检查制动踏板有无明显变形，如果有应更换。

(3) 检查制动踏板与车身的连接是否牢固。

(4) 检查真空助力器推杆U形夹与制动踏板的连接是否松旷。

任务二　制动液的检查、添加和更换

【任务分析】

在汽车长期使用的过程中，由于制动总泵、制动分泵及油液管路自然磨损或人为损伤，会出现漏油现象，应及时进行检修。

制动蹄、制动鼓（盘）磨损及制动液的自然消耗，会引起制动液面下降，所以应及时补充添加制动液，保持至正常液面位置；如果制动液达到使用期限或汽车行驶里程，制动液效能便会降低，应更换制动液。

只有及时检查、添加或更换制动液，才能保证汽车液压制动系统的正常工作性能。

请按要求在2～4节课内完成以下任务。

(1) 会检查制动液及液面高度。

(2) 会更换制动液。

【任务准备】

(1) 准备实习用车。

(2) 排气专用扳手，翼子板护裙，驾驶室内保护罩，漏斗，棉纱，防护手套，接油容器，软管，制动液一桶。

【任务实施】

1. 准备工作

安装车内清洁四件套、拉紧驻车制动器、安装翼子板布、格栅布，并用高压空气清洁引擎仓，如图8-10所示。

图8-10　准备工作

2. 制动液面高度的检查

当眼睛与制动液罐的液面呈水平时，观察制动液的液面高度是否在 MAX 和 MIN 之间。如图 8-11 所示。

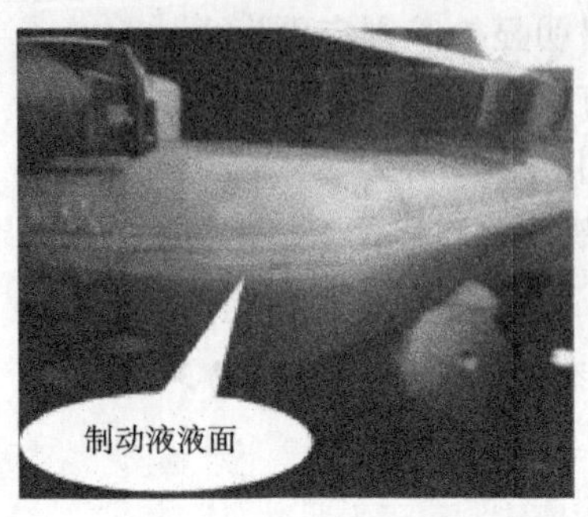

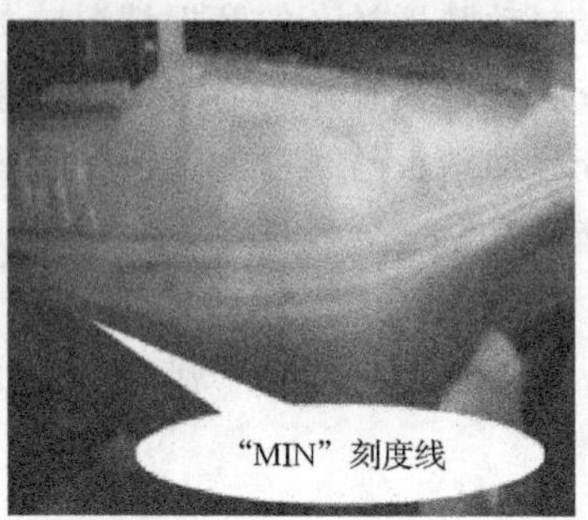

图 8-11　制动液面高度的检查

3. 制动系统泄露检查

(1) 检查制动主缸、储液罐、油管是否泄露。如图 8-12 所示。

(2) 操纵举升机，将车辆举升到适当的高度，并可靠锁止。检查制动管路、前后车轮轮缸是否泄露。如图 8-13 所示。

图 8-12　制动主缸、储液罐、油管泄露检查

图 8-13　制动管路，前后车轮轮缸泄露检查

4. 制动液的添加

打开加注盖前用抹布清洁加注口周围的灰尘，打开制动液加注盖，将正确规格的制动液缓慢倒入储液罐中，液面处在最大和最小刻度之间为止。如图 8-14 所示。

5. 制动液的更换

(1) 将汽车举升至适当的高度并可靠锁止，放松驻车制动器拉杆。取下右后轮缸放气螺塞防尘帽，将软管一端连接放气螺塞，另一端插入接油容器中。如图 8-15 所示。

图 8-14　添加制动液

图 8-15　连接接油容器

（2）用开口扳手拧松放气螺塞，连续踩踏制动踏板多次，直到排尽制动液为止。按照上述操作，依次对左后轮、右前轮、左前轮进行制动液排放。如图8－16所示。

6. 制动管路的清洗

打开制动液加注盖，添加新的制动液至 MAX 与 MIN 之间，拧紧加注盖。

将汽车举升至适当的高度，将软管一端接放气螺塞，另一端插入接油容器中。用开口扳手拧松放气螺塞，连续踩踏制动踏板多次，观察制动液的色泽，直到新的制动液流出为止，停止踩踏，并拧紧放气螺塞。

按照上述操作，依次对右后轮、左后轮、右前轮、左前轮进行管路清洗。如图 8－17 所示。

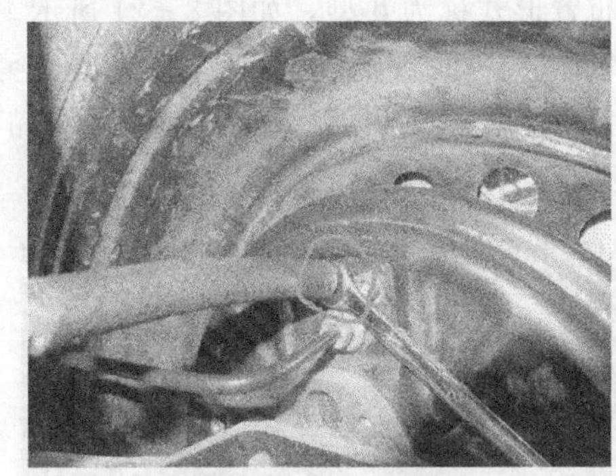

图 8－16　放气螺塞

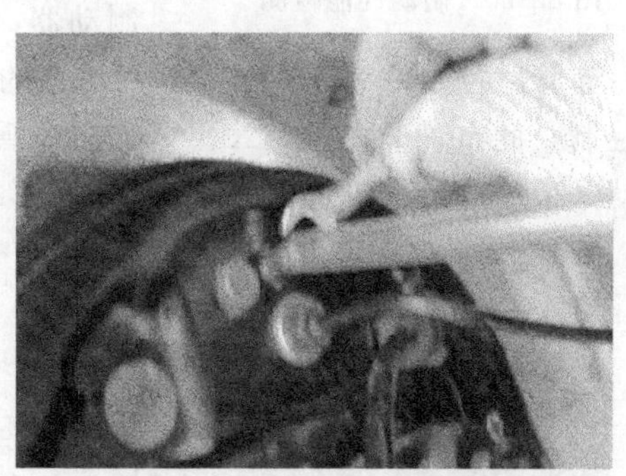

图 8－17　清洗制动管路

7. 制动系统排气

（1）将一根软管一端接到放气螺钉上，一头插入容器中。如图 8－18 所示。

（2）一人用力迅速踩下并缓慢放松制动踏板，如此反复数次后，踩下制动踏板，并保持一定高度不变。

（3）另一人拧松放气螺钉，管路中空气随制动液顺着胶管排出制动系统，排出空气后再将放气螺钉拧紧；依次对右后轮、左后轮、右前轮、左前轮进行排放。如图 8－19 所示。

图 8－18　连接接油容器

图 8－19　放气螺钉

8. 制动性能检测

放松驻车制动器拉杆，让车轮离开地面一段距离。踩下制动踏板并保持，各个车轮均不能被手转动。松开制动踏板，各个车轮均能被手自由转动。如图 8－20 所示。

图 8-20 制动性能检测

一、制动传动装置的分类

制动传动装置按传力介质的不同可分为液压式、气压式和气-液综合式。由于液压制动传动装置具有滞后时间短、摩擦件少、性能稳定、平顺性好等优点，目前在广大中、小型汽车，特别是轿车上被广泛地应用。液压制动系统的制动管路有单管路和双管路两种布置形式。单管路的制动系统已经被淘汰了，现代汽车上应用最广泛是双管路制动系统。主要有两种形式：一种是一套管路控制两个前轮制动器，另一套管路控制两个后轮制动器，此布置形式称为Ⅱ型，如图 8-21 所示。另一种是一套管路控制一个前轮制动器和对角的一个后轮制动器，剩下的两个制动器由另一套管路控制，此布置形式称为 X 型。如东风雪铁龙爱丽舍轿车和桑塔纳 2000GSi 轿车的制动系统就是采用的对角线布置形式。如图 8-22 所示。

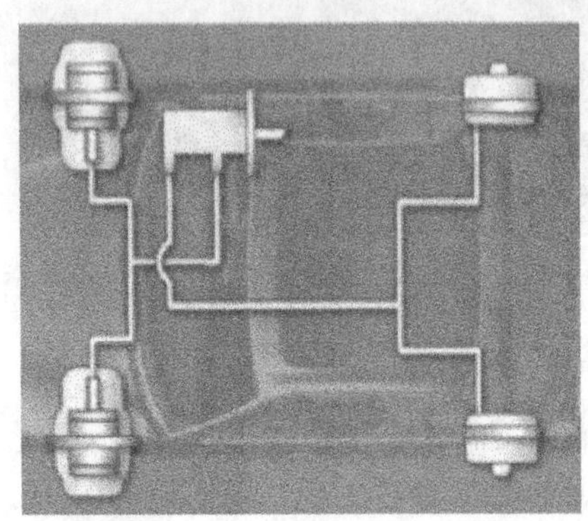

图 8-21 Ⅱ型制动传动装置布置

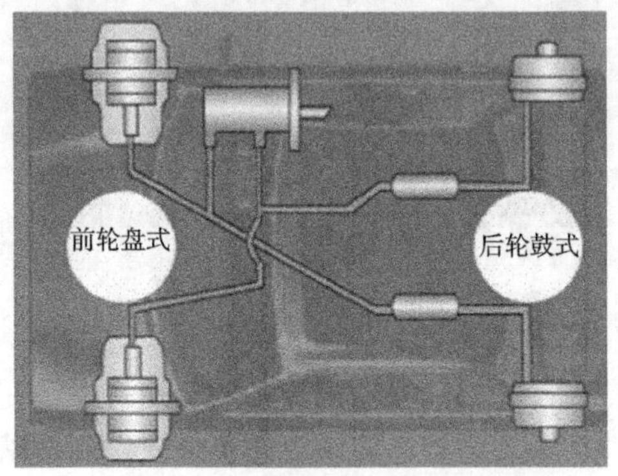

图 8-22 X 型制动传动装置布置

二、液压制动传动装置的组成及工作原理

液压式制动传动装置由制动踏板、制动主缸、储液罐、制动轮缸、油管等组成。其作用是利用液压油作为传力介质，将驾驶员施加在制动踏板上的力通过液压管路传至车轮制动器，产生制动作用。如图 8-23 所示。

三、制动液的种类

1. 种类和选用

进口制动液主要有 DOT3 和 DOT4 两种。DOT 是美国汽车安全标准规定标称，其数字越大，级别越高。制动液级别越高，安全保障性越好。DOT3 与 DOT4 的不同之处主要在于沸点不同，DOT4 比 DOT3 更耐高温。

国产制动液有 JG0、JG1、JG2、JG3、JG4、JG56 个质量等级，序号越大平衡回流沸点越高，高温抗气阻性越好，行车制动安全性越高。

2. 制动液使用的注意事项

(1) 不同类型的制动液混合后可能发生反应，分层或沉淀，堵塞制动系统。因此，通常不允许混用。

(2) 制动液易挥发易燃，保存时应远离火源，防止日晒雨淋。

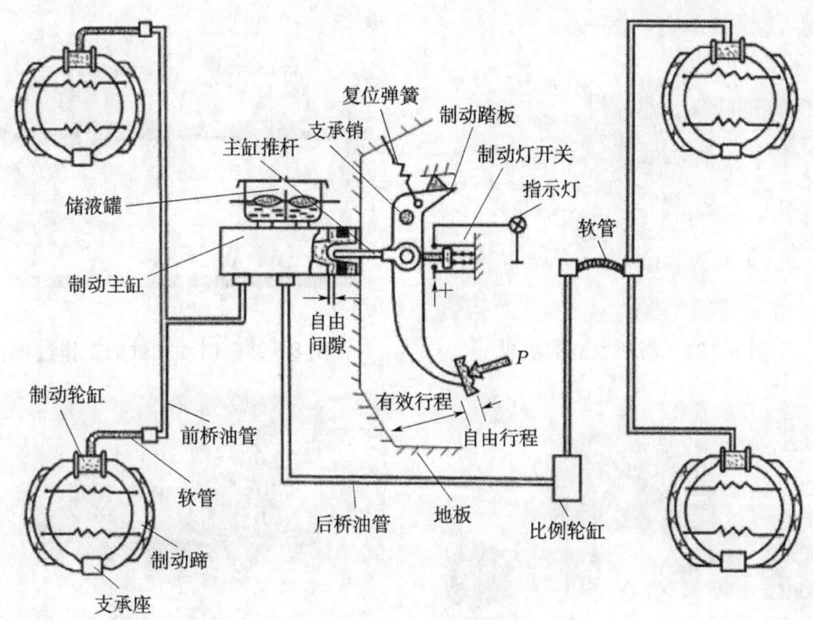

图 8-23　液压制动传动装置的组成

(3) 制动液极易吸收空气中的水分，用后把瓶盖紧，防止吸水变质，存放过久千万不能使用。

(4) 制动液在使用一定时间后会不同程度的变质，所以应及时更换。一般使用两年或 5 万公里后更换。

四、制动主缸的组成

制动主缸主要部件由壳体、活塞、回位弹簧、密封皮碗和储液罐等组成。

现在的制动主缸多为串联双腔式制动主缸。它壳体内装有两副活塞皮碗和回位弹簧，储液罐分别供应两个缸，前活塞有限位螺钉，以保证前活塞的正确位置。两个缸的出油口分别与所控制的分泵相连接。前活塞靠后活塞的液压推动，后活塞直接由推杆推动。如图 8-24所示。

五、制动主缸的工作过程

踏下制动踏板，主缸推杆前移，推杆推动活塞前移，活塞皮碗前端的制动液压力升高，制动液经过油管流向各制动轮缸，使制动蹄与制动鼓、制动块与制动盘接触实现制动。踏下踏板的力愈大，主缸流出的油压愈大，产生的制动力也愈大。

松开制动踏板，在主缸回位弹簧的作用下，主缸活塞回位，系统压力降低，制动液从各制动轮缸回流到总泵，随着各制动轮缸制动液的回流，制动器的制动蹄、制动块回位，制动解除。如图 8-25 所示。

六、制动轮缸的结构

制动轮缸主要由缸体、活塞、皮碗、弹簧和放气螺钉组成。盘式制动器制动轮缸的缸体与制动钳制成一体。鼓式制动器制动轮缸的缸体通常用螺钉固装在制动底板上。活塞外端与制动蹄或制动块相抵紧。活塞外端装有防护罩，可防止尘土及泥土的侵入。缸体上方装有放气螺塞，以便放出液压系统中的空气。如图 8-26 所示。

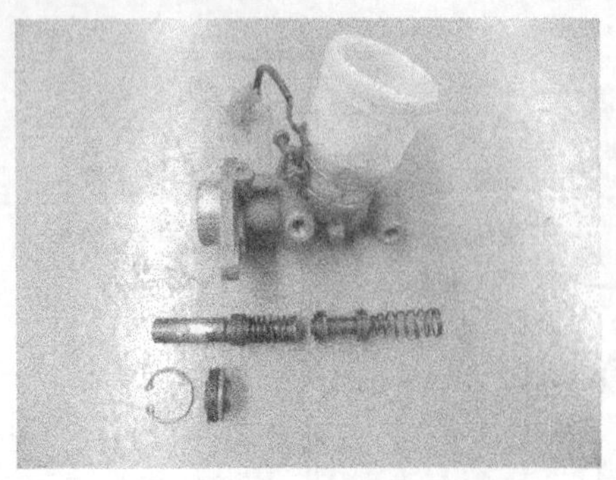
图 8-24　制动主缸的组成

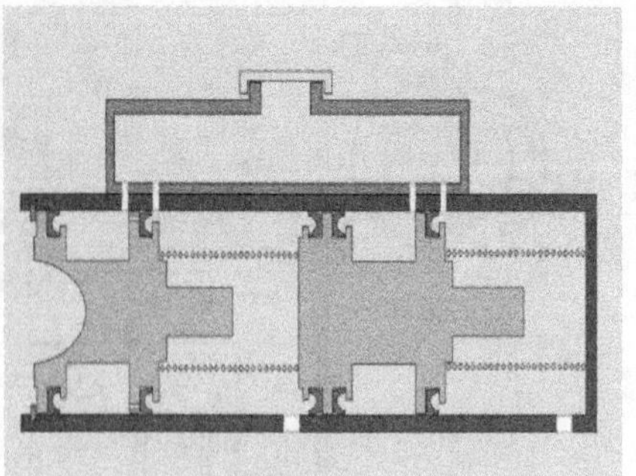
图 8-25　制动主缸的工作过程

图 8-26　制动轮缸的结构

图 8-27　制动轮缸工作原理

七、制动轮缸的工作过程

制动时，高压制动液进入缸体使活塞沿着缸体向外移动，进而推动制动蹄张开和制动鼓接触，或者使制动块压紧制动盘，实现制动。松开制动踏板，制动液压力降低，在制动蹄回位弹簧的力或密封圈的弹力作用下活塞回位。如图 8-27 所示。

八、真空助力器的结构

真空助力器位于制动踏板推杆和制动总泵之间，利用发动机工作时进气管的真空实现在制动时增大驾驶员对总泵的推力，增加制动效果。

真空助力泵由膜片、回位弹簧、壳体、真空阀和空气阀、推杆等组成。膜片将壳体内的空腔分为了前、后两腔，前腔通过单向阀与发动机进气管连接。真空阀用于控制壳体内膜片分隔的前腔与后腔之间的连通或封闭。空气阀用于控制后腔与外界大气之间的连通或封闭，如图 8-28 所示。

九、真空助力器的工作原理

真空助力器装在制动踏板和制动主缸之间，工作原理如图 8-29 所示，膜片将助力装置分隔为 2 个腔，当踩制动踏板时，膜片的一侧接通大气，而另一侧连通真空源，于是膜片的两侧产生压力差，压力差通过膜片形成的推力与踩踏板上的力同时作用在主缸推杆上，即作用在制动主缸上有两个力：一个是踩踏板的力；另一个是助力器产生的增力。

图 8-28　真空助力器的结构

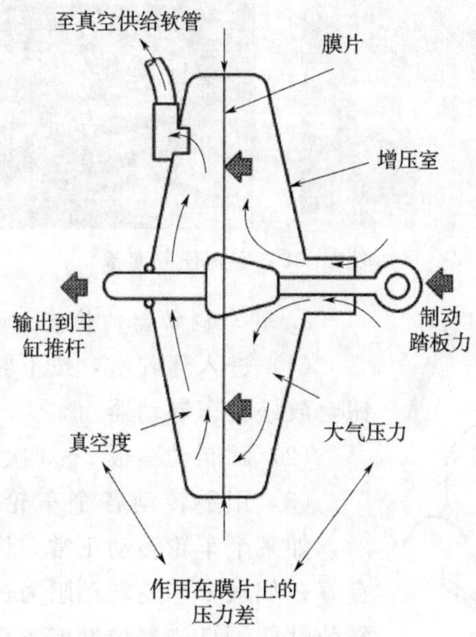

图 8-29　真空助力器工作原理示意图

任务三　驻车制动器的检查和调整

【任务分析】

驻车制动器在长期使用过程中，由于机械传动杆件或钢索磨损或拉伸以及摩擦片或制动蹄损耗等，造成驻车制动器驻车可靠性下降，给车辆停驻、坡道起步及紧急制动带来潜在危险。因此，应定期检查、调整驻车制动器，确保其正常的工作性能。

请按要求在 2～4 节课内完成以下任务。

（1）正确检查驻车制动器。

（2）学会驻车制动器的调整方法。

【任务准备】

（1）实习车辆。

（2）磁力护裙、翼子板布、防护四件套。

（3）举升机。

(4) 维修手册。

(5) 组合工具一套。

【任务实施】

1. 实施任务准备

安装车内清洁四件套、拉紧驻车制动器、安装翼子板布、格栅布，如图 8-30 所示。

图 8-30　实施任务准备

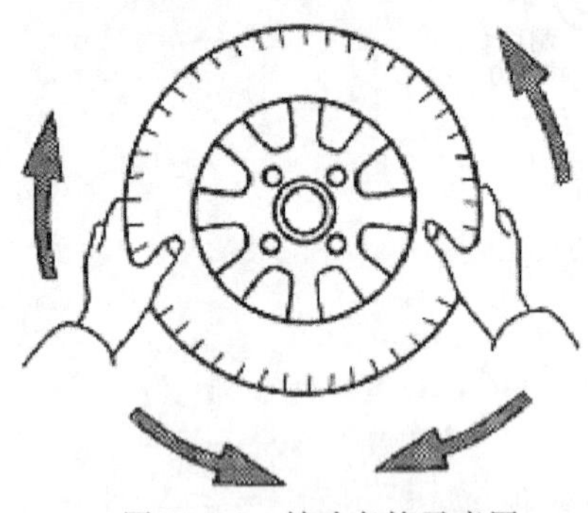

图 8-31　转动车轮示意图

2. 驻车制动器的检查

(1) 进入驾驶室，按下驻车制动器操纵杆前端的按钮，放松驻车制动器。

(2) 踩制动踏板 2～3 次，然后彻底放松制动踏板。

(3) 用手转动各个车轮，检查车轮转动情况。提示：如某个车轮转动正常，说明该车轮制动器复位性能良好；如某个车轮转动阻力过大，则说明该车轮制动器复位性能不良，复位性能不良，需进行拆检作业。如图 8-31 所示。

(4) 缓慢的拉紧驻车制动器拉杆，检查驻车制动器棘爪的锁止性能。如图 8-32 所示。

提示：在拉动的过程中，应听到“咔咔”的声音。如棘爪锁止不可靠，则需要更换。

(5) 按下驻车制动器拉杆前端按钮，检查按钮性能和解除锁止性能。如图 8-33 所示。

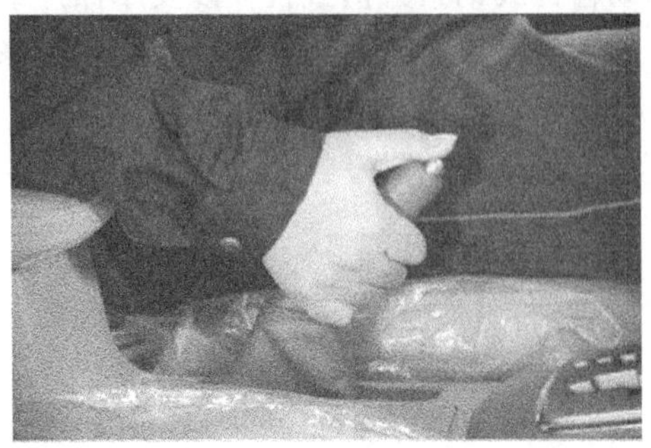

图 8-32　拉动驻车制动器拉杆

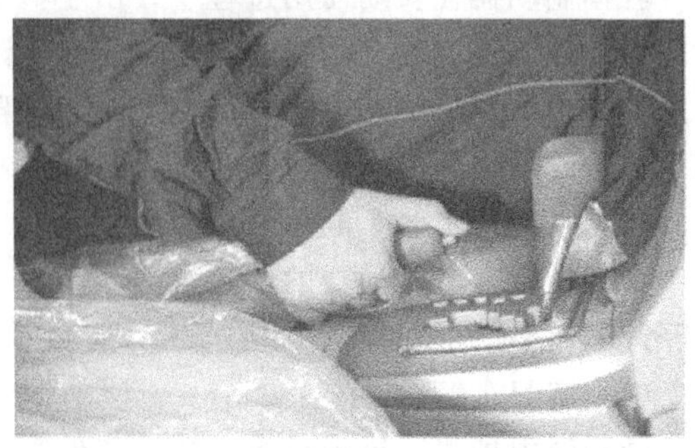

图 8-33　按下驻车制动器拉杆前端按钮

（6）把点火开关转到“ON”位置，拉紧驻车制动器拉杆，检查仪表盘上驻车制动器指示灯是否点亮；按下驻车制动器拉杆前端按钮，解除驻车制动作用，检查仪表盘上驻车制动器指示灯是否熄灭。如图 8-34 所示。

图 8-34　驻车制动器指示灯

3. 驻车制动器的调整

（1）拉驻车制动器操纵杆，当听到棘轮“咔咔”两响后，使操纵杆锁止于该位置。

（2）拆卸驻车制动器操纵杆上的装饰板，找到驻车制动器调整螺母并进行调整。如图 8-35 所示。

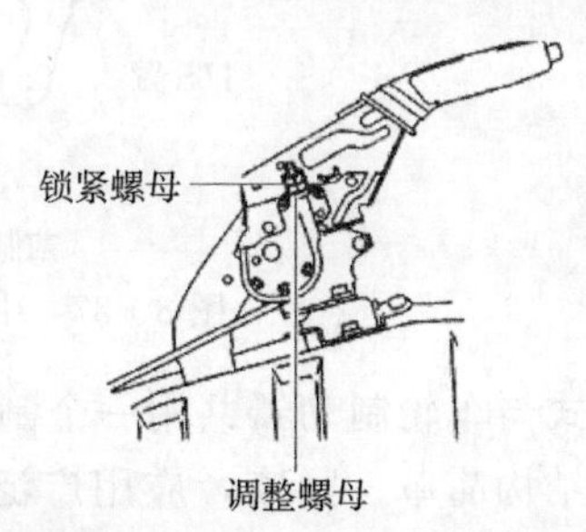

图 8-35　驻车制动器调整螺母

（3）拉紧、放松驻车制动器拉杆 10 次，将驻车制动器拉杆锁止在 4 齿处（即听到“咔咔咔咔”声 4 响），用 13mm 开口扳手拧紧调整螺母，直至后轮不能转动为止。如图 8-36 所示。

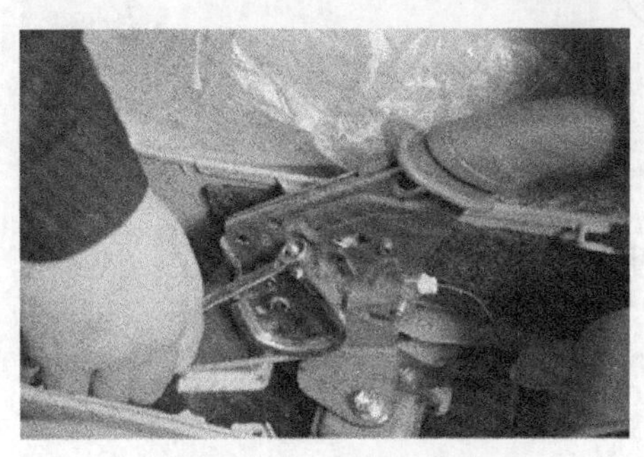

图 8-36　拧紧调整螺母

（4）放松和拉紧驻车制动器拉杆 4～5 次，将驻车制动器拉杆仍锁止在 4 齿处；检查后轮是否可以转动。

（5）松开驻车制动器拉杆，检查后轮是否可以转动。

（6）重复上述的操作，直至调整合格为止。即拉紧驻车制动器操纵杆（需锁止在 4 齿处）时，后轮不能转动；放松驻车制动器操纵杆时，后轮可以自由的转动。

一、驻车制动器的作用

驻车制动器（俗称手刹）是汽车制动系统的重要组成部分，主要作用是车辆停驶后防止车辆移动；便于在坡道上起步；在行车制动器失效后临时使用或配合行车制动器进行紧急制动。

二、驻车制动器的类型

驻车制动器根据安装位置的不同可分为中央制动式和车轮制动式两种。

中央制动式的制动器一般安装在变速器或分动器的后面，制动时通过锁止传动轴，起到驻车制动的目的。此驻车制动方式多用于货车和大、中型客车上。如东风 EQ1092 货车、GZ660 大客车等车型就采用此驻车制动器。如图 8-37 所示。

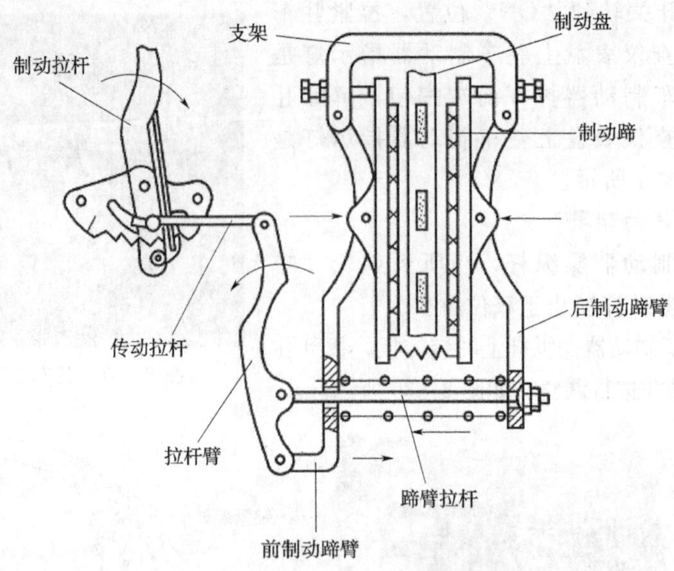

图 8-37　中央制动式驻车制动器

车轮制动式与车轮制动器共用一个制动器总成，传动机构是相互独立的两套装置。此驻车制动方式结构简单、紧凑，应用广泛。如东风雪铁龙爱丽舍、世嘉、桑塔纳 2000 等车型均采用此驻车制动器。如图 8-38 所示。

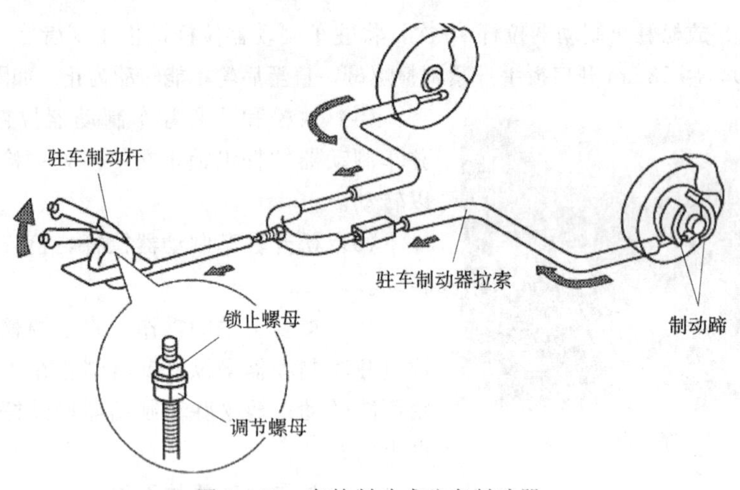

图 8-38　车轮制动式驻车制动器

三、驻车制动系统的组成

驻车制动系统主要由驻车制动杆、制动拉索及后轮制动器中的驻车制动器等组成。如图 8-39 所示。

四、驻车制动器的工作原理

不制动时，驻车制动器拉杆在最前端位置，在定位弹簧和拉簧的作用下，两个制动摩擦片与制动盘（或制动鼓）保持一定的间隙，制动器不起制动作用。制动时，向后拉动驻车制动拉杆（或踩下驻车制动踏板），在拉杆或拉绳的作用下，两个制动摩擦片克服定位

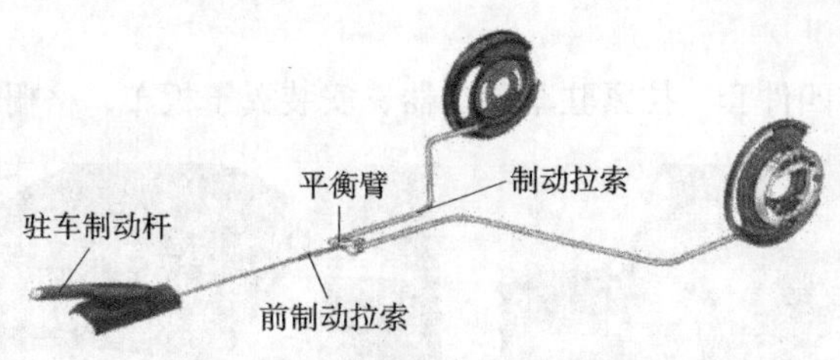

图 8-39　驻车制动系统组成

弹簧和拉簧的阻力，消除了与制动盘（或制动鼓）的间隙，产生制动作用，并由锁止机构中的棘爪将驻车制动器操纵杆锁止在制动位置。

需要解除驻车制动时，先按下驻车制动器拉纵杆上的旋钮（或踩下驻车制动踏板）稍微将驻车制动拉杆向后拉起，以解除锁止机构的锁止作用，再将驻车制动拉杆向前移动到最前端位置。由于拉杆或拉绳伸长，在定位弹簧和拉簧的作用下，两个制动摩擦片与制动盘（或制动鼓）恢复了间隙，制动器的制动作用被解除。如图 8-40 所示。

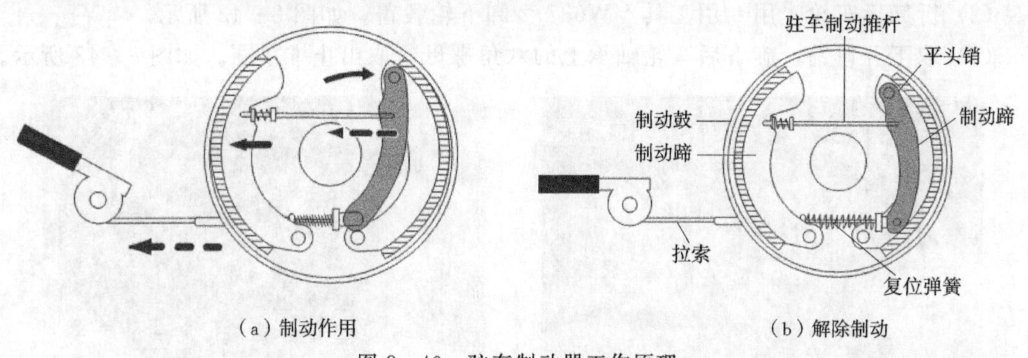

（a）制动作用　（b）解除制动

图 8-40　驻车制动器工作原理

任务四　制动蹄、制动鼓的检查和更换

【任务分析】

在车轮制动器长期使用过程中，制动鼓会产生磨损、变形、螺栓孔损坏等损伤，造成制动力下降，制动抖振，行驶摇摆及轮胎磨损加剧等。为保持或恢复汽车制动性能，保证行车安全，减轻轮胎磨损，必须及时检查或更换制动鼓和制动蹄。

请按要求在 4 节课内完成以下任务。

（1）掌握鼓式制动器制动系统的组成和工作原理。

（2）明确制动蹄、制动鼓的分类。

（3）正确检查和更换制动鼓、制动蹄片。

【任务准备】

（1）实习车辆。

（2）组合扳手，螺丝刀，鲤鱼钳，尖嘴钳，扭力扳手，游标卡尺，弓形内径百分表等。

（3）配套的制动片，粗砂布，防护手套，车轮支架，台虎钳，棉纱。

（4）干净的抹布、维修手册等。

【任务实施】

（1）安装车内清洁四件套、拉紧驻车制动器、安装翼子板布、格栅布。如图 8-41 所示。

图 8-41　实施任务准备

（2）拆卸后车轮。用专用工具 VW637/2 卸下轮毂盖。如图 8-42 所示。

（3）取下开口销，旋下后车轮轴承上的六角螺母，取出止推垫圈。如图 8-43 所示。

图 8-42　拆卸轮毂盖

图 8-43　取下开口销

（4）取下制动鼓。使用尖嘴钳取下制动蹄定位销、弹簧及弹簧座。如图 8-44 所示。

（5）制动蹄的拆卸，使用一字螺丝刀取下制动器回位弹簧，拆下制动蹄。如图 8-45 所示。

图 8-44　取下制动蹄定位销

图 8-45　拆下制动器回位弹簧

(6) 拆下制动蹄和制动蹄复位弹簧。用鲤鱼钳拆下制动蹄压紧弹簧及弹簧座。用手从下面的支架上提起制动蹄，取出下复位弹簧。拆下制动自动调整拉杆和弹簧。如图 8-46 所示。

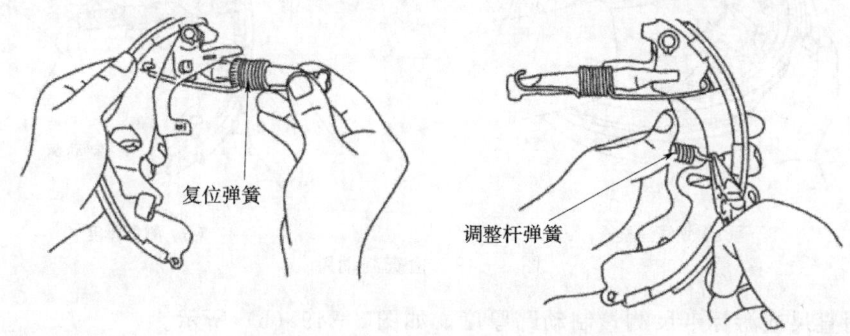

图 8-46　拆下复位弹簧和调整杆弹簧

(7) 取下制动杆上的驻车制动拉索。用鲤鱼钳取下楔形件的复位弹簧和上复位弹簧。卸下制动蹄。把带压力杆的制动蹄卡紧在台虎钳上，拆下制动蹄上的弹簧，取下制动蹄。如图 8-47 所示。

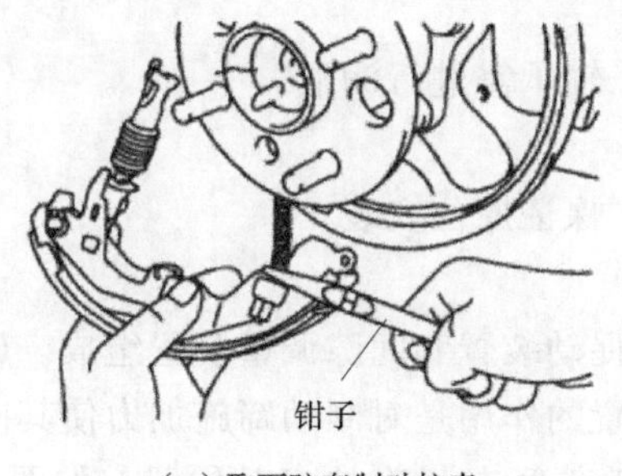

(a) 取下驻车制动拉索

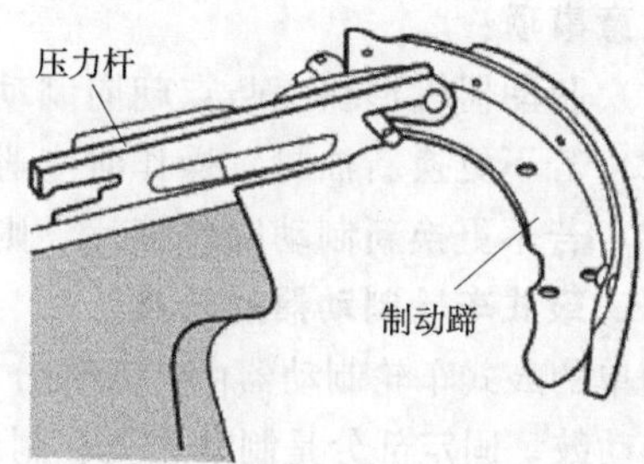

(b) 取下制动蹄

图 8-47　分解制动蹄

(8) 检查制动轮缸活塞处是否有制动液泄漏，轮缸防尘罩是否破损。如图 8-48 所示。

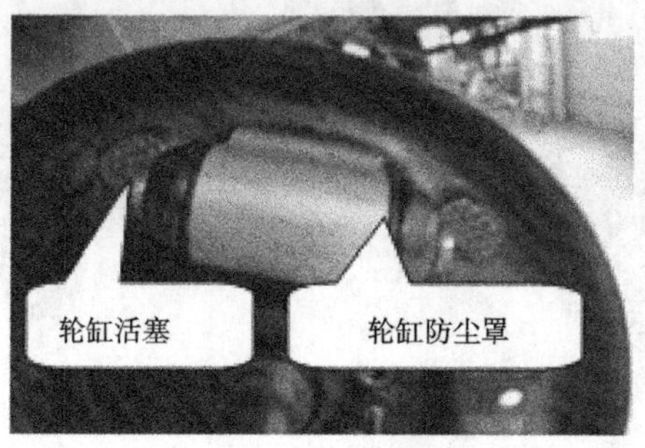

图 8-48　检查轮缸活塞及防尘罩

(9) 制动蹄的检查。

1) 目视检查制动蹄的摩擦片是否有裂纹、油渍、脱胶等现象。

2) 检查制动蹄与制动鼓的接触面积和接触位置，采用画线法检查。如图 4-49 (a) 所示。

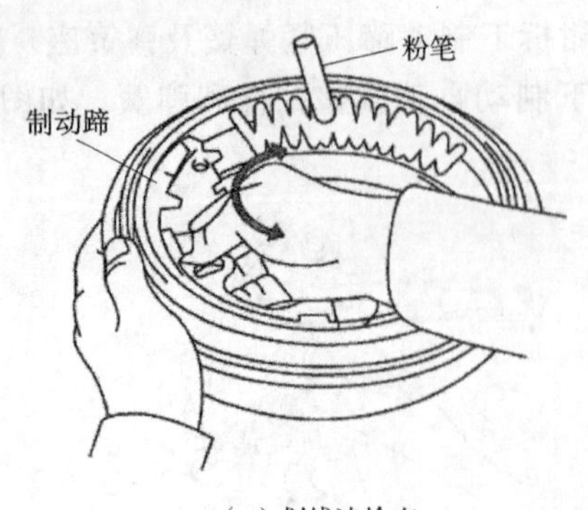

（a）划线法检查　　（b）测量厚度

图 8-49　检查制动蹄

3）用直尺或游标卡尺测量制动蹄厚度。如图 8-49（b）所示。

（10）制动鼓的检查，如图 8-50 所示。

1）用汽油、毛刷，将制动鼓清理干净。

2）使用制动鼓量规或游标卡尺，测量制动鼓内径。

（11）若各零件没有损伤，则按拆卸时的相反顺序进行安装。

注意事项：

（1）制动器楔形块上凸点朝向制动底板的方向，轴承需进行润滑。

（2）若不更换新油封，操作时应避免损伤。

（3）若不更换新制动蹄摩擦片，则应做好记号，保证原位安装。

一、鼓式车轮制动器的分类

简单的鼓式车轮制动器由旋转部分、固定部分、促动装置和间隙调整装置组成。旋转部分为制动鼓；固定部分是制动底板和制动蹄；促动装置的作用是对制动蹄施加力使其向外张开；间隙调整装置的作用是保持和调整制动蹄和制动鼓间有正确的相对位置。如图 8-51 所示。

图 8-50　检查制动鼓

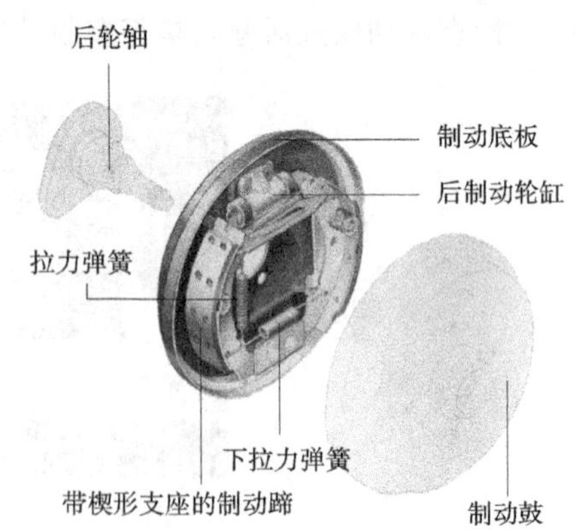

图 8-51　鼓式车轮制动器

1. 按促动装置分类

鼓式车轮制动器多为内张双蹄式。按促动装置的形式可分为轮缸式（a）、凸轮式（b）和楔块式（c）。如图 8-52 所示。

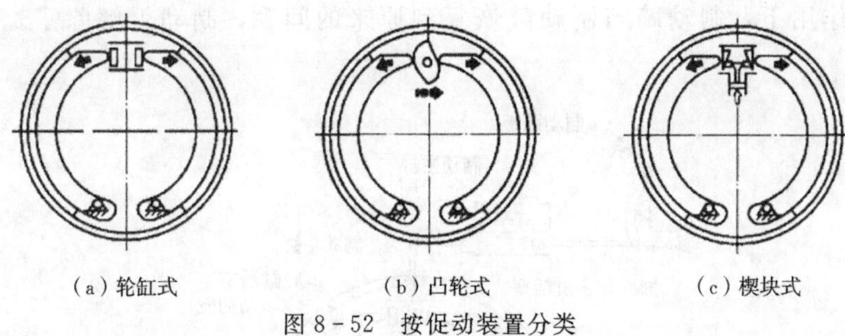

（a）轮缸式　（b）凸轮式　（c）楔块式

图 8－52　按促动装置分类

2. 按产生制动力矩的不同分类

根据制动过程中两制动蹄产生制动力矩的不同，鼓式制动器可分为领从蹄式［图 8－53（a）］、双领蹄式［图 8－53（b）］、双向双领蹄式［图 8－53（c）］、单向自增力式［图 8－53（d）］和双向自增力式［图 8－53（e）］等。如图 8－53 所示。

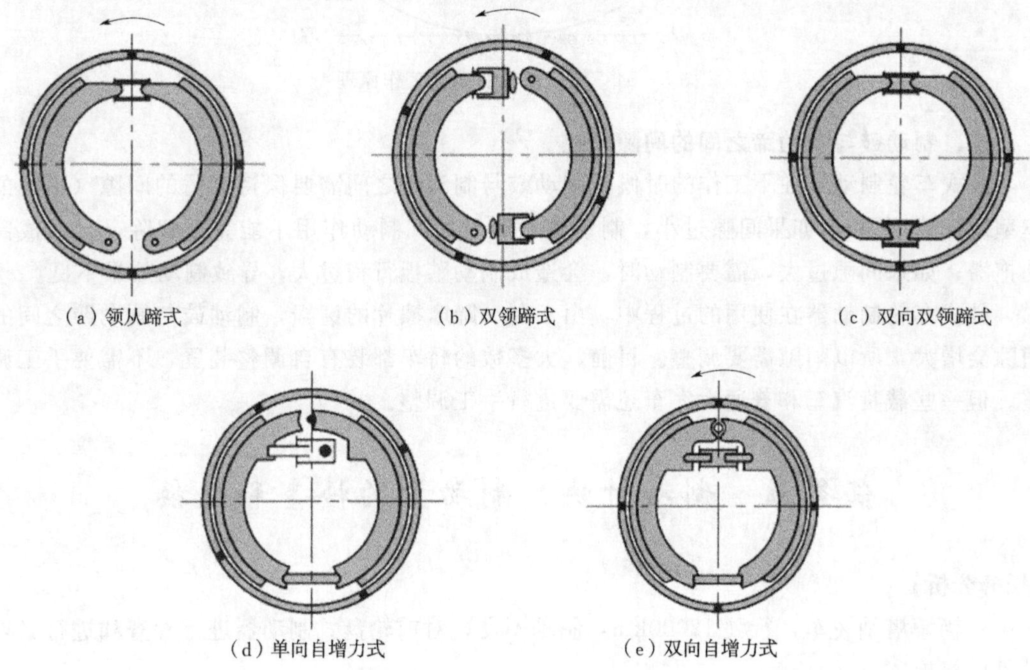

（a）领从蹄式　（b）双领蹄式　（c）双向双领蹄式

（d）单向自增力式　（e）双向自增力式

图 8－53　按产生制动力矩不同分类

二、鼓式车轮制动器的工作原理

当驾驶员发现车辆前方交通信号为红灯或前方有障碍时，驾驶员采取了制动措施，驾驶员加在制动踏板上的力矩通过推杆传递到制动主缸活塞，使制动主缸内的制动液产生压力，制动液的压力顺着制动管路传递到制动轮缸，制动轮缸中的活塞受到制动液的压力向外移动，在活塞的推动下，两个制动蹄向制动鼓靠近，制动鼓与制动蹄之间的间隙越来越小，制动鼓与制动蹄开始接触，产生摩擦力，制动鼓的转速就降了下来。由于车轮和制动鼓是用螺栓连接在一起的，所以车轮的转速也就降了下来。

当驾驶员放松制动踏板时，制动液压力解除，制动轮缸活塞和制动主缸活塞回位，在回位弹簧的作用下，制动蹄与制动鼓恢复到原来的间隙，制动就解除了。如图 8-54 所示。

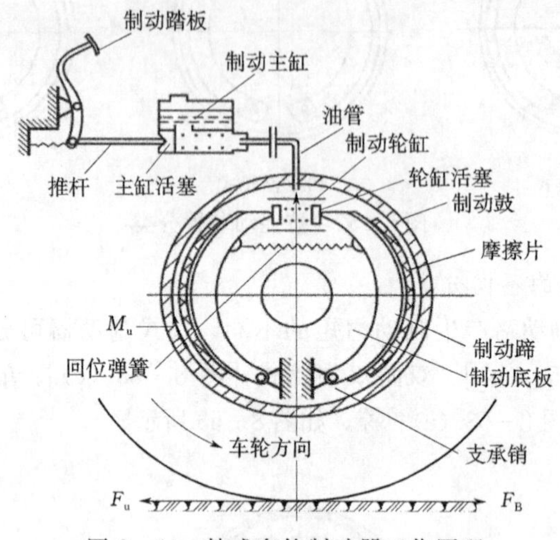

图 8-54　鼓式车轮制动器工作原理

三、制动鼓与制动蹄之间的间隙调整

鼓式车轮制动器在不工作的时候，制动鼓与制动蹄之间需要保持合适的间隙（不同的车型间隙值不同）。如果间隙过小，制动踏板松开后，制动作用不能完全解除，会造成制动拖滞；如果间隙过大，需要制动时，会造成制动踏板行程过大，导致制动效果不良。

鼓式车轮制动器在使用的过程中，由于制动蹄摩擦片的磨损，制动鼓与制动蹄之间的间隙会增大，所以间隙需要调整。目前，大多数的轿车都装有自调整装置，不需要手工调整。但一些载货汽车和普通大客车还需要进行手工调整。

任务五　制动衬块、制动盘的检查和更换

【任务分析】

一辆桑塔纳轿车，行驶 12000km，制动不良，对前轮盘式制动器进行检查和进行必要部件的更换。

请按要求在 4 节课内完成以下任务：

（1）掌握钳盘式制动器制动系统的组成和工作原理。

（2）正确检查和更换制动盘、制动摩擦块。

【任务准备】

（1）实习车辆。

（2）组合扳手，螺丝刀，鲤鱼钳，尖嘴钳，扭力扳手，游标卡尺等。

（3）配套的制动片，粗砂布，防护手套，车轮支架，台虎钳，棉纱。

（4）干净的抹布、维修手册等。

【任务实施】

(1) 安装车内清洁四件套、拉紧驻车制动器、安装翼子板布、格栅布。如图 8-55 所示。

图 8-55 实施任务准备

(2) 取下车轮装饰罩；松开车轮螺栓，取下车轮。如图 8-56 所示。

(3) 把制动轮缸活塞压回到制动钳壳体内。如图 8-57 所示。

图 8-56 松开车轮螺栓

图 8-57 压回制动缸活塞

(4) 拧松制动钳支架的固定螺栓，取下制动钳及制动钳支架。如图 8-58 所示。

(5) 从支架上拆下两制动蹄，并注意做好记号。用干净的抹布清洁制动摩擦片表面。检查两片制动摩擦片有无异常磨损。如图 8-59 所示。

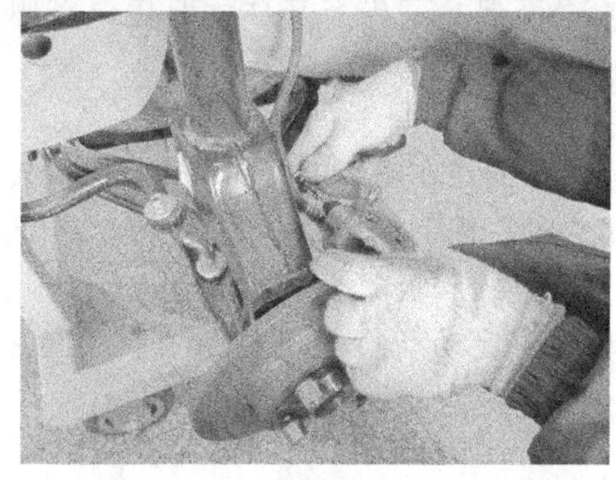

图 8-58 取下制动钳及支架

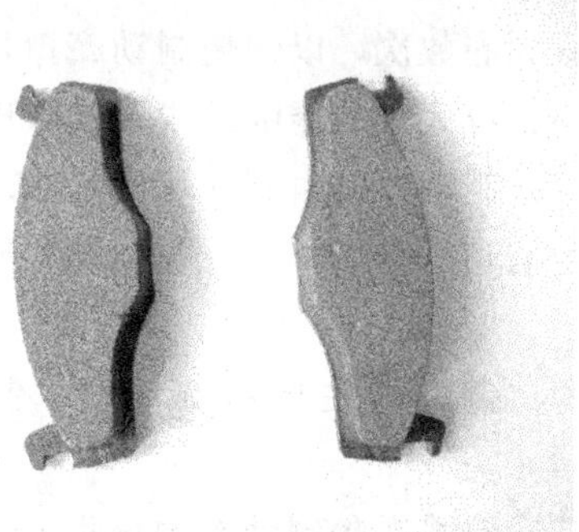

图 8-59 制动摩擦片

(6) 用游标卡尺分别在两边和中间 3 个位置测量制动摩擦片的厚度，厚度不符合要求需更换新件。如图 8-60 所示。

(7) 检查制动盘厚度。使用 0～25mm 的外径千分尺，在离制动盘边缘 10mm 处、每间隔 120°测量制动盘的厚度，取 3 个数据中最小值，不符合要求需更换。如图 8-61 所示。

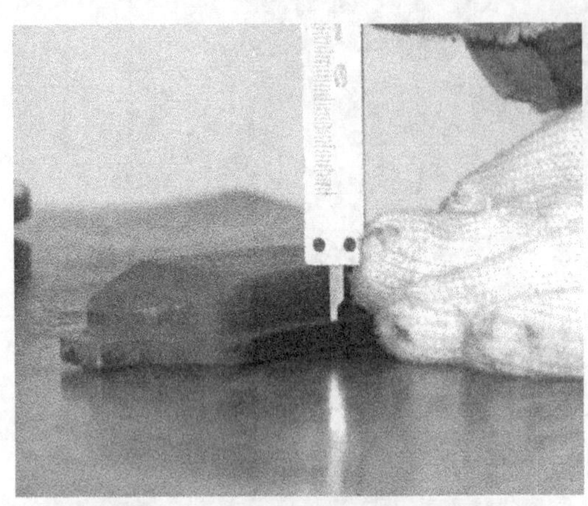

图 8-60　检查制动摩擦片厚度

图 8-61　检查制动盘厚度

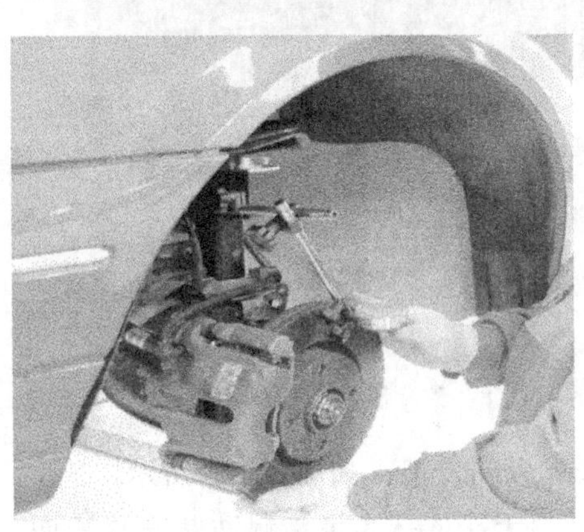

图 8-62　检查制动盘跳动量

(8) 检查制动盘跳动量。安装百分表，表头应距制动盘边 10mm，且百分表表头与制动盘垂直。匀速转动制动盘，记下制动盘的最大跳动量。超出规定范围需更换新件。如图 8-62 所示。

(9) 如果各零件没有损伤，则按与拆卸相反的顺序进行安装。

注意事项：

(1) 若不更换新的油封，拆卸时应避免其受到损伤。

(2) 若不更换新的制动块，则应做好记号，保证原位安装。

(3) 安装后，一定要在停车时用力将制动器踏板踩到底数次，以便使制动摩擦片正确就位。

一、盘式制动器的组成及工作原理

盘式制动器是由制动片夹紧制动盘产生制动的。固定在轮毂上并同车轮一起旋转的制动盘及制动片摩擦材料，在制动系统液压或机械力的作用下产生摩擦作用，使汽车减速或停车。

盘式制动器主要由制动盘、制动片、制动钳、促动活塞等结构组成。如图 8-63 所示。

二、盘式车轮制动器的分类

按摩擦副中固定元件的结构，盘式制动器可分为钳盘式和全盘式两大类。

现在钳盘式制动器被越来越多的轿车和货车用作车轮制动器，全盘式制动器只有少数汽车（主要是重型汽车）采用。

钳盘式制动器又可分为定钳盘式和浮钳盘式两种。

(1) 定钳盘式制动器的制动钳固定安装在车桥上，即不能旋转，也不能沿制动盘轴线方向移动，在制动盘两侧分别安装有制动摩擦片和制动轮缸，钳体内有制动油道，有的还设跨越制动钳体的外部油管。如图 8-64 所示。

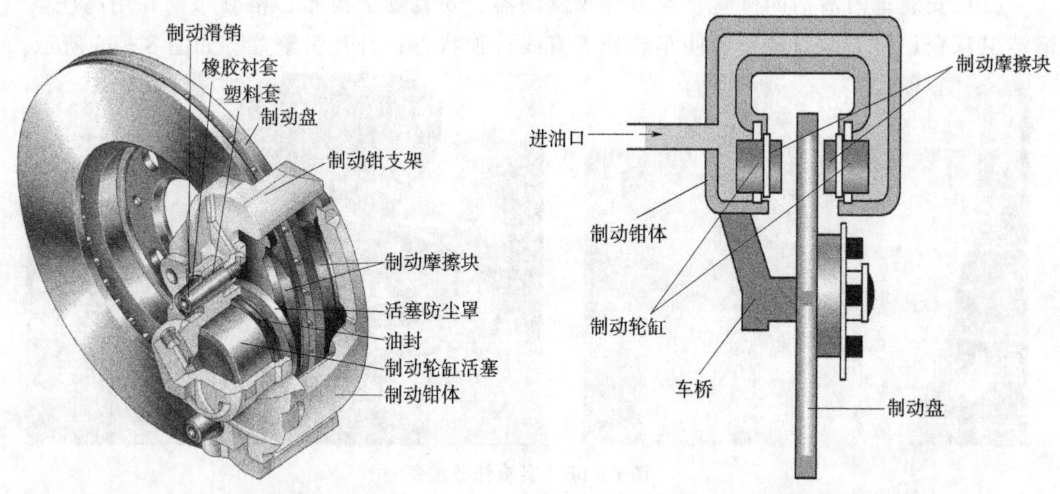

图 8-63　盘式制动器的组成

图 8-64　定钳盘式制动器

(2) 浮钳盘式制动器的制动轮缸安装在制动钳体内侧，外侧的制动摩擦片附装在钳体上，制动钳可以相对制动盘做轴向移动。浮钳盘式制动器因为不需要跨越制动盘的油道，故轴向和径向的尺寸小，且不易产生气阻现象，因此被越来越多地采用在轿车和一些轻型汽车上。如图 8-65 所示。

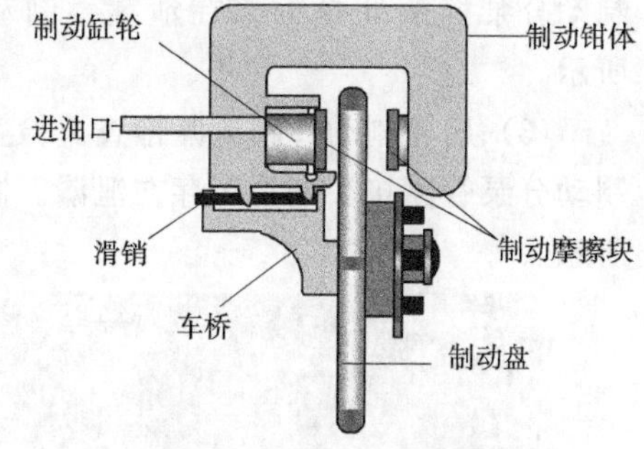

图 8-65　浮钳盘式制动器

任务六　制动跑偏故障的检修

【情景导入】

一辆桑塔纳 2000 制动性能不好，在踩制动的时候发现汽车有跑偏的现象，现根据故障现象，请你完成制动跑偏故障的诊断与检修。

请按要求在 2～4 节课内完成以下任务。

(1) 熟悉引起不同形式跑偏的故障原因。

(2) 掌握制动跑偏的检修方法。

(3) 在教师的指导下，用制动测试台对故障车辆进行制动性能测试，独立分析测试结果，确定故障类型。

【任务准备】

（1）实习车辆。

（2）举升机、制动试验台。

（3）扭力扳手、专用工具、常用工具。

【任务实施】

（1）安装车内清洁四件套、拉紧驻车制动器、安装翼子板布、格栅布，并用高压空气清洁引擎仓。将方向盘转正，使车轮处于直线行驶状态。打开引擎盖。如图 8-66 所示。

图 8-66　实施任务准备

（2）前轮制动管路泄漏检查。检查左右前轮制动油管与制动软管接头处、制动软管与制动分泵接头处是否存在泄漏。制动软管应无扭曲、裂纹、凸起等损伤。如图 8-67 所示。

（3）后轮制动管路泄漏检查。检查左右后轮制动油管与制动软管接头处、制动软管与制动分泵管路接头处是否存在泄漏。制动软管应无扭曲、裂纹、凸起等损伤。如图 8-68 所示。

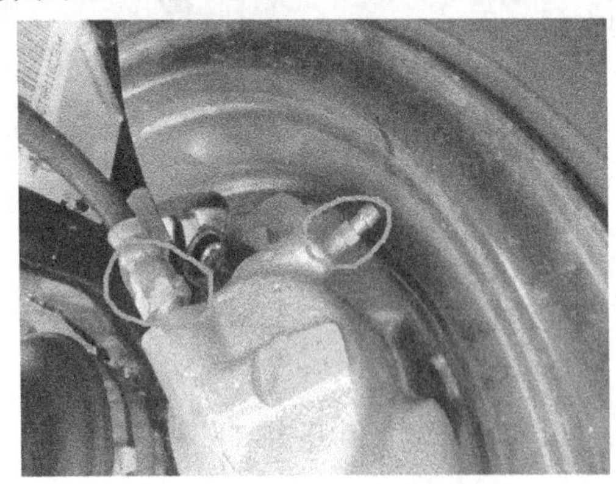

图 8-67　前轮制动管路泄漏检查

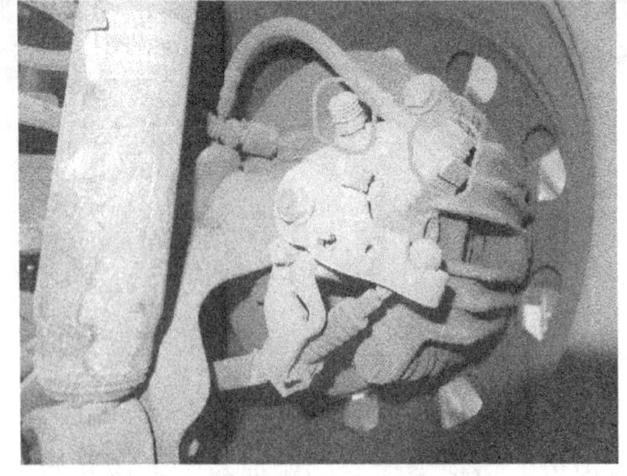

图 8-68　后轮制动管路泄漏检查

（4）制动软管安装状况检查。将前轮用力转到转向极限位置，确认左右两侧制动软管不会因振动而与车轮或车身接触。确认制动软管在悬架上下动作时，不会与车身或后悬架接触。如图 8-69 所示。

（5）制动管路的安装和损坏检查。检查制动管路是否牢固安装在车辆底部，并确保制动管路上无压痕。如图 8－70 所示。

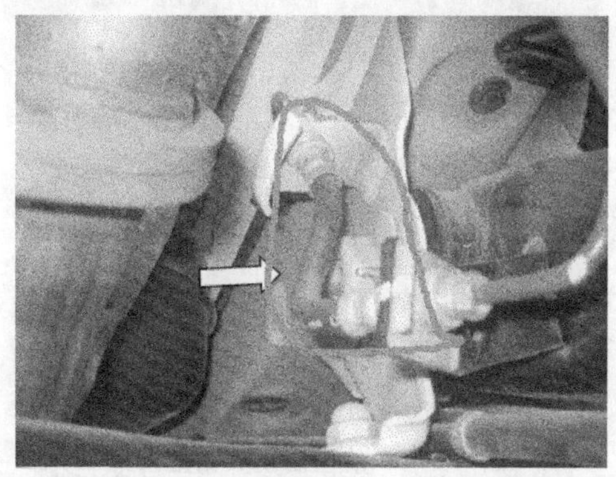

图 8－69　制动软管安装状况检查

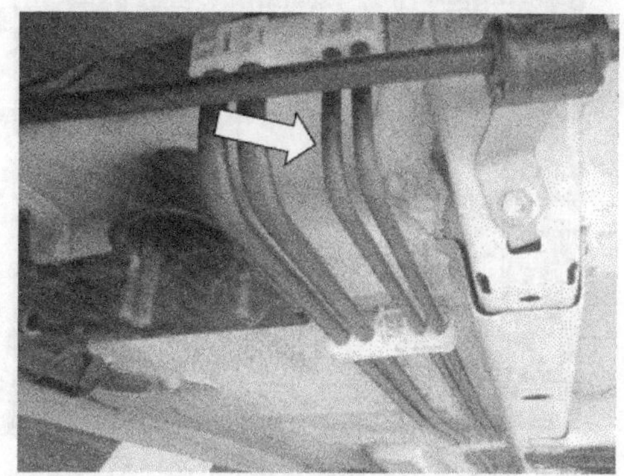

图 8－70　制动管路的安装和损坏检查

（6）检查轮胎气压及磨损情况。如图 8－71 所示。

1）检查车辆所有轮胎规格型号是否一致。

2）检查各个轮胎气压是否正常。

3）检查同轴两侧轮胎花纹是否一致，磨损程度是否一致。

图 8－71　检查轮胎气压及磨损情况

（7）打开四合一检测线主控台电源，根据电脑提示“完成基本信息”填写，将车辆由待检区域驶向制动检测台并将车辆前轮停放在滚筒上。如图 8－72 所示。

（8）检测台会根据压力传感器信号自动将车辆前轴重及前轮制动力测试出来。

提示：需要踩踏制动踏板时，四合一主控系统的电脑会提示，如图 8－73 所示。

（9）对前轮制动数据进行分析，判断是否由于前轮制动力不等引起制动跑偏。如图 8－74 所示。

图 8－72　车辆停靠制动检测台前轮停放在滚筒上

图 8-73　电脑提示踩踏制动踏板

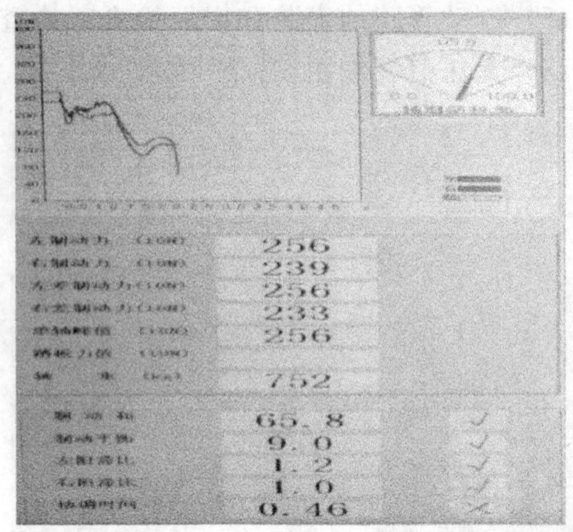

图 8-74　前轮制动数据分析

(10) 检测后轮制动与检测前轮制动原理，顺序相同。

制动系统常见的故障

1. 制动系统常见的故障

制动系统常见的故障有：制动不灵、制动失效、制动跑偏及制动拖滞等。

2. 制动跑偏的现象

(1) 汽车行驶制动时，行驶方向发生偏斜。

(2) 紧急制动时，方向急转或车辆甩尾。

3. 制动跑偏的原因

制动跑偏的根本原因是由于左右车轮的制动力不相等所导致的。制动系统和悬架系统的故障都可能引起制动跑偏，具体包括：

(1) 左右制动间隙不一致。

(2) 某侧轮缸内有空气、软管老化或轮缸泄漏。

(3) 左右轮摩擦衬片的接触面积大小相差太大。

(4) 左右轮制动蹄回位弹簧弹力不等。

(5) 某侧摩擦衬片油污、水湿、硬化或铆钉外露。

(6) 左右轮制动鼓内径磨损不相同。

(7) 某侧制动管路破损或堵塞。

4. 故障诊断与排除基本流程

(1) 收集故障信息：询问顾客故障现象，调查汽车的维修历史。

(2) 基本检查：以目测为主的简单检查和测量，如轮胎气压、胎面磨损、悬架各部件的状态、制动液量和制动踏板等。

(3) 确认故障内容：通过路试或检测试验台确认故障的内容。

(4) 故障诊断：根据故障现象，参照维修资料，分析产生故障的可能原因及产生故障的部位，查找并确定故障的原因。

(5) 排除故障：按维修手册的指引排除故障。

(6) 核实修复情况：通过检测试验台检测或路试核实故障已排除。

5. 制动跑偏的诊断步骤

(1) 检查制动液和制动管路；检测轮胎气压和磨损。

(2) 通过测试确认存在顾客所反映的跑偏故障。

(3) 检查制动器。

6. 制动性能的测试

(1) 通过道路试验，确认故障。试验时，选择干燥、清洁、平坦的路面，由专业试车员驾驶汽车，根据顾客描述的故障现象，通过故障再现，凭借试车员的经验，确定故障的类型。

(2) 用制动检测台进行测试，通过测试数据确认故障。与道路试验相比，台架试验科学性强，安全性高，不受试验条件和试车员主观判断的误差影响，能取得较准确的数据，便于分析和研究。常见制动检测台的类型按测试原理不同可分为反力式和惯性式两种；按试验台支承车轮形式不同可分为平板式和滚筒式两种。

平板式

制动试验台具有结构简单、测试方便和测试过程更接近实际制动过程等优点。如图8-75所示。

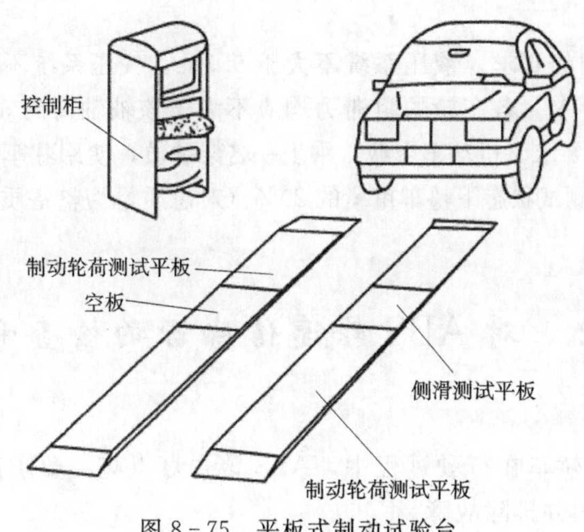

图 8-75 平板式制动试验台

滚筒式

制动试验台具有测试条件固定、重复性好、结构简单和操作安全性能好等优点。如图8-76 所示。

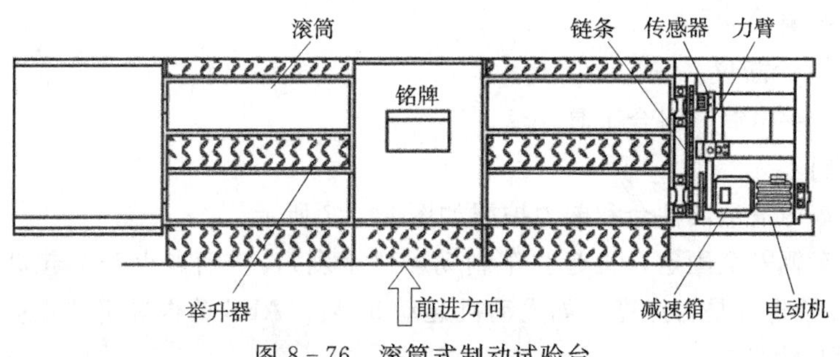

图 8-76 滚筒式制动试验台

7. 用试验台检验制动性能的相关标准

(1) 行车制动力要求。根据GB7258—2004《机动车运行安全技术条件》的规定，通过台试应满足表8-2的要求。

表8-2　机动车制动性能相关标准　%

机动车类型	制动力总和与整车重量的百分比		轴制动力与轴荷的百分比	
	空载	满载	前轴	后轴
乘用车、总质量不大于3500kg的货车	≥60	≥50	≥60	≥20
其他汽车、汽车列车	≥60	≥50	≥60	—

(2) 制动力平衡要求。在制动力增长全过程中同时测得的左右轮制动力差的最大值，与全过程中测得的该轴左右轮最大制动力大者之比：前轴不大于20%；该轴轴荷的60%时，在制动力增长全过程中同时测得的左右轮制动力差的最大值不大于24%；轴制动力小于该轴轴荷的60%时，在制动力增长全过程中同时测得的左右轮制动力差的最大值不大于该轴轴荷的8%。

(3) 制动协调时间的要求。液压系统不大于0.35s，气压系统不大于0.60s

(4) 车轮阻滞力要求。各车轮的阻滞力均应不大于该轴轴荷的5%。

(5) 驻车制动性能要求。机动车空载，乘坐一名架驶员，使用驻车制动装置，驻车制动力的总和不应小于该车在测试状态下整车重量的20%（对总质量为整备质量1.2倍以下的机动车为不小于15%）。

任务七　对ABS轮速传感器的检查和更换

【情景导入】

一辆桑塔纳2000轿车在行驶过程中，ABS警告灯点亮。要求用KT600诊断仪查明ABS警告灯点亮的原因并排除故障。

请按要求在4节课内完成以下任务。

(1) 用KT600诊断仪查故障码。

(2) 对ABS轮速传感器的检查和更换。

【任务准备】

(1) 实习车辆。

(2) KT600诊断仪。

(3) 抹布、手电筒、组合工具一套。

【任务实施】

(1) 安装车内清洁四件套和磁力护裙如图8-77所示。

(2) 先将车辆安全固定，拉起驻车制动器（手刹），转动点火开关起动发动机，观察仪表盘上ABS警告灯是否点亮。如发动机起动5s后，ABS警告灯仍然点亮，则关闭点火开关，进行如下操作：

图 8-77　实施任务准备

1）操作诊断仪，当出现子菜单要选择汽车品牌时，选择“大众”，按“OK”键，出现子菜单，选择“按车型诊断”，按“OK”键，出现测试接头提示。如图 8-78 所示。

2）取出诊断数据连接线，一端与诊断仪连接，一端和诊断接头连接。如图 8-79 所示。

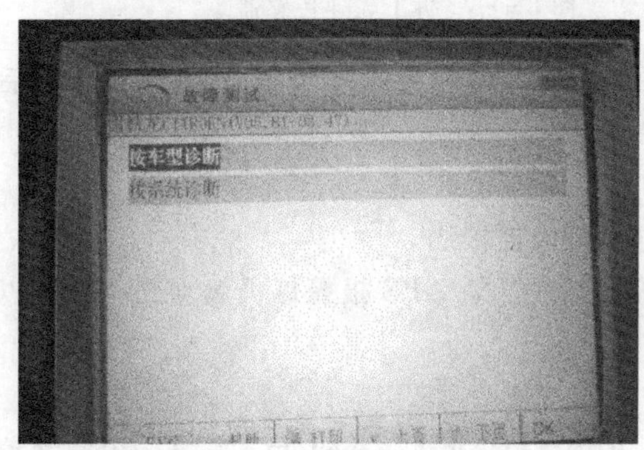

图 8-78　操作诊断仪

图 8-79　诊断仪连接

3）打开诊断插口盖板（在转向盘左侧下方），将 KT600 诊断仪连接到车上的诊断插口上。如图 8-80 所示。

4）起动发动机，操作诊断仪诊断故障车。点“按车型诊断”，出现大众的车型，选择桑塔纳 2000。如图 8-81 所示。

图 8-80　连接车上诊断插口

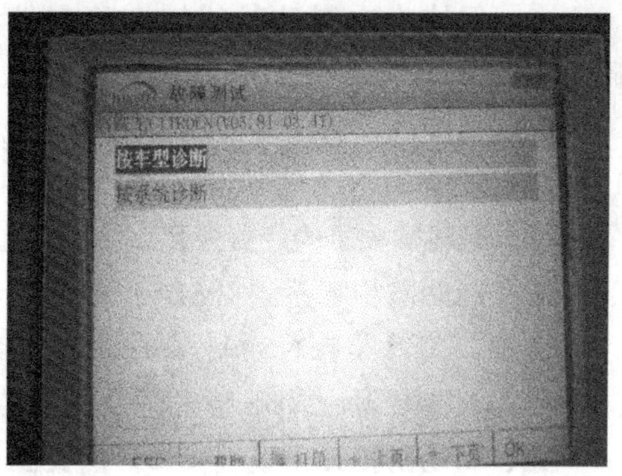

图 8-81　按车型诊断

5）选择“底盘制动 ABS”，出现故障码 5335，显示为右后轮速传感器短路或短路。如图 8-82 所示。

6）拆下蓄电池负极连接线，用 19mm 套筒和指针式扭力扳手预松车轮轮胎固定螺栓，将车辆举升到合适的高度，拆卸右后轮轮。用内六角扳手拧松轮速传感器固定螺栓，拆下轮速传感器。如图 8-83 所示。

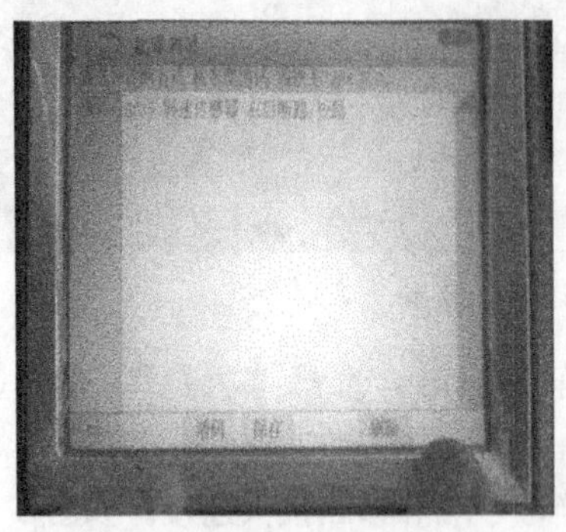

图 8-82　查故障码

图 8-83　拆下轮速传感器

7）用干净的抹布擦净传感器传感头上的污物（擦拭时不要损坏传感头），擦拭干净后装复轮速传感器，拧紧固定螺栓。

8）检查后轮 ABS 感应齿圈。

9）按拆卸的相反顺序装复后轮，装复蓄电池负极连接线。

10）起动发动机，观察 ABS 报警灯是否恢复正常，如 ABS 报警灯仍然点亮，重复以上步骤，直至 ABS 报警灯恢复正常。

一、制动防抱死系统（ABS）的作用

制动防抱死系统，简称 ABS。英文名称是 Anti－lock brake system，它是一个制动控制装置，采用计算机自动控制制动压力的大小，防止车轮由于紧急制动而抱死。ABS 的作用有：

（1）缩短制动距离。ABS 能保证汽车在雨后、冰雪及泥泞路面上获得较高的制动效能，可缩短制动距离 10％～20％。

（2）保持汽车制动时的方向稳定性；防止汽车侧滑甩尾。

（3）保持汽车制动时的转向稳定性；在制动时可以有效地操纵车辆避开前面的障碍物。

（4）减少汽车制动时轮胎的磨损。克服了轮胎边滚边滑的状态，提高轮胎的使用寿命 10％左右。

（5）减轻驾驶员的疲劳强度（特别是在冰雪等特殊道路条件下汽车制动时的紧张情绪）。

二、制动防抱死系统（ABS）的基本组成

通常，ABS 是在普通制动系统的基础上加装车轮速度传感器、ABS 电控单元、ABS 制动压力调节装置、ABS 警告灯及制动控制电路等组成的。如图 8-84 所示。

三、制动防抱死系统（ABS）的类型

现在，机械式 ABS 系统已经基本淘汰了，现代汽车上装配的几乎全部是电子式 ABS 系统。

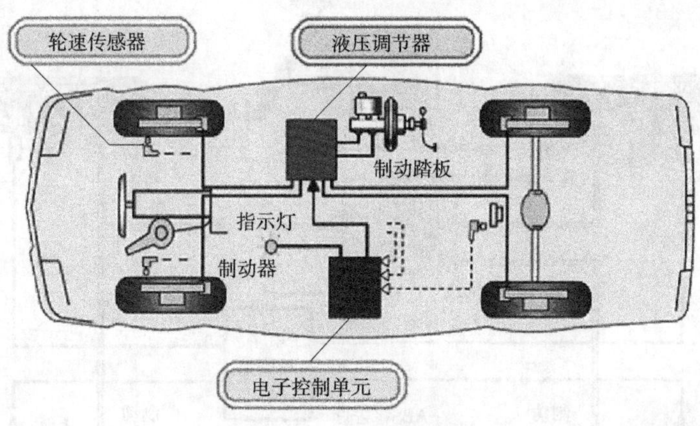

图 8-84　ABS 基本组成

按组合形式分：分离式和整体式。

整体式是把制动主缸和制动压力调节器组为一体。它结构简单，管路少，成本高。

分离式是把制动主缸、制动压力调节器分别为独立的总成。它管路布置灵活，所以使用广泛。

按控制通道和轮速传感器数量分：四通道式、三通道式、二通道式、一通道式。

三通道式 ABS 在小轿车上被普遍采用：该系统有 3 个控制通道、4 个轮速传感器，或 3 个控制通道、3 个轮速传感器两种。一般，两前轮采用独立控制，两后轮按低选原则进行同时控制。采用该系统的汽车在各种条件下制动时都具有良好的方向稳定性。

四、制动防抱死系统（ABS）的工作原理

汽车制动是利用地面与轮胎的摩擦力来实现减速的。制动时，车速和轮速之间产生一个速度差，车速和轮速之间存在的速度差称为滑移现象，此时，车轮既有滑动也有滚动。滑移的程度用滑移率 S 来表示，滑移率 $S=$［（车速—轮速）/车速］×100%。实验证明，当滑移率处于 10%～20%时，制动力可达最大值。制动防抱死系统（ABS）就是保证汽车在各种路面状态下保持这一滑移率，从而保证最佳制动状态，使制动的方向稳定性和方向操纵性得到改善。

制动防抱死系统（ABS）系统的基本原理：汽车制动时，车轮车速传感器不断把各个车轮的转速信号及时输送给 ABS 电控单元，ABS 电控单元根据设定的控制逻辑对四个车轮轮速传感器输入的信号进行处理，计算汽车的参考车速、各个车轮速度和减速度，确定各个车轮的滑移率。如果某个车轮的滑移率超过设定值，ABS 电控单元就发出指令给液压控制装置，使该车轮制动轮缸中的制动压力减小；如果某个车轮的滑移率低于设定值，ABS 电控单元就发出指令给液压控制装置，使该车轮制动轮缸中的制动压力增大；如果某个车轮的滑移率接近设定值，ABS 电控单元就发出指令给液压控制装置，使该车轮制动轮缸中的制动压力保持不变。如图 8-85 所示。

五、制动防抱死系统（ABS）主要零部件的作用

（1）ABS 电控单元的作用：连续监测、接收轮速传感器传来的信号，与设计好的数据进行计算、对比、分析并作出判断，如判断车轮将要抱死，向液压调节装置发出指令，调节制动系统油路中的压力，防止车轮抱死。如图 8-86 所示。

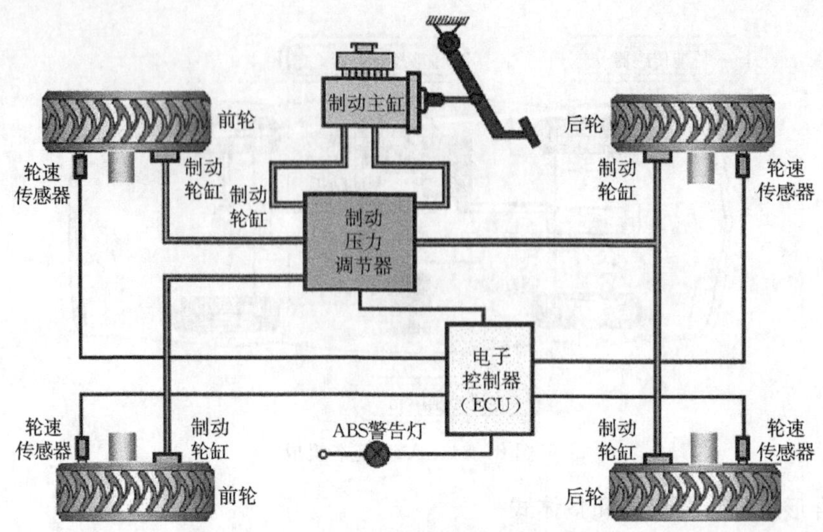

图 8-85　ABS 的工作原理示意图

(2) ABS 液压调节装置的作用：ABS 液压调节装置装在制动主缸与制动轮缸之间。与制动主缸安装在一起的称为整体式，反之称为分离式。它的作用是接收 ABS 电控单元的指令，控制制动主缸向制动轮缸提供的制动液的压力大小，既要保证车轮的制动液压力较大又不能使车轮抱死。如图 8-87 所示。

图 8-86　ABS 电控单元

图 8-87　ABS 液压调节装置

(3) 轮速传感器的作用：将车轮转速信号转换成电信号，输送给 ABS 电控单元。目前，用于 ABS 系统的速度传感器主要有电磁式和霍尔式两种。如图 8-88 所示。

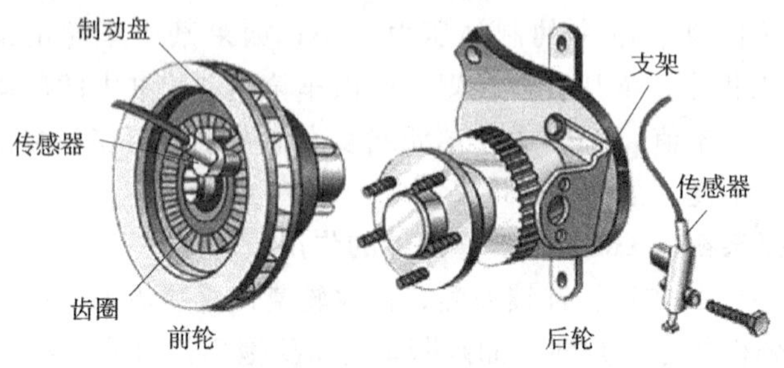

图 8-88　轮速传感器

1）电磁式转速传感器。

电磁式转速传感器由永磁体、极轴和感应线圈等组成，极轴头部结构有凿式和柱式两种。

齿圈旋转时，齿顶和齿隙交替对向极轴。在齿圈旋转过程中，感应线圈内部的磁通量交替变化从而产生感应电动势，此信号通过感应线圈末端的电缆输入ABS的电控单元。当齿圈的转速发生变化时，感应电动势的频率也变化。ABS电控单元通过检测感应电动势的频率来检测车轮转速。

电磁式轮速传感器结构简单、成本低，但存在下述缺点：①其输出信号的幅值随转速的变化而变化，若车速过慢，其输出信号低于1V，电控单元就无法检测；②响应频率不高，当转速过高时，传感器的频率响应跟不上；③抗电磁波干扰能力差，目前国内外ABS系统的控制速度范围一般为15～160km/h，今后要求控制速度范围扩大到8～260km/h以至更大，显然电磁感应式轮速传感器很难适应。如图8-89所示。

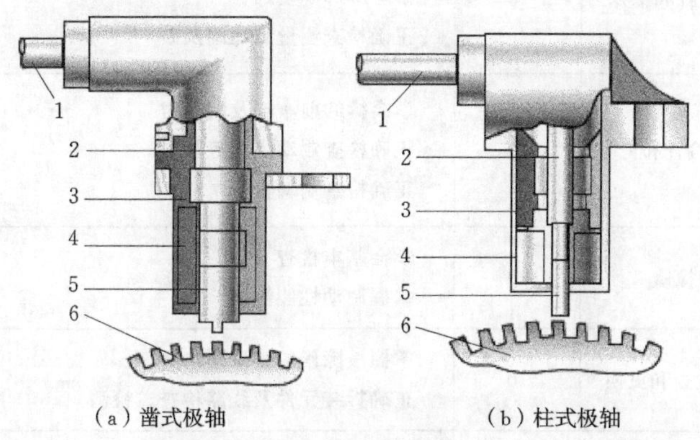

（a）凿式极轴　　（b）柱式极轴

图8-89　车磁转速传感器剖视图

1—电缆；2—永磁体；3—外壳；4—感应线圈；5—极轴；6—齿圈

2）霍尔轮速传感器。

霍尔轮速传感器也是由传感头和齿圈组成。传感头由永磁体，霍尔元件和电子电路等组成，永磁体的磁力线穿过霍尔元件通向齿轮。

霍尔轮速传感器具有以下优点：①是输出信号电压幅值不受转速的影响；②是频率响应高。其响应频率高达20kHz，相当于车速为1000km/h时所检测的信号频率；③是抗电磁波干扰能力强。因此，霍尔传感器不仅广泛应用于ABS轮速检测，也广泛应用于其他控制系统的转速检测。如图8-90所示。

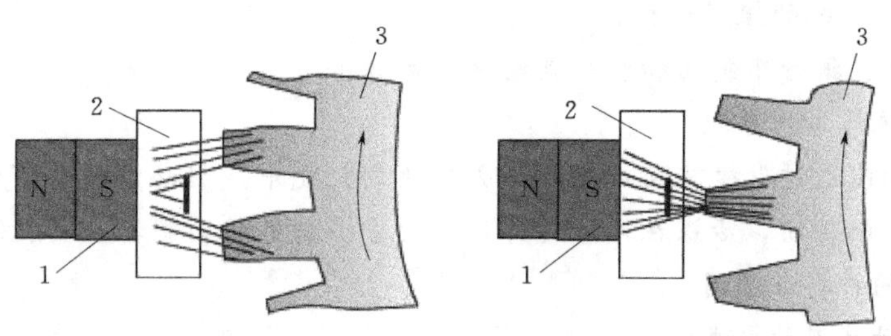

图8-90　霍尔轮速传感器工作示意图

1—磁体；2—霍尔元件；3—齿圈

【项目检测与评估】

项目检测	分值	评分标准	学生自评	教师评估
制动踏板位置检查、调整	10	正确检查制动踏板高度 会制动踏板位置调整		
制动液的检查、添加和更换	15	正确检查制动液液面 会添加及更换制动液 会排放制动系统空气		
驻车制动器的检查和调整	10	正确检查驻车制动器行程 会调整驻车制动器		
制动蹄、制动鼓的检查和更换	15	能拆卸后车轮及制动鼓 学会拆卸制动蹄 正确检查测量制动蹄及鼓		
制动衬块、制动盘的检查和更换	10	学会拆卸前车轮及制动钳 正确检查制动蹄摩擦片 正确检查制动盘		
制动跑偏故障的检修	10	学会基本检查 掌握制动性能测试		
ABS 轮速传感器的检查和更换	10	掌握故障码的读取与清除 正确拆装元件及线路检查、检测		
安全操作	10	正确使用工具，文明拆装		
现场管理	10	实习后整理现场，无漏装，损坏实习用具		
合计	100			

【项目小结】

1. 汽车制动系统的作用

按照需要使汽车减速或在最短距离内停车；下坡行驶时保持车速稳定；使停驶的汽车可靠驻停。

2. 汽车制动系统的组成

汽车制动系包括行车制动和驻车制动两大部分。

3. 制动系统的工作原理

将汽车的动能通过摩擦转换成热能，并释放到大气中。制动时，踩下制动踏板，制动主缸向各制动轮缸供油，活塞在油压的作用下把摩擦材料压向制动盘实现制动。

4. 制动液的种类及选用

5. 制动传动装置的分类

制动传动装置按传力介质的不同可分为液压式、气压式和气-液综合式。

6. 驻车制动系统的功用

驻车制动系统的功用：车辆停驶后防止滑溜；使车辆在坡道上能顺利起步；行车制动系失效后临时使用或配合行车制动器进行紧急制动。

7. 盘式制动器的组成及工作原理

盘式制动器是由制动片夹紧制动盘产生制动的。固定在轮毂上并同车轮一起旋转的制动盘及制动片摩擦材料，在制动系统液压或机械力的作用下产生摩擦作用，使汽车减速或停车。

盘式制动器主要由制动盘、制动片、制动钳、促动活塞等结构组成。

思考与练习

一、填空题

1. 制动踏板自由行程含义：是指从制动踏板踩下到推杆接触____________时，踏板移动的距离。它是制动踏板、推杆、主缸活塞动力传递路线中的间隙在踏板上的反应。

2. 进口制动液常用的有____________、____________两种。

3. 检查储液罐里制动液的液位高度。它应当在储液罐所标识的____________和____________之间。

4. 一般的鼓式车轮制动器由旋转部分、固定部分、____________和____________组成。

5. 双向平衡式制动器的结构特点：制动蹄、制动轮缸、复位弹簧均为____________布置。

6. 双向平衡式制动器的性能特点：汽车前进或倒车中制动时，两个制动蹄均为____________，均有较强的增力，制动效果好，蹄片磨损均匀。

7. 盘式制动器一般有制动钳体、____________、制动钳支架、制动盘、____________、制动块、定位弹簧等部分组成。

8. 盘式制动器又分为____________和____________两种。

二、选择题

1. 桑塔纳车制动踏板自由行程为（　　）

A. 15～25mm　　B. 10～15mm　　C. 1～6mm　　D. 10～16mm

2. 制动系统放气顺序如下：（　　）

①左后车轮；②右后车轮；③左前车轮；④右前车轮

A. ①②③④　　B. ②①④③　　C. ①③④②　　D. ④③①②

3. 旋转部分多为制动鼓。制动鼓通常为（　　），对于受力小的制动鼓也可用钢板冲压而成。

A. 冲压件　　B. 浇铸件　　C. 焊接件　　D. 挤压件

4. 单向平衡式制动器的结构特点：两制动蹄各用（　　）个单向活塞制动轮缸，且前后制动蹄与其轮缸、调整凸轮零件在制动底板上的布置是中心对称的，两轮缸用油管连接。

A. 一　　B. 二　　C. 三　　D. 四

三、简述题

1. 请简述制动管路中空气的留存对制动踏板的影响？
2. 制动踏板的位置和制动效果的关系？
3. 请简述制动液使用的注意事项？
4. 驻车制动器的作用是什么？
5. 驻车制动器的分类有哪些？
6. 简述轮胎气压检查的方法？
7. 请简述制动管路直观检查的内容？
8. 制动防抱死系统由哪几部分组成？
9. 简述制动防抱死系统的工作原理？